Li^1
7

HISTOIRE
DE LA VIE PRIVÉE
DES FRANÇAIS.

TOME SECOND.

Cet Ouvrage se vend à PARIS,

Chez EUGENE ONFROY, Libraire, rue du Hurepoix;

Et pour les Pays Étrangers,

Chez DUFOUR, Libraire, à Maestreicht.

On trouve chez les mêmes Libraires,

Les Fabliaux ou Contes du XIIe & XIIIe siecle, traduits ou extraits d'après divers Manuscrits du tems ; avec des Notes historiques & critiques, & les imitations qui ont été faites de ces Contes depuis leur origine jusqu'à nos jours; 5 vol. petit *in-*12.
Brochés.. 9^{tt}
Reliés 12

Les mêmes, 4 vol. in-8°. (dont il reste encore quelques exemplaires,) *brochés*.................. 17...4 s.
———— ———— ———— *reliés*.................. 21

Le quatrieme volume de l'Edition *in -* 8°. se vend séparément, *broché*.................................. 4

Les Observations sur les Troubadours *se vendent aussi séparément, broché*........................ 1...4 s.

HISTOIRE
DE LA VIE PRIVÉE
DES FRANÇAIS,

Depuis l'origine de la Nation jusqu'à nos jours.

Par M. LE GRAND D'AUSSY.

PREMIERE PARTIE.

.... *Si quid novisti rectius istis,*
Candidus imperti; si non, his utere mecum. HOR.

TOME SECOND.

A PARIS,

DE L'IMPRIMERIE DE PH.-D. PIERRES,
Imprimeur Ordinaire du Roi, &c. rue S. Jacques.

M. DCC. LXXXII.

AVEC APPROBATION ET PRIVILEGE DU ROI.

HISTOIRE DE LA VIE PRIVÉE DES FRANÇAIS,

Depuis l'origine de la Nation jusqu'à nos jours.

SUITE DU CHAPITRE II.

NOURRITURE TIRÉE DU REGNE ANIMAL.

QUATRIEME SECTION.

Fauconnerie.

L'OPINION commune sur la Fauconnerie est, que cette chasse était inconnue aux Anciens ; que le premier qui en a parlé, est un certain Firmicus, lequel écrivait sous les enfans de Constantin ; que c'est une invention des nations du nord ; & qu'elle a été introduite chez nous par les Barbares qui conquirent la Gaule. Il est certain que les Francs la connaissaient, puisque la *loi Salique* condamne à

Tome II.   A

une amende celui qui dérobera un *accipiter*, ou un *sparvus*, dressés : mais on peut assûrer en même tems qu'elle était pratiquée chez les Gaulois. Sidonius Apollinaris, Evêque de Clermont, faisant l'éloge d'un certain Vectius, dit que personne ne l'égalait à dresser un chien, un cheval, & un oiseau de proie: *in equis, canibus, accipitribus instituendis nulli secundus.*

Les Rois, successeurs de Clovis, se livrèrent à cette chasse, ainsi qu'à celle de la Vénerie. On voit Charlemagne avoir, dans l'état de sa Maison, des Officiers & un équipage de Fauconnerie. On voit dans un compte de la Maison de Philippe-Auguste la somme de 9 liv., payée pour des autours & pour un faucon. On y voit des gages attribués à des Fauconniers; comme il y en a à des Louvetiers, à des Renardiers, à des Valets-de-chiens.

<small>En vogue chez les Rois & chez la Noblesse.</small> Et ce n'étaient pas les Rois seuls qui avaient ce goût. J'ai dit ci-dessus qu'il était si répandu, que Charlemagne avait été obligé de défendre, par un Capitulaire, aux Abbés & aux Abbesses, les oiseaux dressés. J'ai dit que les Conciles les avaient défendus aux Ecclésiastiques; qu'à la première Croisade le Légat s'était vu dans la nécessité de les interdire aux Grands-Seigneurs, qui en menaient avec eux à la Terre-Sainte; enfin que la Règle des Templiers ne permettait pas même à ces Religieux militaires d'en porter un en route. J'ai dit qu'un Gentilhomme, quand il sortait de son château, pour aller faire une visite dans le voisinage, portait un épervier avec lui, afin de pouvoir chasser pendant le chemin; &

que telle est l'origine de ces oiseaux & de ces gants qu'on voit sur les anciennes tombes, même sur sur des tombes de femmes. A l'entrée magnifique que fit dans Londres le Connétable Anne de Montmorenci, nommé Ambassadeur extraordinaire à la Cour d'Angleterre, il était précédé de vingt-six Gentilshommes, des premières Maisons de France; lesquels portaient chacun un oiseau sur le poing. Aujourd'hui encore, nos Rois, dans leurs marches de cérémonie, & à leurs entrées, sont précédés d'un équipage de Fauconnerie.

Par une profanation que l'ignorance qui subsistait dans les tems anciens peut seule excuser, les Seigneurs entraient dans l'église avec leur oiseau de chasse. Quelques-uns même, ce qui paraîtra plus incroyable encore, s'en étaient fait un droit. Le Trésorier de l'église d'Auxerre jouissait du privilège d'assister à l'Office divin, avec un épervier sur le poing; & le Seigneur de Sassai, avait le droit de poser l'oiseau sur le coin de l'autel. On lit dans le *véritable Fauconnier*, par Morais, ann. 1683, que la terre de Maintenon devait, tous les ans, à l'église de Chartres, le jour de l'Assomption, un épervier armé, & prenant proie, c'est-à-dire garni de ses jets, sonnettes, & longes; & dressé à prendre perdreaux & cailles.

Cependant, malgré ce goût général de la Nation pour la Fauconnerie, comme cette chasse n'exigeait ni les mêmes fatigues, ni le même courage que la Vénerie, elle était moins estimée. Peut-être est-ce par cette raison qu'elle n'a trouvé chez nous des

Moins estimée que la Vénerie.

écrivains que postérieurement à l'autre ; car les premiers qu'elle ait eus, sont du XVe siècle : encore le poëme de Gace de la Vigne, n'est-il point un traité de Fauconnerie, mais une sorte de plaidoyer, où il avance que cette chasse est aussi noble que la Vénerie, & où il décide qu'on doit dire *déduit d'oiseaux*, comme on disait *déduit de chiens*. Le premier ouvrage didactique sur cette matière, fut celui de Guillaume Tardif, Lecteur de Charles VIII. Tardif le composa par ordre du Monarque ; il le lui dédia, & l'imprima en 1492. Lui-même avoue que s'il n'a pas mieux réussi, c'est qu'avant lui il n'existait aucun livre en forme & bien fait, dont il pût tirer des secours.

Il n'en fut pas ainsi en Allemagne. Dès le XIIIe siècle, la Fauconnerie y avait trouvé un écrivain, & cet écrivain fut un Empereur (Frédéric II) : car, quoique son ouvrage soit intitulé *de arte venandi*, & qu'il s'annonce par conséquent comme un traité général de la Chasse, cependant il roule presque en entier sur celle du vol, sur la manière d'élever, de dresser les oiseaux qu'on y emploie, sur leurs maladies, leurs qualités, &c. Mainfroi, Roi de Sicile, & fils naturel de ce Prince, y fit quelques additions. Peu d'années après, Albert-le-Grand en publia un sur le même sujet, qu'il intitula *de falconibus, asturibus, & accipitribus*; & dans lequel il suit, presque pas-à-pas, le *de arte venandi*. Quant à celui de Frédéric, il prouve que la Fauconnerie avait acquis dès-lors la sorte de perfection dont elle est susceptible. Ce que m'ont offert sur cet art

de la vie privée des Français. 5

ceux de nos traités composés dans les deux derniers siècles, je l'ai trouvé, à peu de choses près, chez l'Auteur Souverain. On y voit même que déja subsistaient tous ces noms de *pélerin*, de *gentil*, *niais*, *sor*, *montagnard*, &c, qu'on emploie pour exprimer l'âge des faucons & le lieu où ils ont été pris.

Dans le livre de Tardif, les oiseaux de vol sont divisés en trois classes; aigles, faucons, & autours. Il compte deux sortes d'aigles; & dix de faucons, parmi lesquels il place le lanier, l'émérillon, le sacre, & le gerfaut. Enfin, il met dans la classe des autours, le tiercelet, & l'épervier. *Division des oiseaux de vol.*

Selon lui, les meilleurs gerfauts se tiraient de Norvège (a) & de Russie; les meilleurs faucons, de Candie; & les meilleurs autours, d'Armènie ou de Perse. Un siècle auparavant, l'auteur des *Déduits de la Chace par le Roi Modus*, regardait les faucons de Sardaigne comme *les plus hardis du monde*.

Le témoignage de Tardif, qui compte l'aigle parmi les oiseaux de fauconnerie, le traité des Marseillais avec Charles d'Anjou, par lequel ils se réservaient, ainsi que je l'ai dit plus haut, le droit d'avoir *des aigles comme leurs ancêtres*, feraient croire qu'autrefois on a employé, pour le vol, cette sorte d'oiseau. Mais de quelle espèce d'aigles s'agit-il ici ? Car, dans ces siècles d'ignorance, on appellait ainsi plusieurs gros oiseaux de proie, fort différens de celui *Aigles.*

(a) Aujourd'hui, le Roi de Dannemarc envoie encore, tous les ans, des gerfauts au Roi.

dont nous parlons. Bélon, lui-même, le premier qui chez nous ait mis quelqu'ordre dans la partie de l'histoire qui regarde les volatiles, observe que tous les oiseaux de vol se divisaient en deux classes, *aquila*, & *accipiter*. Lui-même il compte six sortes d'aigles, & place dans ce nombre l'orfraie, & le jan-le-blanc. D'Esparron, Gentilhomme Provençal, qui a écrit sur la Fauconnerie en 1627, dit que la Provence seule en nourrissait sept espèces différentes. Mais, quoique tous fussent carnivores, & qu'ils dévorassent même quelquefois les oiseaux de proie, aucun d'eux, dit il, n'était bon pour la chasse du vol.

Quant aux deux espèces d'aigles qui doivent porter ce nom, le fauve, & le noir; comme les montagnes du Bugey, du Dauphiné, & de l'Auvergne en nourrissent quelques-uns, les Fauconniers français ont dû essayer d'en dresser pour le vol; & il est certain qu'il a été un tems où l'on en a dressés. Le *Recueil de tous les oiseaux de proie qui servent à la Volerie & à la Fauconnerie* (an. 1567) l'assure expressément. *Aujourd'hui*, dit l'auteur, *nous ne connoissons pour la Faulconnerie que l'aigle fauve, qui est l'aigle royal, & le noir : les autres estans de si petit courage, qu'on ne les sçauroit leurrer.* En parlant du fauve, l'auteur ajoute, *si ce n'est qu'elle est si lourde à porter sur le poing, & qu'elle est difficile à apprivoiser du sauvage, l'on en verroit nourrir aux Fauconniers des Princes plus qu'on en faict.*

Au reste, s'il a été un tems où les Français ont employé des aigles pour le vol, ils y ont bientôt renoncé. D'Esparron lui-même raconte l'histoire d'un Gentilhomme, voisin des Pyrénées, qui, en ayant dressé un, accourut à la Cour pour le présenter à Henri IV, dans l'espoir que ce présent allait lui procurer une fortune considérable. Mais le Roi ne fit qu'en rire, & le renvoya, dit l'auteur, avec son aigle.

De tous les oiseaux de vol, le plus usité, le plus facile à dresser, & le plus commun en même-tems, était le faucon; & de-là vint le nom de Fauconnerie que porta l'art lui-même. D'Esparron prétend que c'est aussi l'oiseau qu'on employa le premier; & son opinion est d'autant plus probable qu'on en prend assez fréquemment en France. « Dans la suite, » dit-il, quand les Français furent maîtres de la Sicile, ils apprirent à connaître les laniers. Quelque tems après, ils ajoutèrent à ces deux-ci les gerfauts, qu'ils tirèrent du Nord de l'Europe. Ayant pris goût à ce vol nouveau, ils envoyèrent dans le Levant pour avoir des sacres (a). Ceux-ci d'abord furent difficiles à dresser; mais, avec de la patience & de l'industrie, on en vint à bout (b). Ce furent même presque les seuls dont on se ser-

Faucon.

Laniers.

Gerfauts.

Sacres.

(a) Cependant les gerfauts & les sacres, étaient connus & employés en Europe dès le treizieme siècle. Frédéric en fait mention dans son *de arte venandi*.

(b) L'auteur parle d'un sacret (on nomme ainsi le sacre mâle) qui, un jour que Henri II volait à Fontainebleau, s'emporta après une cannepétiere; & fut pris, le lendemain, à Malte, île distante de Fontainebleau de 500 lieues. On le reconnut à ses anneaux ou vervelles, sur lesquelles était le nom du Roi.

» vit sous Charles IX & Henri III. Aux quatre es-
» pèces ci-dessus nommées, on joignit la sorte de
» faucon appellé tagarot. Enfin, vers les dernières
» années du XVIe siècle, les îles occidentales es-
» pagnoles nous fournirent l'alete, qui a la taille &
» le pennage du tiercelet de faucon, & qui vole la
» perdrix. La rareté, ainsi que les bonnes qualités
» de ce dernier, lui donnent un prix exorbitant. On
» les achete en Espagne 300 écus la pièce. Quand
» Marie de Médicis débarqua en France pour venir
» épouser Henri IV, on la vit, à Marseille, faire
» porter devant elle un alete ».

{Tagarot.}
{Alete.}

L'alete de Médicis fut confié au Fauconnier-de-
la-chambre, Harmont, appellé autrement *Mercure*.
Harmont, qui nous a laissé sur son art un traité
sous le titre de *Miroir de Fauconnerie*, y fait beaucoup d'éloges de l'aleps de la Reine ; c'est ainsi qu'il
le nomme. Cependant Barraut, Ambassadeur de
France en Espagne, en envoya au Roi un autre
qui, dit-il, devint encore beaucoup meilleur.

{Alfanet.} Le même écrivain fait mention d'une sorte
d'oiseau nouveau que, de son tems, on essaya d'introduire dans la Fauconnerie. Il le nomma alfanet ; & nous le représente, comme beau & blond.
On en avait donné quelques-uns à Henri III, & à
Henri IV ; mais ils se trouverent mous, sans courage ; on ne put en tirer aucun parti. Depuis ce
tems, ils furent décriés en France ; & les Marchands n'en apporterent plus.

{Epervier.} L'Epervier étant l'oiseau de proie de notre climat, il est probable que c'est celui qu'on a employé le premier de tous pour la Fauconnerie. La loi salique en parle sous le nom de *Sparvus*; & nos Poëtes du XIIe & du XIIIe siècle, sous celui de mouchet, ou émouchet, que nous avons conservé au mâle. Selon les *Déduits de la Chasse par le Roi Modus*, ce vol est *très-plaisant pour hommes & pour femmes*. Par une Ordonnance de Charles-le-Bel en 1326, il est défendu à toute personne quelleconque, noble ou roturiere, de prendre un épervier, soit dans le nid, soit avec des filets, sur les terres & dans les forêts du Roi, sans sa permission. Enfin, tous ceux de nos anciens auteurs qui ont écrit sur la Fauconnerie, Tardif, Franchieres, Artelouche &c, en font mention. D'Esparron est le seul qui ne compte pas l'épervier au nombre des oiseaux de vol. Il nous apprend qu'on l'estimait peu en Provence; quoique certains particuliers en fissent usage pour les cailles, dans le tems de leur passage au mois de septembre & d'octobre, & pour les perdreaux, en juillet.

Selon cet écrivain, les sacres nous étaient apportés en France par des Grecs, & les gerfauts, par les Hollandais.

Ce fut sous Louis XIII qu'on vit, pour la premiere fois, des oiseaux employés à la pêche du poisson; & ce spectacle fut procuré par un Flamand qui vint à la Cour, avec deux cormorans dressés. Lorsqu'il voulait les faire pêcher, continue d'Esparron, il leur serrait le col de manière qu'en leur laissant la respiration libre, il les empêchait néan-

Cormorans.

moins d'avaler leur proie. Il les lâchait enſuite ſur un étang. Les cormorans pêchaient, ils rempliſſaient de poiſſon l'eſpèce de ſac ou de poche qu'ils ont ſous le bec; & quand elle était pleine, ils retournaient à leur maître, qui la leur faiſait vider. Depuis cette expérience, le Roi voulut avoir, parmi ſes différens vols, des cormorans pour les étangs & les rivières.

Héron. On volait le cormoran lui-même, avec les oiſeaux de vol ordinaires. Cependant, de tous les oiſeaux de rivière, le héron était preſque le ſeul qu'on volât ainſi. On regardait même celui-ci, comme tellement deſtiné à cette ſorte de chaſſe, qu'en 1326, Charles-le-Bel avait défendu à toute perſonne, excepté aux Barons, d'en prendre un vif, autrement qu'avec des faucons, ou avec d'autres oiſeaux de proie gentils. Franchieres, Grand-Prieur d'Aquitaine, dit dans ſa *Fauconnerie*, *que cette volerie eſt noble ſur toutes les autres*.

On a vu ci-deſſus Salnove vanter Louis XIII pour avoir perfectionné la Vénerie. D'Eſparron lui attribue la gloire d'avoir non-ſeulement mis la Fauconnerie en honneur, mais de l'avoir même portée à ſa perfection. Selon lui, il n'y avait Fauconnier au monde qui, en ce genre, fût capable de rien apprendre au Prince. Et au reſte, il ne faut pas s'étonner d'un goût & d'un talent pareils; puiſque, dans ces mots, *Louis treiẓième, Roi de France & de Navarre*, on trouvait, dit-il, cette anagramme, *Roi très-rare, eſtimé dieu de la Fauconnerie*. Il raconte avec complaiſance pluſieurs vols que le Monarque avait inventés. Souvent celui-ci, lorſque le mauvais tems l'empêchait d'aller en plaine, s'amuſait, dans l'enclos des jardins du Louvre, à voler de petits oiſeaux avec des éperviers & des pies-grièches, ou des pigeons, cillés, avec des tiercelets de faucons. L'auteur s'extaſie en racontant ces inventions diverſes du Roi. Je m'imagine que le Cardinal de Richelieu ne les eſtimait pas tout-à-fait autant que d'Eſparron; mais à-coup-ſûr il en était plus aiſe que lui encore.

Le Roi, dit Sélincourt, avait, en oiſeaux de Fauconnerie, tous les vols poſſibles; & il s'en faiſait ſuivre dans tous ſes voyages. Comme il donnait des appointemens très-conſidérables, tout ce qu'il y avait de bons Fauconniers en Europe ſe rendait auprès de lui; *auſſi*, continue l'auteur, *ſes équipages étaient-ils tellement ſervis qu'il ne s'eſt rien vu de pareil dans notre ſiècle.*

Pour procurer en ce genre quelque plaiſir à la Reine & aux Dames de la Cour, il avait fait élever dans la plaine de S. Denis, au lieu nommé la Planchette, une petite butte en terre, ſur laquelle était conſtruit un pavillon. Il s'y rendait avec les Dames. Alors les chefs de vols envoyaient, de tout côté, voler des ducs, qui rabattaient le gibier vers le pavillon. Dès que le gibier était à portée, on lâchait ſur lui les oiſeaux de proie; ceux-ci l'attaquaient auſſi-tôt, & procuraient aux Dames le ſpectacle d'un combat & d'une victoire; puis, quand il était porté à terre, on allait le préſenter au Roi.

Il n'eſt pas ſurprenant au reſte que les femmes

Goût des femmes pour la Fauconnerie.

aient aimé la chasse du vol, & que, dans des tems antérieurs, on ait été forcé de la défendre aux Abbesses mêmes. C'était la seule qui convînt à ce sexe faible & timide. Inhabile à manier l'arc & la flèche, peu fait pour courir après des chiens, il pouvait, sans peine & sans fatigue, se rendre à cheval dans la plaine avec un épervier ou un faucon sur le poing. Depuis le moment où l'oiseau lancé poursuivait sa proie, jusqu'à celui où il en était vainqueur, il offrait à la Chasseresse un spectacle agréable & curieux. Pour le Gentilhomme qui avait chez lui des Dames, c'était un moyen de galanterie, toujours sûr de réussir, parce que l'amusement qu'il procurait était fait pour plaire. Le soir, quand tout le monde était réuni, on pouvait parler des plaisirs du jour. Les Chasseurs, aujourd'hui si redoutés des femmes, regardés si souvent comme le fléau de la société, pouvaient alors en devenir l'agrément. Au moins, s'il fallait, bon-gré, mal-gré, écouter leurs prouesses & les exploits de leurs oiseaux ; comme tous les assistans en avaient été les témoins, & que tous en avaient joui, tous pouvaient trouver encore quelque plaisir à en entendre parler.

Pour les femmes qui, craignant la fatigue, n'osaient se hasarder au vol dans la plaine, il y en avait un autre plus agréable, dit S. Aulaire (*Fauconnerie*, ann. 1619); celui de l'allouette avec l'émerillon. Elles pouvaient, de leur appartement, jouir de cette chasse, quand les fenêtres du château donnaient sur la campagne.

de la vie privée des Français. 13

Anciennement, on savait la leur rendre plus agréable encore. On enfermait dans un pâté à jour quelques oiseaux de gibier, vivans; tels que cailles, perdrix, ou autres. Dès que le pâté s'ouvrait, ils prenaient leur volée; mais alors aussi on lâchait quelque oiseau de proie qui, fondant sur eux, les saisissait, & les rapportait à son maître. C'est ce que décrit très-bien l'auteur du Roman de *Florès & de Blanchefleur*, poëme composé sur la fin du XIIe siècle, ou dans les premières années du XIIIe. En parlant d'un grand repas donné à son Héros, il dit qu'il y avait sur la table,

    vifs
.... Pasté de vis oiselés.
   ils *   * *Les con-*
Et quand il ces pastés brisoient,   *vives.*
 les   *tout*
Li oiselet partot voloient.
   vous eussiez vu
Adonc veissiez-vous faucons,
 autours
Et ostoirs, & esmérillons,
    quantité émouchets.
Et moult grant planté de mouskès
Voler après les oiselès.

On lira ci-dessous, lorsque je traiterai des divertissemens des repas, qu'à un festin que donna en 1453 le Duc de Bourgogne, on fit voler dans la salle un héron par deux faucons.

La chasse au vol a été en honneur chez les femmes jusqu'au siècle dernier. Il existe encore plusieurs tableaux de paysage, dans lesquels on en voit quelques-unes portant sur le poing un oiseau chaperonné,

Mais l'usage du menu plomb, qu'alors on inventa (*a*), ayant fait connaître aux Chasseurs qu'un fusil était plus commode & plus sûr qu'un épervier, ils abandonnèrent la Fauconnerie. Les Dames perdirent ainsi la seule chasse qui les intéressât, la seule à laquelle elles pouvaient prendre part. A l'exception de quelques-unes qui, en quelque sorte se faisant hommes, ne redoutent ni le bruit de l'arme-à-feu, ni les dangers trop connus qu'elle entraîne, toutes y renoncèrent ; au grand profit de la société, dans laquelle, du moment qu'elles cesserent de regarder comme divertissement un spectacle de meurtre & de carnage, elles dûrent porter, sans contredit, des mœurs plus douces encore qu'auparavant. Les Chasseurs y perdirent seuls, en excluant les femmes d'un de leurs plaisirs : & peut-être, après tout, la galanterie française aurait-elle à s'en plaindre ; mais, si l'on en croit les femmes, les Chasseurs ne sont point galans.

Après tout ce qu'on vient de lire sur la Chasse, il ne me reste à transcrire ici que certains détails concernant quelques-uns des animaux qui en faisaient l'objet.

(*a*) Il est mention de *dragées* & de *larmes* pour le menu gibier, dans les *ruses innocentes pour toutes sortes d'oiseaux & de bêtes, par le Solitaire inventif*, ann. 1688. L'auteur nous apprend aussi qu'on faisait en Guyenne, à Cabarles, à Asir, au Mas-de-Verdun, une poudre plus forte que toutes les autres de France.

CINQUIEME SECTION.

Du Gibier à plumes.

Nos Pères étaient bien moins délicats que nous sur la tendreur, ou sur la dureté des viandes. On aura peine à croire qu'ils mangeaient le héron, la grue, la corneille, la cicogne, le cigne, le cormoran, & le butor; que ces oiseaux étaient servis sur les meilleures tables; & qu'on les regardait même, sur-tout les trois premiers, comme excellens. Il en existe des preuves dans les Poésies du XIIe & du XIIIe siècle. Taillevant, premier Cuisinier du Roi Charles VII, auteur dont il nous reste un traité de cuisine que j'aurai lieu de citer plusieurs fois dans la suite, enseigne à accommoder la plupart de ces animaux. Dans des statuts de Bordeaux, faits en 1585, pour la police de la vente du gibier, dans le réglement de Henri II, en 1549, pour le même objet, le héron est compté parmi les oiseaux qu'il est permis de porter au marché. Quand Charles IX passa par Amiens, outre les douze dindons qu'on lui présenta, ainsi que je l'ai dit plus haut, outre des chapons gras, des poulets, des pâns, des faisans, & des cailles; on lui offrit encore douze hérons, douze aigrettes, six butors, six cignes, & six cicognes. Bélon, (*histoire des oiseaux*, an. 1555) dit que le butor, quoique d'un goût rebutant la

Hérons, Grues, Cicognes, Butors, Cormorans, &c.

première fois qu'on en mange, *cependant est entre les délices françoises.*

Liébaut appelle le héron une *viande royale*. Nous voyons par cet auteur, par Beaujeu, & par d'autres écrivains contemporains, que les Gentilshommes alors avaient des héronnières; comme aujourd'hui l'on a des faisanderies. François I, en avait fait faire deux à Fontainebleau. Cependant, on avait soin de nourrir d'une manière particulière les hérons qu'on destinait pour la table.

Il y avait des Provinces où l'on n'aimait point ce mets; & de ce nombre était la Provence, selon Beaujeu.

On mangeait même jusqu'aux oiseaux de proie qui, se nourrissant de chair, doivent être moins bons que les autres. Bélon assûre qu'un faucon, un sacre, un vautour, rôtis ou bouillis, sont bons à manger; & que quand un de ces oiseaux se tuait en volant après le gibier, les Fauconniers l'apprêtaient aussitôt. En Auvergne, dit-il, vous ne trouverez personne qui, dans l'hyver, ne mange d'une sorte d'aigle, nommée boudrée ou goiran. Cependant, il ajoute qu'en général on rejettait les oiseaux de nuit, & ceux qui vivent de charogne.

Un autre préjugé plus extraordinaire, c'est que ces mêmes hommes qui mangeaient du héron, du vautour, & du cormoran, n'osaient point toucher au gibier, lorsqu'il était jeune. Ils regardaient cette sorte de chair comme n'étant point encore faite, & par conséquent comme indigeste. Ainsi, par

exemple

exemple, ils mangeaient du lièvre & de la perdrix; mais ils s'abstenaient du levreau & du perdreau. Henri-Etienne remarque même dans son *apologie pour Hérodote*, qu'il n'y avait pas extrêmement long-tems que ces préventions étaient abolies. Il ajoute que, chez les Etrangers, elles avaient subsisté comme chez nous; & qu'à Venise, où il avait passé quelque tems, c'étaient les Ambassadeurs de France qui avaient appris que levrauts & les perdreaux étaient fort bons à manger.

La France nourrissait dans ses rivières beaucoup de cignes. Il y en avait, sur-tout, considérablement vers Tours, vers Angoulême, Cognac, & Saumur. Valenciennes, dit Liébaut, était appellé pour cette raison le *val-des-Cignes*; & l'on disait proverbialement de la Charente, qu'elle en était bordée. Enfin c'était un gibier qu'on chassait, comme nous chassons aujourd'hui le canard sauvage.

Cignes.

Dans plusieurs villes de Flandres & de Picardie, qui avaient des canaux, des fossés plein d'eau, des étangs, on se plaisait à y nourrir des cignes. Chacun des différens corps bourgeois en adoptait même dans ce nombre une certaine quantité, auxquels il imprimait sa marque; & cette cérémonie devenait une sorte de fête. Elle avait lieu au mois de Juillet; tems où les petits cignes ne sont pas encore assez forts pour voler. Toute la ville se rendait en bâteau à l'endroit où ils séjournaient. Les Ecclésiastiques ouvraient la chasse; puis les Nobles; puis successivement les autres corps par ordre. Comme les petits cignes suivaient leur père & mère, & que ceux-ci avaient déja leur signalement, il était aisé à chaque corps de reconnaître ceux qui lui appartenaient, afin de les marquer comme les autres. Mais il n'était pas aussi aisé de les prendre; & c'est en cela que consistait la chasse. Du reste, il y avait défense expresse d'en tuer aucun; &, si ce malheur arrivait à quelqu'un des Chasseurs, il payait à la Ville autant de blé qu'il en fallait pour cacher entièrement l'oiseau suspendu par le bec. La chasse durait ordinairement plusieurs jours; pendant lesquels ce n'était, sur la rivière, que festins, musique, & illuminations. Elle avait encore lieu sur la fin du dernier siècle, dit Sélincourt (*Parfait Chasseur*, ann. 1683); mais le malheur des guerres l'y abolit.

A Amiens, le nom de *chasse aux cignes* subsiste encore actuellement. Ce n'est plus néanmoins qu'une promenade très-agréable, que les gens riches vont faire, dans des bâteaux couverts, sur les différens canaux de la Somme.

Quant à la chair de cet oiseau, Bélon dit qu'on la regardait comme *exquise ès délices françoises*.

Canards sauvages.

Autrefois les Comtes de Ponthieu faisaient faire annuellement, sur certains étangs de leurs domaines, une grande chasse aux canards sauvages & autres oiseaux de rivière; & ils avaient assujettis leurs vassaux à venir y contribuer. Au mois de juillet, lorsque ces oiseaux, par l'effet de la mue, volent difficilement, & que leurs petits n'ont point encore assez de force pour prendre leur vol, on tendait des panneaux, d'espace en espace, sur les étangs. On faisait deshabiller les paysans, qui, rangés sur une même ligne, entraient dans les roseaux, les frappaient avec des bâtons, & forçaient les oiseaux de fuir en avant, du côté des panneaux. En avançant ainsi peu-à-peu, on les poussait dans les filets. Quand la chasse était achevée, on portait le gibier à la ville; le Comte en faisait des libéralités; & la journée finissait par une fête générale. Sélincourt (*Parfait Chasseur*, ann. 1683) fait mention de cet usage comme subsistant encore de son tems.

Faisans. Une partie de tout ce qu'on a lu précédemment sur la cérémonie du pân, doit s'appliquer au faisan. Cet oiseau jouissait des mêmes honneurs; on le servait sur table avec la même pompe, & recouvert de même de sa peau & de ses plumes. Enfin, on faisait sur lui des vœux, comme sur l'autre. Ce fut sur un faisan, qu'en 1453 le Duc de Bourgogne jura cette Croisade, dont j'aurai occasion de parler ailleurs.

J'ai remarqué plus haut qu'il a été un tems où l'on engraissait en mue ces oiseaux comme les chapons; & Liébaut assure que ce secret était connu des Rôtisseurs de Paris, ainsi que des marchands de volaille. Nous ne l'employons plus; mais nous avons conservé l'estime qu'avaient nos Pères pour le faisan; & il fait encore l'honneur de nos tables, comme il faisait celui des leurs; quoique beaucoup de gens prisent peu cette sorte de gibier, & qu'ils pensent, comme Champier, que s'il n'avait le mérite d'être rare, le peuple n'en voudrait pas.

« On compte en France, dit Nonnius (ann. » 1627), deux sortes de faisans; l'un qu'on nomme » royal, parce que c'est le meilleur; l'autre appellé

» bruyant». Vraisemblablement, ce bruyant est notre coq de bruyère, qui est un oiseau d'espèce différente.

Depuis quelques années, nous possédons une nouvelle espèce de faisans, beaucoup plus belle que l'ancienne. On a nommé ceux-ci faisans de la Chine, du lieu de leur origine; mais, trop peu multipliés encore pour être comptés parmi nos alimens, ils ne sont jusqu'à présent qu'un objet de curiosité.

Francolin. Le Francolin, dit Bélon, était inconnu en France; cependant on en trouvait dans les montagnes des Pyrénées; & François I, en avait mangés, qui lui avaient été envoyés du pays de Foix.

Gelinottes. Les Gelinottes, ou poules sauvages, qu'on mangeait à Paris, venaient des Ardennes, ou de Lorraine. Elles étaient, selon le même Bélon, plus estimées que les faisans, & se vendaient deux écus la pièce. Quelques auteurs confondent cet oiseau avec le Francolin.

Gontier (*De sanitate tuendâ*, ann. 1668) rapporte avoir connu plusieurs Gentilshommes, qui, habitant un château situé près d'un bois, lâchaient dans ce bois un certain nombre de poules. Elles y devenaient sauvages, multipliaient beaucoup, & leur offraient, quelques années après, un gibier abondant, d'un goût & d'un fumet exquis.

Coucou. Du tems de Champier, on faisait beaucoup de cas du coucou. De tous les oiseaux qu'on peut servir dans un repas, il n'y en avait même aucun, dit l'auteur, que l'on comparât à cet oiseau, jeune encore, & pris au moment qu'il sort du nid & qu'il commence à voler.

Pluvier. « Les Grands-Seigneurs, ajoute-t-il, prisent aussi

» infiniment le pluvier; mais cependant c'est moins
» sa chair qu'ils recherchent, que le plaisir que leur
» procure cette chasse. Aussi, dans leurs terres,
» est-ce un crime capital d'en tuer un, & ce crime,
» ils le punissent très-rigoureusement ».

Bélon rapporte que de Beauffe il arrivait quelquefois aux marchés de Paris tant de pluviers, qu'on eût pu en remplir des charrettes entières. Au reste, lorsqu'on mettait cet oiseau à la broche, l'usage, dit-il, était de ne point le vider; & c'est ce qu'on faisait aussi pour la bécassine & pour les petits oiseaux de rivière.

« Le peuple des villes, continue Champier,   Grives &
» nourrit en cage des étourneaux auxquels il ap- Etourneaux.
» prend à parler. Dans le tems des vendanges,
» cet oiseau est recherché, ainsi que la grive; parce
» qu'alors il est gras, & qu'il a plus de goût. Néan-
» moins, il y a des gens délicats qui, même alors,
» ne l'admettent point à leur table (a).

A Paris, les allouettes sont un mets fort commun.   Allouettes.
» On les y sert enfilées, par six ou par douze, à
» une petite broche de bois, & bardées de sauge
» & de lard. On en fait aussi des pâtés, dont la sauce
» est l'hipocras.

(a) En Flandres, on construisait, à la campagne, des espèce fuies pour les étourneaux; ils venaient y pondre dans la saison, & l'on prenait leurs petits pour les manger. J'ai vu encore, en 1780, de ces trous à l'Abbaye de Vicogne, près de Valenciennes; & des vieillards m'y ont dit avoir mangé, dans leur jeunesse, des étourneaux pris ainsi.

Merles. » Plusieurs de nos Provinces, & particulièrement
» la Normandie, nourrissent beaucoup de merles.
» On les y prend à la glu ; ou, la nuit, au flambeau,
» avec des filets.

Corneilles. » On fait cas de l'espèce de corneilles qui est
» grise. Elles se paient même assez cher, quand le
» froid les a engraissées. La manière de les manger
» est de les accommoder aux choux, ainsi que les
» ramiers & les vieilles perdrix.

Cailles. » Les cailles sont extrémement communes par
» toute la France. On en prend tant en Languedoc
» que, dans chaque maison, il y a un endroit par-
» ticulier, destiné spécialement à les engraisser. On
» en attrappe aussi beaucoup dans nos Provinces
» septentrionales ; & celles de ces Provinces qui
» sont situées le long de la mer, vont même en
» faire commerce en Angleterre.

Perdrix. » Une moitié de la France a des perdrix rouges,
» l'autre moitié en a des grises : mais les cantons
» où se trouvent les grises, ne font aucun cas des
» rouges (a) ; comme ceux qui ont des rouges mé-
» prisent les grises. De nos jours, le Roi d'Angle-
» terre en a fait venir de chez nous une quantité
» immense de ces premières, dans l'espoir d'en peu-
» pler son île. Elles y sont toutes mortes.

» On peut apprivoiser & rendre domestiques les
» perdrix. Nous avons vu le Cardinal de Châtillon

(b) Nous ne pensons plus ainsi ; & les rouges, dans la Capitale, ainsi que dans nos Provinces septentrionales, sont les plus estimées.

» en avoir, près de Lisieux, des troupeaux privés.
» Tous les matins, elles allaient aux champs pour
» paître. Le soir, elles revenaient d'elles-mêmes
» dans ses cours, comme les volailles ordinaires ».

Tournefort assure de même dans son *voyage du Levant*, avoir vu, près de Grasse, un Provençal conduire à la campagne des compagnies de perdrix, les faire approcher à sa volonté, les prendre avec la main, les caresser, & les renvoyer ensuite avec les autres.

Quant à la manière d'apprêter & de servir les perdrix, Champier nous apprend que, quand elles étaient vieilles, on les lardait, on les faisait un peu rôtir, puis on les accommodait aux choux. Les perdreaux au contraire se mettaient toujours à la broche; & on les mangeait, soit avec du jus d'oranges, soit avec une sauce piquante.

Au dernier siècle, les perdrix d'Auvergne étaient renommées. *Je dînai hier chez Mad. de la Fayette*, dit Mad. de Sévigné; *c'étaient des perdrix d'Auvergne, & des poulardes de Cân.*

Les tourterelles passaient de même pour un mets exquis. La même Sévigné, décrivant un repas magnifique qu'on lui avait donné, dit : *ce fut le plus grand & le plus beau que j'aie vu depuis long-tems. Toutes les bonnes viandes & les beaux fruits y étaient en abondance ; les tourterelles, les cailles grasses, les perdreaux, &c. Nous fûmes surprises ; & nous comprîmes qu'il n'est question que d'avoir de l'argent.*

Tourterelles

Comme le becfigue se nourrit de graines de mirthe, & que sa chair en contracte une sorte d'amer-

Becfigue;

tume, beaucoup de gens n'aimaient pas cet oiſeau, dit Beaujeu. D'autres au contraire le recherchaient, à cauſe de ce petit goût amer qui provoquait en eux la faim & la ſoif. En Provence, il était ſi eſtimé, qu'il y avait des feſtins où l'on ne ſervait que des becfigues.

SIXIEME SECTION.

Gibier quadrupede.

Lapins. PLUSIEURS Auteurs ont écrit que nous devons les lapins à l'Eſpagne, & que ce préſent n'eſt pas même extrémement ancien. C'eſt-là une erreur, au moins pour la ſeconde partie du fait. Nous liſons dans Strabon que, de ſon tems, la Gaule méridionale était tellement infeſtée de ces animaux, qu'ils dévoraient juſqu'à la ſemence des grains, & aux racines des arbres. Cette énorme multiplication des lapins ſemblerait prouver que les Gaulois n'en mangeaient pas; & en effet, il y a encore aujourd'hui pluſieurs nations qui s'en abſtiennent par répugnance.

Au reſte, quoique le lapin ſoit devenu par la ſuite un aliment pour nos Pères, il n'a pas ceſſé néanmoins d'être infiniment commun dans nos Provinces méridionales. Beaujeu, (ann. 1551) rapporte qu'un Gentilhomme Provençal étant allé à cette chaſſe avec quelques-uns de ſes vaſſaux & trois chiens, il en rapporta, le ſoir, ſix cens. Dans les îles qui font auprès d'Arles, il y en a tant, dit-il, que quand un Chasseur n'en tue pas cent dans sa journée, il revient mécontent.

Celles de nos Provinces où ils étaient plus rares, cherchèrent au contraire à les multiplier. On se rappelle ce que j'ai dit ci-devant sur les garennes.

» Dans les villes, écrit Champier, on élève des » lapins domestiques de toutes les couleurs, noirs, » blancs, cendrés, &c.; & souvent les Rôtisseurs » les vendent pour lapins de garenne. Au reste, cet » animal n'est recherché que lorsqu'il est jeune; » encore ne le mange-t-on que rôti.

» A Paris, on estime beaucoup les lapereaux de » Vincennes ».

De Serres parle d'un moyen, que nous n'employons plus, & qui était d'usage au XVIe siècle pour rendre les lapins meilleurs. » On les châtre, dit-il; » & on les lâche ensuite dans la garenne, où ils » deviennent plus délicats & plus tendres ».

Selon Varron, les lièvres de Gaule étaient d'une grandeur extraordinaire.

Lièvres.

» Le levraut, continue Champier, n'a de prix » que depuis deux mois jusqu'à huit. Dès qu'il a un » an, l'on n'en fait plus de cas. Plus vieux, on le » rebute tout-à-fait; ou on ne l'emploie alors qu'en » civet, ou bien en pâté. Il y a même un proverbe » français, qui dit qu'un vieux lièvre & une vieille » oie font la nourriture du Diable. La cervelle de » cet animal se mange bouillie, frite, ou grillée.

» La France nourrit dans ses forêts beaucoup » de chevreuils; mais ce mets est réservé pour

Chevreuils.

» la bouche des Grands. On ne l'y mange com-
» munément que rôti.

Sanglier. » Le sanglier se mange rôti, ou fricassé avec
» des navets. Il n'en est pas ainsi de la hure ; elle
» s'accommode à part ; mais un pareil morceau ne
» convient qu'aux gens très-riches.

Cerf. » On sert aussi à leur table certain morceau du
» cerf, qu'on appelle le cimier. Pour le bois de
» cet animal, lorsqu'il est jeune & nouveau en-
» core, on le mange coupé par tranches & frit ;
» mais c'est-là un mets de Roi ».

Dans les manuscrits du XIIIe siècle, j'ai trouvé une pièce intitulée *la devise des Lécheurs* (des gourmands), où l'on vante beaucoup la langue de cerf entrelardée.

Bléreau. » Un jour, dit Beaujeu, un de mes domestiques
» m'apporta un bléreau qu'il avait tué, & qui
» était fort gras. Comme ces animaux ne vivent
» que de fruits, & que par conséquent leur chair
» doit être agréable & saine, je m'avisai de mettre
» celui-ci en pâté. On le trouva si exquis que,
» depuis ce tems, le bléreau, qui auparavant était
» en Provence totalement dédaigné, y est devenu
» le gibier qu'on chasse avec le plus d'ardeur ».

SEPTIEME SECTION.

Lait, Beurre, Œufs, & Fromage.

LE lait & le beurre qui nous sont permis aujourd'hui, même en carême; les œufs dont nous n'usons alors qu'avec une permission particulière; le fromage enfin que nous regardons comme un aliment de la plus sévere abstinence, n'ont pas été toujours, ni également permis, ni également prohibés. Long-tems, ces différentes substances furent étrangères aux réglemens de la discipline ecclésiastique; ou plutôt, l'Eglise n'ayant d'abord rien décidé sur les mêts qui pouvaient être permis ou défendus les jours de jeûne, les Fideles, pendant plusieurs siècles, n'eurent sur cela d'autre régle de conduite, comme le prouve le Docteur Launoi, que celle que leur prescrivait à eux-mêmes la dévotion. *Sunt & alia in catholicâ Ecclesiâ instituta vivendi præstantia,* dit S. Epiphane; *nimirum quod alii carnibus prorsus abstineant tam quadrupedum & avium quam piscium, nec non ovis & caseo. Alii quadrupedibus duntaxat; sed avibus ac ceteris vescuntur. Alii etiam ab avibus temperant; ova & pisces retinent; quibus nonnulli etiam abstinent, qui tamen caseum sibi permittunt. Alii verò caseo non utuntur. Præterea quidam a pane abstinent; quidam ab arborum fructibus, & coctis omnibus.*

« Les Fideles Catholiques suivent, dans leur manière de vivre, plusieurs régimes recommanda-

» bles : car les uns s'abstiennent non-seulement de
» la chair des quadrupedes, des oiseaux, & des
» poissons, mais encore d'œufs, & de fromage ;
» les autres renoncent uniquement aux quadrupe-
» des, & se permettent les oiseaux & tous les au-
» tres alimens. Ceux-ci ne mangent point de vola-
» tiles ; mais ils mangent des œufs, & du poisson.
» Ceux-la s'interdisent les œufs. Il en est qui n'u-
» sent que de poisson seulement ; il en est qui,
» s'abstenant de poisson, mangent du fromage,
» dont d'autres se privent. Enfin, quelques-uns re-
» jettent le pain ; & quelques autres, les fruits des
» arbres, ainsi que tout aliment cuit ».

On lit de même dans Socrate. *Alii omnino ab omni animantium genere abstinent. Alii inter animantia solos pisces comedunt ; alii cum piscibus volucres etiam manducant, eas que ex aquâ, ut est apud Moysen, nasci asserunt........ Sunt qui cum ad horam nonam jejunaverunt, variis ciborum generibus utuntur. Aliâ ratione apud alias gentes jejunatur : cujus rei sunt causæ prope infinitæ. Ac quoniam nemo de eâ re præceptum litterarum monumentis proditum potest ostendere, perspicuum est Apostolos liberam potestatem in eadem cujusque menti & arbitrio permisisse. Hanc disparem jejuniorum rationem in ecclesiis esse cognoscimus.*

« Les uns s'abstiennent généralement de tous les
» animaux ; les autres, dans tout le genre animal,
» ne mangent que du poisson ; d'autres joignent
» aux poissons les volatiles, & les croient nés de
» l'eau, comme le dit Moyse...... Il en est qui,
» lorsqu'ils ont jeûné jusqu'à la neuvième heure,

» se permettent alors diverses sortes d'alimens. Les
» différentes nations ont leurs différentes manières
» de jeûner; & il y a une infinité de causes de cette
» diversité. Car, comme personne ne peut montrer
» dans les Livres Saints rien de précis sur cette
» matière, il est évident que les Apôtres ont laissé
» à chaque Fidele la liberté de faire en ce genre
» ce qui lui plairait; & c'est, selon moi, la raison
» des différences de jeûnes qui subsistent dans les
» différentes églises ».

L'Historien Nicéphore dit, à quelques mots près, la même chose que Socrate.

On n'eut point dans l'Occident, & en France sur-tout, des principes plus fixes que dans l'Eglise greque. Théodulphe, Evêque d'Orléans (an. 797), enseignant, dans une instruction aux Prêtres de son Diocèse, les alimens que l'on peut, & ceux que l'on ne doit pas se permettre aux jours de jeûne, dit expressément : *Qui ovis, caseo, piscibus, & vino abstinere potest, magnæ virtutis est* (a). « C'est un
» homme d'une grande vertu que celui qui peut
» s'abstenir d'œufs, de fromage, de poisson, & de
» vin ».

Ailleurs il ajoute : *Vini ebrietas & luxuria prohibita sunt, non lac & ova. Non enim ait Apostolus, nolite comedere lac & ova, sed nolite inebriari vino, in quo est luxuria.* « Ce qui est défendu, c'est l'ivresse

---

(a) Ces paroles de Théodulphe furent adoptées par un Concile d'Angleterre, qui en fit un Canon.

» & la luxure, & non le lait & les œufs : car l'A-
» pôtre ne dit point, abstenez-vous d'œufs & de
» lait; mais il dit, ne vous enivrez point avec le
» vin qui produit la luxure ».

Aujourd'hui, nous ne jeûnons point les Dimanches de carême, par respect pour ce jour que nous regardons particuliérement comme un jour de réjouissance. Alors, non-seulement on ne jeûnait point le Dimanche, mais de plus on faisait gras. Une vie de S. Sor, imprimée par le P. Labbe dans sa *Bibliotheque*, prouve qu'au Xe siècle cette coutume subsistait; puisque le Saint, ce jour là, mangea du cerf avec les siens. Dans certains cantons, l'usage se maintint plus long-tems encore; comme on le voit par une autre vie d'un certain Godefroi, Evêque d'Amiens vers 1100. » Le jour des cendres, les Amiennois
» s'étant rendus à l'église de S. Firmin, dit le Lé-
» gendaire, le bienheureux Godefroi vint, nus
» pieds selon sa coutume, & couvert d'un cilice,
» exhorter ses ouailles. Il leur défendit, dans son
» discours, de manger de la viande depuis ce jour-
» là jusqu'à Pâques. Mais, loin de déférer à ses
» ordres, ils protesterent au contraire qu'ils ne
» quitteraient point une coutume ancienne; &,
» après beaucoup de plaintes contre leur Evêque,
» qui sans cesse se plaisait, disaient-ils, à imaginer
„ des austérités nouvelles, ils déclarerent qu'ils
„ mangeraient de la viande le Dimanche. Ils en
„ mangerent en effet. Le Prélat le sut; mais il fer-
„ ma les yeux, & attendit que les circonstances
" devinssent plus favorables, „.

Long-tems auparavant, les Grecs s'étaient fait peu-à-peu, sur le jeûne quadragésimal, une morale plus sévére que la nôtre. Ils en vinrent même jusqu'à blâmer notre conduite en ce point. Le premier qui affecta le rigorisme, fut Photius, Patriarche de Constantinople. Il nous fit, à ce sujet, des reproches, auxquels Ratram, Moine de Corbie, Hincmar, Archevêque de Rheims, Eudes, Evêque de Paris, & plusieurs autres personnages célèbres du tems, répondirent. *Reprehendere moliuntur*, dit Hincmar dans sa lettre an. 867, *quod octo hebdomadibus ante pascha à carnium, & septem hebdomadibus à casei (a) & ovorum esu, more suo, non cessamus*. Eudes avance, pour nous excuser, que l'abstinence chrétienne est un usage qui varie selon les lieux & les églises. " En Italie, dit-il, on s'abs-
„ tient, pendant trois jours de la semaine, de tout
„ aliment cuit au feu, parce que ce pays abonde
„ en excellens fruits de tout genre. Dans les can-
„ tons qui n'ont pas la ressource de ces bons fruits,
„ on cuit au feu tous les alimens. En Allemagne,
„ on ne peut se passer d'œufs, de lait, de beurre,
„ & de fromage ; quoique quelques personnes s'en
„ privent volontairement. Enfin, il y a des gens
„ qui, le Vendredi & le Jeudi Saints mêmes, man-
„ gent à l'ordinaire des œufs & du laitage ".

―――――――――――――

(a) Aujourd'hui encore, les Russes, qui, comme on sait, suivent la religion greque, s'abstiennent du beurre pendant leurs différens carêmes.

Pour les œufs, il n'est pas surprenant qu'on se les soit permis sans scrupule. L'opinion ayant établi que la volaille était un aliment maigre, de même nature que les poissons, on raisonnait conséquemment en regardant comme maigre aussi l'œuf que cette volaille avait pondu. Le Diplôme de Charles-le-Chauve, en faveur de l'Abbaye de S. Denis, accorde, entr'autres choses, à ce Monastère, onze cens œufs, annuellement, aux trois grandes fêtes de l'année : or l'on sait que l'Ordre de S. Benoît faisait toujours maigre. L'Abbaye de S. Maur-des-Fossés percevait, tous les ans, à Ozoir, à Torcy, à Boissi-S.-Léger, & à Ferrieres, un certain nombre d'œufs pour la pitance des Moines. Enfin, les Chartreux qui observent un carême perpétuel, & qui, dans tous les tems, l'ont observé avec la régularité la plus stricte, mangeaient des œufs. Leurs statuts ne les leur défendent que pendant l'avent; ils les leur permettent formellement pendant tout le reste de l'année.

Cependant, il y avait des personnes dévotes & de saints personnages qui se faisaient scrupule de toucher aux substances qui sont une production animale. On lit dans la vie de S. Jaques, Hermite du Berry, qu'il *ne se permettait pas tout ce qui vient de la chair, comme œufs & fromage; qu'il n'en usait que quand il était malade : & encore fallait-il le presser beaucoup.* Dans celle de S. Benoît-d'Aniane, on trouve que le Saint, non-seulement défendait d'apprêter avec de la graisse ses alimens, (il a été parlé plus haut, & il fera encore parlé ailleurs, de l'ufage où étaient les Moines, qui faifaient maigre, d'accommoder à la graiffe leurs légumes); mais même qu'il pouffait le fcrupule *jufqu'à en ôter le plus petit morceau de fromage.*

Au refte, ce rigorifme n'était que celui de quelques particuliers. L'opinion générale regardait comme licite, ce que, par mortification, ceux-ci fe défendaient à eux-mêmes; &, jufqu'aux éloges donnés par le Légendaire à leur abftinence, tout prouve que le vulgaire penfait & agiffait autrement qu'eux.

Il paraît pourtant que le beurre, foit préjugé, foit ufage, ne fe mangeait guères, les jours maigres, qu'en fubftance; & que, dans les cuifines, on ne l'employait point en affaifonnement. Les alimens alors, chez les Moines fur-tout, s'apprêtaient avec de l'huile; coutume adoptée des pays chauds, où l'on a des oliviers en abondance, & peu de pâturages; & qui ne convenait nullement à nos climats, où l'on a beaucoup de pâturages & très peu d'oliviers. Auffi l'huile venait elle à manquer ou à renchérir, on ne favait plus comment faire; & cet inconvénient devenait confidérable, fur-tout pour celles de nos Provinces qui, par leur pofition, fe trouvent éloignées des cantons à olives; c'eft-à-dire, pour une grande partie de la France. Il y eut à ce fujet, des repréfentations faites au Concile tenu en 817 à Aix-la-Chapelle; & le Concile y eut égard. La France n'ayant point d'huile, il permit aux Réguliers, d'employer, pour apprêter leurs alimens, la graisse animale ou l'huile de lard. *Et quia oleum olivarum Franci non habent, voluerunt Episcopi ut (Canonici Regulares) oleo lardino utantur.*

Par la suite, on trouva, comme je l'observerai ailleurs, que c'était-là une friandise peu convenable à des gens qui se dévouaient, par pénitence, à une vie austère. On défendit le jus de lard; dès lors il fut regardé par les Fidèles comme aliment gras; & l'on fut obligé, en conséquence, d'y substituer le beurre pour l'assaisonnement des mets. Cette derniere substance devenant en quelque sorte nécessaire, elle se combina avec le jeûne le plus rigoureux. C'est ce qui résulte d'un ouvrage intitulé *de Claustro animæ*, par Hugues de Feuillet, Abbé de S. Denis en 1149. L'auteur, examinant quelle doit être la nourriture d'un vrai Religieux, dit qu'il doit vivre de fruits & de légumes; & que *ces légumes doivent être apprêtés, non avec de la graisse, mais avec du beurre, de l'huile, ou du lait.*

Néanmoins, l'usage du beurre & du lait, quoiqu'autorisé par une longue prescription, attira enfin l'animadversion Ecclésiastique. Un Concile d'Angers en 1365 le condamna, & voulut ramener à l'ancien usage de l'huile. *Nous savons*, dit le Concile, *que dans plusieurs cantons, non-seulement les Réguliers, mais encore les Clercs, usent de lait & de beurre en carême & les jours de jeûne; quoiqu'ils aient du poisson, de l'huile, & tout ce qui est nécessaire pour ce tems-là. En conséquence, nous défendons à toute personne, quelle qu'elle soit, le lait & le beurre en carême, même dans le pain & les légumes ; à moins qu'elle n'en ait obtenu une permiſſion particuliere.*

Toute rigoureuſe qu'était la loi impoſée par le Concile, elle fut obſervée très-rigoureuſement juſques vers les dernières années du XVe ſiecle. Les Rois mêmes s'y aſſujettirent, ainſi que le reſte de la Nation. Charles V, dont la ſanté ſe trouvait altérée depuis qu'il avait été empoiſonné par le Roi de Navarre, ayant eu beſoin d'adoucir ſon maigre par l'uſage du lait & du beurre, ſoit en alimens, ſoit en aſſaiſonnemens, il en demanda la permiſſion au Saint-Siège. Le Pape, c'était Grégoire XI, y conſentit ; mais il exigea un certificat du Confeſſeur & du Médecin ; & impoſa même au Prince, pour compenſation, un certain nombre de prières & d'œuvres pies. Et, ce qui montre juſqu'où l'on pouſſait alors le ſcrupule ſur ces ſortes de matières, c'eſt que le Pontife, dans ſa même Bulle, accorde aux Officiers du Monarque la permiſſion de *goûter* aux ſauces & aux ragoûts qu'ils apprêteront pour lui avec du beurre & du lait.

Pour la deffaute d'huile, on mangeoit du beurre en iceluy quareſme, comme en charnage ; dit le *journal de Paris ſous Charles VI & Charles VII.*

Enfin, en 1491, la Reine Anne, Ducheſſe de Bretagne, fit, de même qu'avait fait Charles V, ſolliciter à Rome la permiſſion d'uſer de beurre ; &, cette permiſſion, elle la demandait non-ſeulement pour elle, mais pour ſa Maiſon. La raiſon qu'elle alléguait au Souverain Pontife, était que la

Bretagne ne produifait point d'huile. Sept fiecles auparavant, une raifon pareille avait fait accorder aux Réguliers la graiffe de lard. Cette fois-ci elle valut à la Maifon de la Reine l'ufage du beurre. Encouragée par cette faveur, la Bretagne demanda & obtint la même grace. Nos autres Provinces, qui avaient le même motif pour la folliciter, la demandèrent fucceffivement auffi; & c'eft ainfi que nous fommes parvenus à en jouir; mais originairement nous en fommes redevables à la requête que préfenta, la première, à ce fujet, la Reine Anne.

Cependant, en accordant ces permiffions, le S. Siége y ajoutait toujours, pour condition préliminaire & indifpenfable, qu'on ferait tenu à faire certaines prières, & fur-tout quelques aumônes. Dans Paris, les Marguilliers de Paroiffes demandèrent que la deftination de ces aumônes fût fixée particuliérement, & qu'on l'appliquât à l'entretien ou à la réparation des églifes. Ils l'obtinrent; & de-là naquirent ces *troncs pour le beurre*, qui pendant long-tems fubfiftèrent dans nos églifes paroiffiales, & qu'enfuite on fupprima prudemment, parce que devenant inutiles, ils n'étaient plus que ridicules.

Une fois familiarifés avec l'ufage du beurre en maigre pour les affaifonnemens, les Français s'accoutumerent à le regarder comme aliment maigre, lorfqu'il était mangé en nature; & ils finirent par croire qu'on ne devait en ufer que les jours maigres. C'eft au moins ce qui réfulte d'une lettre de Mad. de Sévigné (ann. 1680), dans laquelle cette Dame, décrivant un grand repas donné par les Etats de Bretagne à l'occasion du petit Prince de Léon, que les Etats avaient tenu fur les fonds de Baptême, s'exprime ainfi : *c'était la Bretagne entière, M. le Gouverneur de Bretagne, MM. les Lieutenans-Généraux de Bretagne, M. le Tréforier de Bretagne..... On aurait danfé les paffe-pieds de Bretagne, fi l'on y eût danfé; & mangé du beurre de Bretagne, s'il eût été jour maigre.*

Tant que le lait avait été réputé fubftance graffe & animale, le fromage, qui eft fait avec du lait, avait été prohibé auffi pour certains jours; & ce raifonnement était conféquent. *Mangeoient char en karefme, fromaige, lait, & œufs, comme en charnaige,* dit un ouvrage déja cité plus haut, le *journal de Paris fous Charles VI & Charles VII.* Nous autres qui, depuis la permiffion accordée par le Souverain Pontife, fommes accoutumés à regarder le beurre & le lait comme alimens maigres, nous ufons de fromage dans les tems de jeûne & d'abftinence ; & nous raifonnons auffi conféquemment que nos Pères, quoique le réfultat de leur doctrine & de la nôtre foit contradictoirement oppofé. Quelque bizarres que foient en apparence les opinions des hommes, lorfque l'on compare un fiècle avec un autre, elles ne font pas toujours auffi étranges qu'au premier afpect elles femblent l'annoncer. Toutes ont un principe, bon ou mauvais, fur lequel elles font fondées. Admettez une fois ce principe; la conféquence vous paraîtra jufte.

Quand on eut changé d'opinion fur la nature des

volatiles, & qu'on ne les crut plus poissons, alors on changea nécessairement aussi de façon de penser sur les œufs. Ceux-ci devinrent, comme les oiseaux, un aliment prohibé en maigre, ou au moins en carême. La permission accordée pour le beurre enhardit à demander celle des œufs; mais cette derniere devait être difficile à obtenir: car enfin on avait, pour solliciter la premiere, une raison excellente, le défaut d'huile; mais quel prétexte apporter pour la seconde. Il s'en présenta cependant; & Jules III, en 1555, accorda la dispense. Néanmoins les préventions sur cet objet étaient devenues si fortes, que la Bulle du Pape fut brûlée, dit Sauval, par Arrêt du Parlement. Malgré la Bulle, un Concile de Bourges, en 1584, défendit d'user d'œufs en carême, à moins qu'on ne fût malade. Bientôt pourtant on sentit l'avantage d'une grace à laquelle tout le monde gagnait; mais néanmoins l'autorité épiscopale n'en a jamais fait qu'une faveur passagere. La dispense n'est point à perpétuité, comme celle du beurre; il faut la demander, tous les ans, à l'Evêque diocésain; & personne n'ignore qu'elle occasionne une procession, la première semaine de carême.

Œufs de Pâques. S'il était pénible de s'abstenir d'œufs pendant quarante jours entiers, ce devait être aussi une grande joie d'en reprendre l'usage, quand le tems de pénitence venait à cesser. La dévotion, qui dans certains tems s'introduit par-tout, fit même de cette époque une cérémonie religieuse. On allait à l'église, le Vendredi-Saint & le jour de Pâques, offrir & faire bénir des œufs. Ces œufs bénis, rapportés dans les familles, y occasionnaient une sorte de fête & de réjouissance. Les parens, les voisins, les amis s'en envoyaient mutuellement; & de-là vint l'expression proverbiale, *donner les œufs de Pâques*. Pour enjoliver le présent, on les teignait en rouge ou en bleu; on les mouchetait, on les bariolait de différentes couleurs. Enfin, le don ou l'envoi des œufs devint un usage si général, qu'en beaucoup de villes il donna lieu à un abus superstitieux, mais plaisant.

L'un des jours de la semaine de Pâques, les Etudians des écoles, les Clercs des églises, les jeunes gens de la ville, s'assemblaient dans la place publique au bruit des sonnettes & des tambours. Les uns portaient des étendarts burlesques; les autres étaient armés de lances ou de bâtons. De la place, ils se rendaient, avec le tapage horrible dont on imagine qu'était capable une pareille cohue, à la porte extérieure de l'église principale du lieu. Là, ils chantaient Laudes; après quoi ils se répandaient dans la ville pour quêter les œufs de Pâques.

En certaines Provinces, la procession des œufs était fixée au Jeudi de la mi-carême. Mais, comme alors on ne pouvait point quêter d'œufs, puisque dans ce moment-là ils étaient défendus, on recevait, en place, quelque autre denrée, qui portait néanmoins le même nom.

A la Cour, l'usage était, le jour de Pâques, de porter chez le Roi, après la grand-messe, des œufs peints & dorés. Sa Majesté les distribuait à ses Courtisans. Il n'y a guères qu'une trentaine d'années que cette coutume est abolie. Elle subsiste encore en Russie, & à la Cour de plusieurs Souverains.

La plupart de nos Provinces ont conservé celle des œufs peints & durs, en présent, le jour dont nous parlons. A Auxerre, on les appelle des *roulées*; parce qu'on s'en sert, en guise de boules, pour un certain jeu où il s'agit d'atteindre, en les faisant *rouler*, un but désigné.

Œufs durs employés en mer.

Parmi les provisions de bouche dont les Marins chargeaient leurs vaisseaux pour des voyages de long cours, ou pour des expéditions, il y avait ordinairement des jaunes d'œufs, (d'œufs durs sans doute), battus & mis en tonneaux. Froissart les compte au nombre de celles que Charles VI avait fait embarquer sur sa flotte, lorsqu'il méditait une descente en Angleterre. *On emplissait les vaisseaux,* dit-il, *de chairs & de poissons salés, de vins, cervoise* (bierre), *orge, avoine, seigle, blé, aulx, ognons, pois, feves, foin en baril, chandelles de cire, bouteilles à verjus, bouteilles à vinaigre, pots, godets, cuillières de bois & d'étain, chandeliers, bassins, cochons gras, hastiers* (broches), *outils de cuisine, outils de bouteillerie, sel, biscuits, farine, graisse, & MOYAUX D'ŒUFS BATTUS EN TONNEAUX.*

Moyens de conserver les œufs frais.

Il y a long-tems qu'on a cherché à conserver frais les œufs, c'est-à-dire à les conserver toujours pleins; car un œuf plein est un œuf frais : il ne s'altère que parce qu'il laisse transsuder par ses pores une partie de sa substance. Pour empêcher cette évaporation, nos anciens livres d'agriculture conseillent de mettre les œufs dans l'eau, dans l'huile, dans du sable, du son, des cendres, du sel, de la sciure de bois, &c.

En Asie, on les garde, dit-on, en les enveloppant d'une couche de cendres humectées avec de l'eau de mer. L'eau ordinaire ferait le même effet; & le procédé, si l'enveloppe ne gerçait point en se desséchant, serait un des plus avantageux, parcequ'il bouche plus complettement & plus immédiatement les pores.

Réaumur en enseigne un autre, qu'il prétend plus commode & plus expéditif ; c'est de mettre au feu de la graisse de mouton, & d'y tremper l'œuf lorsqu'elle commence à fondre. Un pareil enduit suffira, dit-il, pour arrêter toute déperdition de substance.

Enfin j'ai entendu l'Abbé Nollet, à ses leçons de Physique expérimentale, proposer aussi une méthode. » Au commencement de l'automne, disait
» il, prenez une certaine quantité d'œufs frais, non
» fécondés; c'est-à-dire, pondus par des poules qui
» auront été séparées du coq depuis un mois. Atta-
» chez sur leur pointe, avec un peu de cire d'Es-
» pagne, les deux extrémités d'un bout de fil; ce
» fil formera ainsi un anneau par lequel vous les
» suspendrez à un clou. Ayez dans un vase, ou dans
» un grand gobelet, certaine quantité de vernis. Le
» meilleur de tous, parce qu'il est le moins cou-
» teux & le plus facile, est celui qui peut se faire
» avec de la cire d'Espagne commune, réduite en
» poudre, & infusée dans de l'esprit-de-vin. Vous

„ préfenterez fucceffivement votre vafe fous cha-
„ cun des œufs ; vous les y plongerez ; & c'en
„ fera affez pour les conferver. Si vous voulez
„ enfuite les faire cuire, ou même les faire couver,
„ fuppofé qu'ils fuffent féconds, vous n'aurez qu'à
„ les frotter avec un pinceau trempé dans de l'ef-
„ prit-de-vin pur. Le vernis difparaîtra ; & la coque
„ reftera nette, fans avoir ni fes pores empâtés, ni
„ ce coup d'œil huileux & dégoûtant que lui donne
„ la méthode des graiffes ».

Confection du fromage.

Il eft probable que, dans tous les tems, les procédés généraux pour faire le fromage ont été les mêmes ; mais la fituation refpective des différens cantons de la France, a dû introduire pourtant, dans la manipulation, des différences locales. " En Auver-
„ gne, par exemple, dit Champier, on falait beau-
„ coup le fromage ; ailleurs on le falait peu ; dans
„ l'Autunais, on ne le falait point du tout, parce
„ que le fel y était trop cher ».

Selon de Serres, pour former un fromage excellent, il fallait le compofer avec du lait de vache, du lait de chèvre, & du lait de brebis, mêlés enfemble. " Chacun de ces différens laits lui com-
„ muniquera, dit il, fes bonnes qualités ; ainfi que
„ le témoigne l'ancien proverbe, *beurre de vache,*
„ *fromage de brebis, caillé de chèvres* ».

L'auteur voudrait auffi qu'on pratiquât en France le procédé qu'on pratiquait à Lodi & à Parme, pour faire ces fromages *cogneus par tout le monde par leur bonté*; qu'on y fît bouillir le lait. " On l'ob-
„ ferve, dit-il, dans quelques endroits de la Suiffe,

où l'on cherche à imiter le Parméfan »; mais il fe plaint que les Français le négligent, excepté dans certains cantons.

On connaît depuis très-long-tems l'art de per- *Fromage* filler le fromage ; c'eft-à-dire, de faire entrer dans *perfillé.* fa pâte, lorfqu'on le fait, certaines herbes qui, en lui communiquant leur faveur *(a)*, lui donnent encore des veines ou taches vertes, affez agréables à l'œil. Ce fecret a au moins neuf fiècles, comme le prouve l'anecdote fuivante fur Charlemagne, rapportée par le Moine de S. Gal.

» L'Empereur, dans un de fes voyages, dit l'Hif-
» torien, defcendit à l'improvifte & fans être at-
» tendu, chez un Evêque. C'était un vendredi. Le
» Prélat n'avait point de poiffon ; & il n'ofait d'ail-
» leurs, à caufe de l'abftinence du jour, faire fervir
» de la viande au Prince. Il lui préfenta donc ce
» qu'il avait chez lui, de la graiffe & du fromage ;
» (on fe rappelle ce qui a été dit ci-deffus fur la
» graiffe). Charles mangea du fromage ; mais, pre-
» nant les taches du perfillé pour de la pourriture,
» il avait foin auparavant de les enlever avec la
» pointe de fon couteau. L'Evêque, qui était debout
» auprès de la table, ainfi que la fuite du Prince,
» prit la liberté de lui repréfenter que ce qu'il jet-
» tait était le meilleur du fromage. Charles goûta
» donc du perfillé ; il trouva que fon hôte avait

(a) Les Romains mêlaient dans le leur du thim, réduit en poudre. Aujourd'hui encore, certains cantons de Lorraine font des fromages, dans la pâte duquel ils fement de la graine de fenouil.

» raison, & le chargea même de lui envoyer, tous
» les ans, à Aix-la-Chapelle deux caisses de fro-
» mages pareils. Celui-ci répondit qu'il était bien
» en son pouvoir d'envoyer des fromages ; mais
» qu'il ne l'était pas d'en envoyer de persillés, parce
» que ce n'est qu'en les ouvrant qu'on peut s'assurer
» si le marchand n'a point trompé. Eh bien, dit
» l'Empereur, avant de les faire partir, coupez-les
» par le milieu ; il vous sera aisé de voir s'ils sont
» tels que je le desire. Vous n'aurez plus ensuite
» qu'à rapprocher les deux moitiés, en les assujet-
» tissant avec une cheville de bois ; puis vous met-
» trez le tout en caisse ».

Fromages gaulois. De tout tems, nos différentes Provinces ont eu chacune des fromages plus ou moins estimés ; & il y a même peu de pays qui puissent se vanter d'en avoir autant, & autant d'aussi bons que la France. Pline témoigne que, de son tems, on cherchait à Rome ceux de Nîmes, ainsi que ceux du Mont Losere au Gévaudan, & des pays circonvoisins ; mais ces fromages, ajoute le Naturaliste, avaient l'inconvénient de ne pas se conserver ; il fallait les manger frais.

Martial fait mention de ceux de Toulouse.

Fromages français les plus renommés. Sous les Rois de la troisième Race, Chaillot, village auprès de Paris, en faisait qu'on recherchait dans la Capitale. Les habitans avaient même le droit d'envoyer paître leurs vaches dans cette île de la Seine, qu'anciennement on nommoit Maquerelle, & qu'actuellement on nomme île des Cignes : mais en retour, ils étaient tenus à présenter, tous les ans, à l'Abbé de S. Germain, le jour de l'Afcenfion, deux grands bouquets, fix petits, un denier parifis pour chaque vache, & un fromage gras.

Au XIIe & XIIIe fiècle, on eftimait auffi à Paris ceux de Champagne, & celui de Brie fur-tout.

Ce dernier, qu'on y prife encore fingulièrement, eft plufieurs fois nommé avec éloge chez nos Fabliers & chez nos Poëtes anciens. On le criait dans les rues; mais Euftache Defchamps, Poëte qui écrivait fous Charles VI, dit malignement que c'était la feule bonne chofe qui nous vînt de la Brie. Aujourd'hui, nous en avons de deux fortes : les fromages en table, & ceux qui, étant liquides, arrivent en pot. Ces derniers font connus fous le nom de fromages de Meaux. Dans la claffe des premiers, les meilleurs font ceux de Nangis.

Par les ftatuts donnés aux Pâtiffiers en 1522, le Roi accorde à ces artifans le droit de vifite fur les fromages de Brie qui fe vendent dans la ville de Paris & de fes fauxbourgs; *attendu qu'iceux Pâtiffiers y ont intérêt, pour ce que journellement ils mettent en œuvre ladite marchandife.*

Platine, (ann. 1509), cite parmi les bons fromages ceux de Chauni en Picardie, de Bréhémont en Touraine, de la grande Chartreufe dans le Dauphiné, de l'Epine & de Rofanais en Bourgogne.

Charles Etienne vante ceux de Craponne en Auvergne, ceux de Béthune en Flandres, les *Angelots* de Normandie, & les fromages de crême frais, que Montreuil & Vincennes fournissaient à Paris.

Champier, qui parle avec éloge de ces derniers, dit que les paysannes les apportaient à la ville, dans des petits paniers de jonc, & qu'on les mangeait saupoudrés de sucre. Aujourd'hui, non-seulement Vincennes & Montreuil, mais presque tous les villages voisins de la Capitale, y en envoyent journellement de pareils. Les plus estimés sont ceux de Viri. L'Abbé de Marolles, au dernier siècle, disait que les Parisiens recherchaient aussi ceux de Vanvres, de Clamart, de Montreuil, & de Grosbois (*a*).

Le même Champier vante aussi ceux de la Chartreuse, de Bréhémont, de Béthune, & de Craponne; qui, tous quatre, ont été déja cités. Il dit des *Angelots* qu'ils sont agréables, mais qu'ils se conservent peu. Dans sa liste, il ajoute les rougerets de Lyon, les fromages de Brienne, de Bresse, de Sens, & de Limoges. Mais il met au-dessus de tous, ceux d'Auvergne, tant les ronds que les cylindriques; & regarde même ces deux espèces comme les meilleures d'Europe.

Selon Liébaut, les Auvergnacs employaient dans la confection de leurs fromages la propreté la plus

---

(*a*) Ce témoignage de l'Abbé de Marolles se trouve dans la traduction qu'il a publiée de Martial en 1635. A propos de ce que le Poëte latin dit sur le fromage de Toulouse, son traducteur nous donne, dans une note, une très-longue liste de tous les fromages de France, qui avaient quelque réputation.

minutieuſe & la plus recherchée. Ils pouſſaient même l'attention, dit-il, juſqu'à n'y faire travailler que des enfans de quatorze ans, bien nets & bien ſains.

Il eſt parlé, dans le même auteur, de fromages de carême, appellés à *la chardonnette*, & caillés avec des œufs de brochet; & de certains autres petits fromages qu'on nommait à Paris *jonchées*, & qui étaient faits de lait caillé ſans preſſure.

Chaſſeneux, dans ſon *Catalogus gloriæ mundi* (a), compte au nombre des excellens, ceux de Brie, de Craponne, de Bréhémont, de Berry, d'Eutigni près Dijon, & ceux qu'en Breſſe on nommait, pour leur rondeur, *têtes-de-morts*, ou *têtes de Moines*.

De Serres vante les *petits fromageons* de Baux en Provence, les angelots de Brie, & *ſur-tout* les fromages de Bretagne. Ce mot *ſur-tout*, dans de Serres, eſt d'autant plus ſurprenant que la Bretagne n'a été nommée par aucun des Auteurs cités ci-deſſus, & qu'aujourd'hui encore ſes fromages n'ont point de réputation. C'eſt-là ſans doute une erreur de l'Ecrivain. D'un autre côté cependant, comme de tems en tems le goût change, un caprice paſ-ſager a pu donner à ceux dont nous parlons un inſ-tant de faveur. Cette faveur au reſte, ſi elle a exiſté, n'a pas duré long-tems.

L'Abbé de Marolles, dans la liſte qu'il nous a

(a) Ce qui regarde les fromages dans le *Catalogus* de Chaſſeneux eſt tiré d'un autre ouvrage, ſur cette matière, par un certain Pan-taléon de Conflans.

laissée des fromages de France les plus renommés, ne fait nul cas de ceux de Bretagne. Il estime médiocrement ceux de Poitou, & très-peu ceux d'Anjou & du Limousin. Les meilleurs, selon lui, étaient les fromages à la crême de Blois, & ceux des environs de Paris, déja cités ci-dessus ; c'étaient les angelots ; c'étaient les *cœurs* de Gournai & du pays de Brai ; c'étaient les fromages d'Auvergne, de Cantal, de Brie, de Linas, de Roche, de Roquefort (a), de Berry, de Beauvais, de Peyrez, de Fleurs, de Couzieres, de Truye, de Boisjency, d'Aunai, de S. Laurent-des-eaux, de Vauduloir, Montmaraut, Traverzai, Livarot, Pont-l'Evêque, Marolles, & S. Eure-de-Toul.

Dans certains endroits des montagnes de Franche-Comté, nommés Gruyeres, on faisait, sur la fin du dernier siècle, des fromages qui portaient le même nom. Le Mémoire de l'Intendant de cette Province (l'un de ceux que les divers Intendans du Royaume fournirent en 1698, par ordre du Roi, au Duc de Bourgogne, pour l'instruction de ce Prince), assure que *ces fromages se débitaient par toute la France, & que les paysans avaient gagné considérablement, pendant la guerre, à les porter*

(a) Celui-ci est devenu l'un des meilleurs & des plus estimés de France. M. Marcorelle, qui a publié un Mémoire curieux sur cet objet, nous apprend qu'il sort annuellement des caves de Roquefort, environ six mille quintaux de fromage, sans compter douze cens quintaux que vendent, sous le même nom, quelques villages voisins.

eux-mêmes

de la vie privée des Français.

eux-mêmes dans les armées d'Italie & d'Allemagne.

Les fromages d'Italie ont été introduits assez tard dans le Royaume. Le Parmésan, tant prisé aujourd'hui, n'y a été connu que sous Charles VIII; & ce ne fut même, si nous en croyons André de la Vigne, que par une espèce de hasard. Quand le Monarque, dans son expédition de Naples, passa par Plaisance, dit l'Historien, les Bourgeois vinrent lui offrir plusieurs fromages. Mais il fut tellement émerveillé de leur grandeur énorme (la Chronique à la suite de Monstrelet les représente *aussi grands quasi comme la largeur de meules à moulins*), que, par curiosité, il en envoya un à la Reine & au Duc de Bourbon, lesquels étaient alors en Bourbonnais. La Cour le trouva excellent; & l'on en prit si bien le goût, qu'au siècle suivant, selon Champier, c'était celui dont on faisait le plus de cas.

Fromages étrangers.

Le même auteur nous apprend que le plus estimé des fromages étrangers, après le Parmésan, était celui de Florence, appellé *marsolin*. Celui-ci, dit-il, avoit la forme de concombre.

De Serres (ann. 1600) donne encore le premier rang au Parmésan, qu'il appelle fromage de Milan ou de Lombardie, & qu'il représente de même aussi grand qu'une meule de moulin. Il donne le second au fromage de Turquie, qui nous venait dans des vessies; le troisième à celui de Suisse; & le quatrième à ceux de Hollande & de Zélande; " pays, » dit-il, tellement abondans en pâturages, qu'une » vache y rend par jour vingt-cinq à trente pintes » de lait, & quelquefois jusqu'à quarante; pays

» enfin qui, malgré leur peu d'étendue, produisent
» autant de lait dans une année que toute la Guyen-
» ne, dans le même espace de tems, produit de
» vin ».

Gontier (*de Sanitate tuendâ*, an. 1668) nomme parmi les excellens fromages étrangers celui de Gryeres.

<small>Ragoûts au fromage.</small> Il en a été du goût pour le fromage, ainsi que de celui pour les pâtes. Nous les regardons aujourd'hui l'un & l'autre comme propres seulement à l'Allemagne, à l'Angleterre, & à l'Italie; & l'un & l'autre ont fait long-tems les délices de nos Peres. Quoiqu'un ancien proverbe de bonne-femme déclarât que

Jamais homme sage
Ne mangea fromage;

quoiqu'on citât, du Cardinal du Perron, un *dicton* pareil, *chiche main, bon fromage*; on l'employait cependant dans une infinité de ragoûts; on le faisait entrer dans plusieurs sortes de pâtisseries. Il y en avait même quelques espèces qu'on mangeait en grillades. Le Roman de Claris, manuscrit, parlant d'une ville prise d'assaut, dit :

trouvent   tonneau
Truevent maint bon tonnel de vin,
cochon
Maint bon bacon, maint fromage à rostir.

On coupait ce fromage par tranches; on mettait ces tranches sur le gril ou dans la poële; & on les saupoudrait ensuite de sucre & de canelle en poudre. Platine écrit que celui d'Auvergne avait surtout la qualité d'être excellent en rôties.

Souvent, au lieu de faire griller le fromage, on le faisait fondre au feu dans un instrument de fer, creux & fait exprès; puis on le versait ainsi sur une rôtie de pain, brûlante, qu'on assaisonnait de même avec de la canelle, du sucre, & d'autres aromates. C'est de cette manière particuliérement qu'on mangeait, selon le même auteur, ceux de Bresse; &, selon Champier, ceux de Crapone.

Sérats. — Les Normands avaient une façon d'employer leur lait, laquelle était particulière à leur Province. Ils le faisaient bouillir avec de l'ail & de l'ognon. Cette liqueur aigrie, ils l'appellaient sérat, disent Champier & Liébaut, & ils la gardaient, pour leur usage, dans des vaisseaux particuliers.

Brousse. — En Provence, au rapport de Gontier, on connaissait un autre mets du même genre, nommé brousse, mais plus ragoûtant. C'était du lait qu'on faisait chauffer sur un feu doux, de manière que, sans bouillir, il pût cependant écumer & monter. On enlevait successivement avec une cuillère cette sorte d'écume, & on la servait à table, saupoudrée de sucre.

Beurres les plus estimés. — Champier rapporte que Blois & Lyon estimaient beaucoup leur beurre. A Paris, dit-il, le plus recherché pour la table est celui de Vanvres. Charles Etienne rend sur ce dernier le même témoignage. Au dernier siècle, Sauval le regardait comme *le meilleur beurre qui fût au monde*. Il jouit encore aujourd'hui d'une grande réputation; cependant on lui préfère le beurre de l'*Enfant-Jesus*, ainsi nommé d'une Communauté établie dans un des fauxbourgs de la Capitale, où il se fait (a).

Mad. de Sévigné vante celui de la Prévalaye près de Rennes. *Nous en faisons des beurrées infinies*, dit-elle dans une de ses lettres. *Nous y mettons de petites herbes fines & des violettes.*

Lorsque Louis XIV eut donné la Ménagerie de Trianon à la Duchesse de Bourgogne, cette Princesse, dit Mad. du Noyer dans ses lettres, y prit un tel goût, qu'elle *allait elle-même y traire les vaches, & qu'elle y faisait du beurre qu'on servait sur la table du Roi, que Sa Majesté trouvoit admirable, & dont on étoit obligé de manger pour faire sa cour.*

,, La Nation qui consomme le plus de beurre,
,, ajoute Champier, c'est la Flamande. Elle ne passe
,, aucun jour, ni aucun repas sans en manger;
,, & je suis surpris qu'elle n'ait pas encore essayé
,, d'en mettre dans sa boisson. Aussi en France
,, l'appelle-t-on, par dérision, *beurriere*; &, quand
,, quelqu'un doit voyager dans ce pays-là, on lui
,, recommande d'emporter un couteau, s'il veut
,, tâter aux bonnes mottes de beurre.

,, Les Français, continue l'auteur, font cepen-
,, dant, & sur-tout au mois de Mai, servir du
,, beurre frais à leur table. Pour le peuple, il en
,, mange le matin avec de l'ail; afin de dissiper ce

(a) Cette Communauté instituée, à l'imitation de celle de S. Cyr, pour élever trente-trois Demoiselles pauvres, doit son origine à feu M. Languet, Curé de S. Sulpice, auteur de plusieurs autres établissemens très-estimables.

„ qu'il appelle le mauvais air, & tuer les vers
„ qu'il peut avoir dans les entrailles ».

Par l'art avec lequel nous faisons le beurre, nous savons le conserver frais, au moins pendant un certain nombre de jours. C'est à quoi nous sommes parvenus pour celui qu'on appelle de Gournai. Des marchands du Vexin français vont l'acheter au marché de cette petite ville; ils le repêtrissent dans l'eau, le travaillent de nouveau, le lavent pour le purger du lait & des sérosités qu'il pourrait contenir encore, & qui bientôt le gâteraient. Alors ils le mettent en grosses mottes depuis quarante jusqu'à soixante livres, & l'envoient à Paris où il s'emploie dans les cuisines.

La Bretagne & la Normandie, Provinces depuis long-tems renommées pour leur beurre, avaient imaginé de le conserver autrement, en le salant, à-peu-près comme les viandes: chose qui leur était d'autant plus facile que, par leur position sur les côtes de l'Océan, elles pouvaient se procurer le sel à bon marché. Ainsi assaisonné, elles les mettaient dans de longs pots de grès cylindriques, & l'envoyaient par-tout le Royaume.

Champier nous apprend que, de son tems (ann. 1560), ces deux Provinces employaient cette méthode; mais elle est plus ancienne que lui: les Statuts donnés en 1412 aux Fruitiers de Paris, parlent de *beurre salé en pot de terre*.

Charles Etienne, traitant des beurres salés, & propres à la cuisine, met au premier rang celui de l'Isle de France; au second celui de Normandie;

Beurre salé

au troisième ceux de Flandres & de Bretagne.

Beurre fondu. Il y avait, pour conserver le beurre, un autre procédé; c'était de le faire fondre : ce qui, dit de Serres, *le rend plus délicat.* « Pendant qu'il est sur » le feu, on l'écume, ajoute-t-il. Après quoi, lors- » qu'il est devenu clair & blond comme de belle » huile d'olive, on le verse dans de grands vases » de terre vernissés ». Telle était, selon l'auteur, la méthode qu'*on pratiquait en Lorraine*; ce qui prouve que le reste de la France l'ignorait encore; & que c'est à cette Province que nous la devons.

SECTION VIII.

Poissons.

Si les Ecrivains Romains ont eu raison de prétendre que, parmi les animaux terrestres, on ne peut pas compter quarante espèces qui soient bonnes à manger, tandis que parmi les poissons, on en trouverait plus de quatre cens; il résulte de-là que ce dernier objet de nourriture doit devenir, soit comme commerce, soit comme consommation, un article bien intéressant aux yeux du Gouvernement & de la Politique. Cette réflexion est importante sur-tout pour un pays, situé aussi avantageusement que la France, baigné par deux mers, & arrosé, dans toutes les directions, par une infinité de rivières plus ou moins considérables.

de la vie privée des Français.

D'après ce léger apperçu, il est aisé de sentir combien serait accueillie une histoire, bien faite, de la Pêche en France, depuis son origine jusqu'à nos jours. Quelque main savante se fera honneur, sans doute, de nous montrer les progrès successifs d'un art qui, par son ancienneté & son utilité reconnue, par les connaissances multipliées qu'il exige, par le perfectionnement dont lui est redevable l'art de la navigation, mérite notre admiration autant que notre reconnaissance. Pour moi, dont l'unique attention sans cesse est de rendre intéressant un ouvrage où tous les détails sont minutieux, j'avoue qu'un aussi beau sujet m'a séduit. Mais j'ai craint que si, après un traité du Jardinage & un traité de la Chasse, j'allais donner encore une histoire de la Pêche, on ne me reprochât pour le coup une licence abusive. Cependant, dût-on m'en blâmer, je me permettrai de dire un mot sur le commerce intérieur du poisson salé, dans le Royaume; & j'y joindrai en même tems un historique sur les pêches principales des poissons de mer. Je commence par ceux d'eau douce.

Doit-on en croire Ælien, lorsqu'il rapporte que les Celtes nourrissaient leurs chevaux & leurs bœufs avec du poisson? N'est-ce pas-là une de ces fables qu'on lui reproche d'avoir adoptées avec trop de crédulité? Ou plutôt n'est-ce pas une sorte d'hyperbole, pour exprimer combien les rivières de Gaule étaient poissonneuses.

La Loi Salique condamne à une amende de quarante-cinq sous celui qui volera un filet pour

Poissons d'eau douce.

Anguilles.

anguilles. Ce poisson est le seul dont elle parle; & il n'est pas aisé d'en deviner la raison. Etait-ce le seul à la pêche duquel les Francs s'appliquassent? Il paraît au moins, par la mention distinguée qu'en fait la loi, que c'était celui qu'ils estimaient davantage.

Tramail. Cette même loi parle de la sorte de filet, nommé tramail; & elle condamne à quinze sous d'amende celui qui en volera un. C'est un des articles qui se trouvent confirmés dans les Capitulaires de Charlemagne.

Nasse. Il est mention de nasse dans la loi des Lombards.

Perche. Ausone, antérieur à la Loi Salique, faisant l'éloge de Bordeaux, sa patrie, vante beaucoup la perche, qu'il compare, pour la bonté, au mulet de mer.

Nec te delicias mensarum, perca, silebo.
Amnigeros inter pisces dignande, marinis
Puniceis solus facilis contendere mullis.

Il nous représente au contraire, la tanche & le brochet, comme abandonnés au bas peuple.

Lucius hic nullos mensarum lectus ad usus.

Quis non & virides, vulgi solatia, tencas
Noverit.

Brochet. Champier, parlant du brochet, remarque que, de son tems encore, ainsi que du tems d'Ausone, ce poisson était méprisé à Bordeaux; & la raison qu'il en donne, c'est qu'on y avait beaucoup d'excellente marée. Le reste de la France pensait bien différemment, ajoute le Médecin; & le brochet y était regardé, d'une commune voix, comme un excellent poisson. Caulier, l'un des Ambassadeurs que l'Empereur Maximilien, envoya en 1510 au Roi Louis XII, raconte qu'à son passage par Blois pour aller trouver le Monarque qui était à Tours, la Reine leur envoya de très-bon vin avec des huîtres, de la marée, & *quatre grands lux*, (brochets).

Quant à la tanche, on ne l'estimait, dit Champier, que quand elle était fort grosse.

<small>Tanche.</small>

Au XIIe siècle, le poisson d'Etampes avait sans doute de la célébrité; car dans l'Etat des dépenses & revenus de Philippe-Auguste pour l'année 1202, on trouve une somme de quarante livres, somme alors considérable, employée à cet achat. La Juine, qui arrose cette ville, est encore renommée aujourd'hui pour ses écrevisses.

<small>Poissons d'Etampes.</small>

Cependant il n'est mention d'aucun poisson de la Juine dans la pièce manuscrite du XIIIe siècle, intitulée *Proverbes*, laquelle contient, comme je l'ai dit ailleurs, un catalogue des meilleures choses que produisaient alors les différens cantons du Royaume. Voici les poissons les plus estimés dont fait mention cette liste, & les lieux où ces mêmes poissons étaient les meilleurs.

<small>Cantons les plus renommés pour le poisson.</small>

Anguilles du Maine,
Barbeaux de S. Florentin,
Brochets de Châlons,
Lamproies de Nantes,
Loches de Bar-sur-Seine,

Pimpernaux d'Eure,
Saumons de Loire,
Truites d'Andeli,
Vandoises d'Aise.

Lamproies. Les Lamproies de Nantes jouissaient encore de la même réputation au tems de Champier. Cet auteur nous apprend qu'on en envoyait en poste, de Nantes à Paris, dans des tonneaux; & qu'elles y arrivaient vivantes.

Dans l'état des Officiers des Ducs de Bourgogne, on voit que le Duc Philippe-le-Hardi, qui avait un Dominicain pour Confesseur, régalait tous les ans ce Moine, le jour de S. Thomas d'Aquin, avec une lamproie. S'il n'était pas possible d'en trouver une, on donnait au Confesseur quarante-cinq sous en argent.

Il y avait des marchands de poisson, qui n'apportaient à Paris, que des lamproies : car, dans une Ordonnance du Roi Jean, publiée en 1350, & renouvellée par Charles VII, il est défendu aux détailleurs d'aller, sur les chemins, au-devant d'eux pour acheter leur marchandise.

Au commencement de ce siècle-ci, les lamproies se servaient encore sur les meilleures tables.

> ..Pleins d'une sainte joie,
> De dits joyeux & de bons mots,
> Nous assaisonnons la lamproie,
> Et l'arrosons du jus des pots.
> *Poés. de Chaulieu.*

Truites. Selon Champier, les meilleures truites étaient celles de Dordogne, du Val-d'Aure en Dauphiné, de Tonure auprès d'Angoulême, & d'Orchies en Flandres. Ces dernières, sur-tout, étaient recherchées à la Cour. A Lyon, dit-il, on faisait cas de celles de Genève; mais il paraît que celles-ci n'étaient point prisées à Paris, puisque Champier ne parle que des truites de Lyon. Cependant on lit dans Sully que ce Ministre, en 1600, accompagnant, comme Grand-Maître de l'artillerie, le Roi au siège de Charbonnière, Henri lui envoya pour sa table un pâté de truite, qu'il avait reçu de Genève. Au reste, la réputation du poisson de ce lac est très-ancienne, puisqu'il en est question dans Grégoire de Tours.

Barbeaux. On avait apparemment, depuis le XIIIe siècle, changé d'opinion sur le mérite des barbeaux de S. Florentin, que vantent les *Proverbes*: car Champier ne fait mention que de ceux de la Somme, qui sont, dit-il, les plus beaux; & de ceux du Rhône & de la Loire qui, selon lui, étaient reconnus pour les meilleurs. Charles-Etienne vante aussi ces derniers. En général pourtant, ce poisson était peu estimé. Platine prétend qu'à quelque sauce qu'on l'apprête, il n'est pas supportable; & en effet, nous avons dans la langue un vieux proverbe, qui, lorsqu'on veut parler de quelqu'un dont on ne peut absolument tirer aucun parti, dit qu'il *ressemble au barbeau*; lequel n'est bon, ni à rôtir, ni à bouillir.

Carpe. Dans la liste des *Proverbes*, il n'est point mention de la carpe; poisson si multiplié aujourd'hui dans nos étangs, & si commun dans nos marchés. Au rapport de Champier, les premières de toutes étaient celles de la Loire, de la Charente, & du Rhône.

Charles Etienne, au contraire, met au premier rang celles de la Sône & de la Seine.

Vandoises, Maigres, Gardons. Le même Etienne dit qu'on estimait singuliérement aussi les perches de Seine; les vandoises de Loire, les maigres d'Auvergne, & les gardons & goujons de Loire & de Seine.

Poissons de la Chine. Il y a une trentaine d'années environ, que nous possédons dans nos climats une espèce nouvelle de poissons, faite, par sa beauté, pour récréer les yeux. Leur écaille est d'un rouge éclatant, & en même tems dorée sur les bords. Ils sont originaires de la Chine; & ont été nommés, du lieu de leur origine, ou de leur couleur, poissons rouges, poissons de la Chine, poissons dorés. Les premiers qu'on ait vus en France, y avaient été apportés pour la Marquise de Pompadour. Ils s'y sont, depuis, tellement multipliés, qu'on en voit actuellement dans presque tous les bassins de nos jardins, & que les Marchands mêmes de la Capitale en ont dans des bocaux sur leurs boutiques. Mais, soit que leur chair ne vaille rien, soit plutôt que, malgré leur multiplication, ils ne soient pas encore assez communs pour être vendus dans les marchés, ils ne sont jusqu'à présent qu'un objet de curiosité.

Viviers. La Nature qui, en mille endroits, offrait à l'homme des étangs, des viviers, & autres réservoirs pareils d'eau vive, creusés par elle, semblait l'inviter elle-même à profiter de ces prisons commodes pour y enfermer & nourrir sans frais les poissons qu'il des-

de la vie privée des Français. 61

tinait à sa nourriture. Cette idée était si simple, qu'il n'est pas surprenant si, dès le tems les plus reculés, on voit chez nous des viviers, soit naturels, soit artificiels. Nos Rois en avaient dans leurs différens Palais. Les Capitulaires de Charlemagne en font mention. Il ordonne qu'on en fasse dans ceux de ses domaines qui n'en ont pas ; qu'on les aggrandisse, s'il est possible, dans ceux qui en ont ; & que, quand il n'aura pas pu aller avec sa suite en consommer le poisson, on le vende au marché.

Les Seigneurs firent servir au même usage les fossés de leurs châteaux, quand ils purent les emplir d'eau vive. Mais, au dernier siècle, on s'avisa d'apprivoiser en quelque sorte les poissons de ces fossés, ou au moins de les accoutumer à venir, au gré de leur maître, se placer en spectacle sous ses yeux. Voici ce qu'on lit dans les *Mémoires de Mlle. de Montpensier*. J'allai chez M. de S. Germain-Beaupré, où je fis la plus grande chère du monde, sur-tout en poissons, d'une grosseur monstrueuse, que l'on prend dans les fossés qui sont très-beaux. On donne à manger aux poissons d'une manière extraordinaire. On sonne une cloche, & ils viennent tous. Cela me parut assez singulier pour le remarquer ici.

Quoique, de tous les animaux, les poissons soient ceux qui, par leur nature & par celle de l'élément où ils vivent, se refusent le plus aux soins de l'homme & à son éducation, cependant l'apprivoisement dont parle la Duchesse est une chose assez facile. Il ne s'agit que de leur donner tous les jours à manger dans un endroit, & à une heure fixes,

Poissons apprivoisés

Pendant ce tems, quelqu'un sonne une cloche. Bientôt les poissons se familiarisent avec ce bruit; & il suffit ensuite de sonner la cloche pour les voir tous accourir avec empressement. J'ai joui de ce spectacle dans quelques châteaux; mais il est probable, d'après le récit de la Duchesse de Montpensier, qu'on ne s'en est avisé qu'au dernier siècle. La petite-fille de Henri IV n'en parlerait pas avec autant d'étonnement, si elle l'eût vu dans les Maisons Royales, dans ses terres, ou ailleurs qu'au château de M. de S. Germain.

Au reste, les Romains connaissaient cet amusement; témoin ce vers de Martial:

Natat ad magistrum delicata murena.

Castration des poissons.
Une autre imagination, plus récente encore, mais au moins plus utile, est la castration des poissons. Depuis si long-tems, on sait que cette opération, employée pour les quadrupèdes & les volailles, rend leur chair plus exquise & plus tendre, qu'on doit s'étonner de ce qu'elle n'a pas été tentée plutôt sur les animaux dont nous parlons. Un Anglais, nommé Tull, l'employa, il y a environ cinquante ans; &, comme les poissons qu'il engraissait chez lui après leur avoir fait subir la castration, étaient plus gras & plus délicats à manger que les autres, il en faisait un commerce considérable. Les *Mémoires de l'Académie des Sciences* parlent de son secret sous l'année 1742. M. Duhamel en fait mention aussi dans son *Traité des Pêches*. On trouve même chez ce dernier la manière, fort détaillée, d'opérer sur le poisson; & il prétend que cette invention, même en mettant

à part le surcroît de plaisir qu'elle ajoute à la sensualité des gourmands, mérite d'être accueillie, parce qu'elle peut servir au moins à diminuer dans un étang la multiplication des poissons ; multiplication qui, comme on sait, devient quelquefois assez grande pour les empêcher de croître, faute de nourriture.

Le poisson d'eau douce étant, par la nature de ses parties humides & molasses, très-aisé à se corrompre, & par conséquent d'un transport difficile, on n'a guères dû songer à le faire passer d'une partie du Royaume dans une autre. Il est vrai qu'on avait la facilité de le saler (a) ; & effectivement nos Poëtes du XIIe siècle parlent souvent d'anguilles salées. Champier fait aussi mention de ces anguilles; & il remarque qu'en Auvergne, dans le Velai, & dans les cantons voisins, on salait de même les truites. Mais ces poissons étant également communs à presque toutes nos Provinces, ils ne pouvaient point former un objet de commerce.

Poisson de mer salé.

Il n'en est pas ainsi du poisson de mer. Comme il n'est propre qu'aux côtes maritimes ; que pour le goût, il est préférable à celui de rivière ; qu'on peut le saler à moins de frais, parce qu'il se trouve

Commerce du poisson de mer salé.

(a) Le secret de saler la viande & le poisson, est fort ancien, puisqu'il en est mention dans Hésiode & dans Homere. Selon Hérodote, il était pratiqué en Egypte de toute ancienneté. En effet, le peuple qui, en embaumant ses morts, avait trouvé le moyen de les préserver de la pourriture, devait avoir trouvé auparavant celui de conserver, par la salaison, les chairs qu'il mangeait.

dans les lieux où est le sel; & que, par sa nature enfin, il résiste davantage à cette fermentation intestine, d'où naît la dissolution de principes que nous nommons putréfaction, il a dû nécessairement devenir, pour tout le Royaume, une denrée précieuse & commerçante. Cependant, malgré le débit qui lui était assuré, cette branche de commerce languit long-tems par le défaut de police intérieure, par le manque de chemins, la faiblesse du Gouvernement, la continuité des guerres qui depuis la conquête des Romains désolèrent la France, enfin par le peu de rapport qu'entretenaient entr'elles nos différentes Provinces, assujetties à des maîtres différens.

Elle ne commença pour Paris qu'au XIIe siècle; lorsque nos Rois eurent institué, ou plutôt lorsqu'ils eurent rétabli dans cette ville une Compagnie de *Marchands par eau*. L'une des premières denrées que fit venir la Compagnie fut, à ce que rapporte la Marre, des harengs salés qu'elle avait tirés de Normandie. Il est parlé de cette sorte de marchandise dans des Lettres-patentes de Louis VII, ann. 1170. Les harengs salés étaient débités par les revendeuses en détail; & c'est de-là probablement que ces marchandes de poisson ont été nommées *Harengères*.

Commerce de la marée dans l'intérieur du Royaume.

Bientôt les succès & les profits du commerce de poisson salé furent tels qu'il mérita de devenir une profession particulière. Il y eut des gens qui s'y livrèrent exclusivement; & ils prirent le titre de *marchands de salines*. Leurs gains éveillant l'industrie, d'autres spéculateurs imaginèrent en même tems

tems de faire arriver à Paris de la marée fraîche. Ceux-ci, je ne sais trop pourquoi, furent nommés *Forains*. Alors il fallut des réglemens pour distinguer le district des deux professions, & pour prévenir les disputes qui pouvaient arriver entr'elles. S. Louis, en 1254, en fit un où il entre dans quelques détails de police sur les Forains qui faisaient venir le poisson, sur les Voituriers qui l'apportaient, & enfin sur les Débitans qui le revendaient en détail. Il y classe tout poisson sous trois états différens; le frais, le salé, & le sor, c'est-à-dire, celui qui est boucané ou desséché à la fumée. Il y divise de même en deux la profession des Détailleurs; donnant aux uns le nom de Poissonniers, & leur attribuant la vente du poisson frais; conservant aux autres l'ancienne dénomination de Harengers, avec la vente du sor & du salé.

Ces réglemens subsistèrent long-tems, parce qu'ainsi que presque tous ceux du Saint Monarque, ils étaient sages, ou au moins nécessaires pour l'instant; mais la distinction des deux professions de Détailleurs fut abolie en 1345 par Philippe-de-Valois; & aujourd'hui encore il n'en existe plus qu'une.

Quant à la sorte de marée qui arrivait alors à Paris, on peut la connaître par l'Ordonnance même de S. Louis; car les différens poissons y sont nommés. Ce sont des maquereaux salés, des flets, gournaux, rayes, célerins (sorte de sardine), des merlans salés ou frais, de la morue fraîche ou salée, enfin des harengs frais, salés, ou sors.

Les autres villes moins éloignées des côtes, avaient

d'autres poissons sans doute, qu'on n'apportait pas dans la Capitale, ou qu'on y dédaignait. Arnaud de Villeneuve, Médecin fameux qui écrivait sur la fin du même siècle, nommant ceux qu'on mangeait *en France*, compte le marsouin, le chien-de-mer, le dauphin, le rouget, le grondin, la plie, le saumon, le merlan, l'esturgeon, & la seche.

Le goût pour quelques-uns de ceux-ci passa probablement chez les Parisiens : car, dans une Ordonnance du Roi Jean, (ann. 1350), concernant la police de Paris, il est fait mention de saumons, de porpris, de chiens-de-mer, & de marsouins.

J'ai trouvé dans les manuscrits du XIIIe siècle une pièce curieuse qui ne nous laisse rien à desirer sur ce sujet ; & qui, en nous donnant le nom de tous les poissons de mer qu'on pêchait alors, nous donne en même-tems, à ce qu'il semble, le nom de tous ceux qu'on mangeait dans le Royaume. La voici ; je n'y fais d'autre changement que de ranger le tout par ordre alphabétique.

ce sont   sortes
Se sunt les menieres de poissons que on prant à la mer.

Aloses.
Anons, (*merlus*)
Baleigne, (*baleine*)
Bar,
Barbue,
Bertelette,
Besque,
Brême,
Carramkes,

Congre,
Coques, (*salicoque*)
Dorées, (*dorade*)
Escrafin, (*égrefin*)
Ecrévisses, (*houmar*)
Esturjons,
Flairs, (*flets*)
Flectan, (*fletan*) sorte
    de petite sole.

Gournaux,
Grisniers,
Hanons,
Hearaus, (*hareng*)
Heirons,
Kien (*chien*) de mer,
Lievre de mer,
Louf (*loup*) de mer,
Lumandes, (*limande*)
Manniers,
Maqueriaux, (*maquereau*)
Mellans, (*merlan*)
Morues,
Moulles, *sorte de poisson différent du coquillage ainsi nommé.*
Mules, (*mulet*)
Oistes, (*huîtres*)
Paons,
Plais, (*plies*)
Polletes,
Port (*porc*) de mer, (*marsouin*).
Pourpois,
Quarriaux, (*carrelets*)
Rais, (*raye*)
Raoulles,
Rouges, (*rouget*)
Sardes, (*sardines*)
Saumons,
Scellans,
Seiches,
Seules, (*soles*)
Soteriaux,
Sormules, (*surmulet*)
Wivres, (*guivre, lamproie*).

Nous serons étonnés de voir le marsouin, le chien de mer, & autres monstres pareils, employés en alimens ; nous autres qui, pendant un repas, avons sans cesse à la bouche les mots de lourd & d'indigeste, & qui, par tous ces ménagemens méticuleux, sommes venus réellement à bout d'affaiblir notre constitution. Mais il faut se placer aux siècles dont nous parlons ici, & se rappeller sur-tout ce qui a été dit plus haut à l'article du gibier. Certainement les estomachs qui trouvaient exquis un heron, un butor, un cormoran, devaient sans peine digérer marsouin (a).

Une remarque assez étrange encore, qui se présente ici, c'est que plus la France a avancé en âge, & plus, ce semble, jusqu'à une certaine époque, se sont multipliés dans ses repas ces monstres marins dont le nom seul aujourd'hui nous effraie. Parcourez la liste des poissons bons à manger, que donne Platine dans son *traité des alimens*; & vous la trouverez plus nombreuse que la nôtre actuelle. Parcourez celle que donne Rabelais au Chapitre des Gastrolâtres (des gourmands); elle est bien autrement longue encore.

Pêche de la baleine. Nos Peres ont même mangé de la baleine. On vient d'en voir la preuve à l'instant, puisque ce poisson est compté parmi ceux qu'on pêchait au XIIIe siècle. Dans le Fabliau intitulé *bataille de Charnage & de Carême*, il est placé au nombre des soldats que Carême arme contre son rival. Rabelais lui-même, Rabelais postérieur de plus de trois siècles à notre Fablier, compte la baleine au nom-

___

(a) [Bélon, (*observations sur les singularités trouvées en Grèce, en Asie, &c*, ann. 1553.) distingue deux sortes de marsouins; l'un auquel le vulgaire donnait ce nom; celui-là même, dit-il, *que nous avons en délices ès jours maigres*; l'autre qui, selon lui, est le vrai dauphin, & qu'on nommait oye, ou bec-d'oye. Selon Champier, les Pêcheurs de la Méditerranée envoyaient à Lyon du marsouin, & il s'y vendait fort cher. En carême, on le servait sur les meilleures tables de l'intérieur du Royaume. Mais sur les côtes de cette mer, on n'en faisait nul cas, dit-il; le plus bas peuple même n'en voulait pas.

bre des mets dont usent les Gastrolâtres; &, si après tout on regardait comme trop frivole l'autorité bouffonne de l'auteur de Gargantua, je citerais l'ancien usage des Pêcheurs basques qui, lorsqu'ils avaient pris une baleine, en offraient par dévotion la langue à quelque église; je citerais le témoignage de Champier qui dit que la langue de baleine se vendait par tranches dans nos marchés publics, & que sa chair s'accommodait avec des pois, ou se servait rôtie à la broche; je citerais celui de Rondelet qui assure que cette langue était *estimée fort délicieuse & tendre*, & que sur la côte de Bayonne les Pêcheurs se servaient des os de l'animal pour faire des clôtures dans leurs jardins; je citerais enfin celui de Charles Etienne qui rapporte qu'en carême la principale nourriture des pauvres était la graisse & la chair de baleine.

J'insiste sur l'article de ce poisson, parce que c'est un objet qui tient à un autre bien plus important; car enfin, si dans nos poissonneries on vendait de la baleine fraîche, on pêchait donc des baleines sur nos côtes. Au défaut d'autres preuves, celle-ci suffirait; mais il en existe plusieurs, & même de bien antérieures au Fabliau.

La pêche de ce cétacée est plus ancienne qu'on ne l'imagine. Elle remonte au moins au IIIe siècle de l'Ere chrétienne, puisqu'Oppien en fait mention (a). Pour prendre l'animal, on employait, dit

---

(a) Cet auteur, qui écrivait sous les Empereurs Sévère & Caracalla, nous a laissé deux poëmes grecs, l'un sur la Chasse, &

le Poëte, un hameçon particulier qui tenait à une longue corde, au bout de laquelle étaient attachés des outres enflés & d'autres corps légers. Les grands & inutiles efforts que faisait la baleine pour se débarrasser de l'hameçon, quand une fois elle l'avait avalé, affaiblissaient peu-à-peu ses forces. Dès que les Pêcheurs la voyaient fatiguée, ils s'approchaient d'elle avec leurs barques, la blessaient avec des faulx, des lances, des tridents; &, lorsqu'ils l'avaient tuée, la tiraient au rivage où ils la dépeçaient.

J'ignore quand fut connue & pratiquée par nos Peres la pêche de la baleine. Je vois seulement qu'il en est parlé, sous l'année 875, dans le livre *de la translation & des miracles de S. Vast* : mais je vois en même-tems par une vie de S. Arnoud, Evêque de Soissons au XIe siècle, que nos Pêcheurs, au lieu d'employer d'abord, ainsi qu'au tems d'Oppien, le procédé incertain & invraisemblable de l'hameçon, allaient, sans autre préambule, attaquer avec intrépidité l'animal, & le blesser à mort. Le passage du Légendaire est curieux, en ce qu'il prouve que dès-lors on harponnait la baleine, comme aujourd'hui; &, à ce titre, je le citerai en entier.

« Des Pêcheurs Flamands avaient blessé avec des
» traits & des lances une grosse baleine. Déja ils

---

quatre livres ; & l'autre sur la Pêche, en cinq. Ce qui regarde la baleine dans ce dernier ouvrage, est un article très-long, qui occupe une grande partie du cinquieme livre. Je citerai encore Oppien ci-dessous, lorsque je parlerai du thon.

„ l'entouraient pour la conduire au rivage & la
„ partager entre eux; mais le monstre, quoique
„ percé en plusieurs endroits avec leurs armes, n'é-
„ tait nullement affaibli; &, loin de se laisser pren-
„ dre, il paraissait furieux. Tantôt il lançait jus-
„ qu'au ciel des torrens d'eau; tantôt il s'enfonçait
„ dans la mer, & disparaissait; &, l'instant d'après,
„ remontant sur les flots, il venait briser avec sa
„ queue & ses nageoires les agrès des navires. Au
„ milieu de ce danger, un des Pêcheurs propose à
„ ses camarades d'invoquer S. Arnoud, & de pro-
„ mettre au Bienheureux une partie du poisson.
„ Les autres y consentent; mais à peine ont-ils
„ fait leur vœu (a), qu'à l'instant la baleine se cal-
„ me, & que, sans aucune résistance, elle se laisse
„ lier & conduire à bord „.

Il est assez singulier que, de toutes les pêches un peu importantes, celle-ci, quoique la plus dange-reuse & la plus hardie de toutes, soit cependant la plus ancienne. Celles de la morue, du hareng, & autres, lui sont postérieures. Au moins les mo-numens qui parlent de ces dernières ne remontent-ils pas aussi haut, comme on le verra dans l'instant. Mais tout ceci peut s'expliquer.

La baleine alors était plus commune qu'aujour-d'hui; on en voyait fréquemment sur nos côtes. Par

---

(a) C'est probablement quelque vœu pareil qui donna lieu à la coutume, établie parmi les Basques, d'offrir à l'église, comme je l'ai remarqué plus haut, un morceau des baleines qu'ils avaient prises.

la manière dont elle vit, par le besoin qu'elle a de respirer, elle se montre souvent à la surface des eaux. Pour aller l'y attaquer, il ne fallait que du courage; & quelle Nation eut jamais plus de courage que la Française. Il n'en est point ainsi des autres poissons. Comme ils se cachent continuellement sous les flots, on ne peut les prendre qu'avec des appâts, des ruses, des filets particuliers; or, tout ceci exige une longue expérience & une connaissance approfondie de la Pêche, que le tems seul peut donner.

Vraisemblablement l'usage de manger de la baleine n'a point d'autre origine. On n'avait encore, pour les jours maigres, ni harengs, ni morue; on usa du poisson qui se pêchait communément; &, quand la coutume en fut une fois établie, elle se perpétua, quoiqu'on eût, dans la suite, des poissons bien meilleurs. Cependant peu-à-peu ceux-ci prévalurent. Déja dans le XVIe siècle, il n'y avait plus que les pauvres, ainsi qu'on l'a vu plus haut, qui mangeassent la chair & la graisse de baleine; mais lorsqu'on eut trouvé l'art de convertir cette graisse en une huile qui avait quelque valeur, on dédaigna tout-à-fait l'animal.

Outre la pêche avec le harpon, il y en avait une autre qui ne se faisait que l'hyver, & dans laquelle on employait des filets. C'est au moins ce qui résulte de quelques vers d'un certain Tortarius, Moine de Fleuri, lequel florissait au commencement du XIIe siècle. Cet auteur, décrivant le pays Bessin, dit qu'il assista sur la côte à l'une de ces pêches, qui, selon lui, ne fut pas heureuse, parce que les Pêcheurs manquaient de filets.

Hiberno Cete tempore quo capiunt.
Me presente truci piscem clamore secuti ;
Fraudati, cassses nam deerant, redeunt.

Je soupçonne que les Matelots, quand ils avaient apperçu une baleine, la suivaient avec de grands cris pour l'effrayer, & l'obliger, s'ils le pouvaient, de s'échouer sur le rivage. Voilà, selon moi, ce que signifie l'expression *truci piscem clamore secuti*. Mais qu'était-ce que ces filets capables d'arrêter & de repousser un animal aussi énorme, aussi redoutable qu'une baleine? Voilà en même tems, je l'avoue, ce que je ne conçois pas. Cependant le Moine parle comme ayant vu par lui-même, & de ses propres yeux, *me presente*. Il faudrait donc donner un autre sens à son mot *casses*, & c'est encore-là ce que les gens du métier devineront plus aisément que moi; ou supposer que, par celui de *cete*, il entend un autre poisson que le cétacée dont je parle.

A la vérité, Rondelet (*de piscibus*, an. 1554) nous apprend que, de son tems, les Basques prenaient des baleines l'hyver sur leurs côtes; mais ceux-ci ne se servaient point de filets pour les prendre; ils les harponnaient. « L'un d'eux, dit-il, se tient
» en sentinelle sur un lieu élevé. Si par hazard il en
» apperçoit une, il sonne du tambour; & aussi-
» tôt ses camarades mettent leurs nacelles en mer.
» Chaque nacelle porte dix hommes pour ramer,
» & quelques autres armés de harpons pour frap-
» per l'animal. Tous s'avancent vers lui à la fois;

» ils l'attaquent; &, quand ils l'ont mis à mort,
» ils le tirent à terre, où ils le partagent selon la
» quantité de dards qu'il porte sur le corps :
» car chaque Harponneur a sa marque pour être
» reconnu ».

Quoiqu'on ne voie plus aujourd'hui de baleines dans la Méditerranée, on y en a pêché autrefois cependant. Les Troubadours (on appelle ainsi les Poëtes de nos Provinces méridionales qui ont rimé en ancienne langue Provençale) en font mention dans plusieurs endroits de leurs ouvrages. Il serait d'ailleurs aisé de prouver par certains passages de Pline, que, plus anciennement encore, elles étaient communes dans cette mer; ou au moins que, pareilles à certains poissons de passage, elles y voyageaient en certains tems. Si aujourd'hui elles paraissent l'avoir abandonnée, si elles ont quitté même nos côtes de l'Océan (a), c'est apparemment parce que nos Pêcheurs les poursuivant, les chassant annuellement sur nos parages, les ont obligées enfin à se réfugier dans les mers du Nord. On remarque même, depuis un certain tems, qu'elles s'éloignent toujours de plus en plus; de sorte que, pour en rencontrer actuellement, disent les Navi-

___

(a) Cependant les Anglais, possesseurs de Gibraltar, pêchaient encore annuellement, dans le détroit, des baleines de l'espèce de celles qu'on nomme Grampus. On en voit aussi de tems en tems quelques petites sur les côtes de Gascogne; &, l'année derniere, 1781, on y en a pris une qui s'y était échouée, & qui avait soixante pieds de long.

gateurs étrangers qui se dévouent à cette chasse périlleuse, il faut s'élever assez près du pôle. On sait qu'en Amérique les castors ont fait, sur la terre, la même chose que sur mer ont fait les baleines. Sans cesse inquietés par les Chasseurs, ils ont délaissé les cantons qu'ils peuplaient autrefois, & se sont retirés dans des contrées plus septentrionales, où la Nature inculte & sauvage les défend des mains avides qui les poursuivaient.

On a écrit que les Basques sont les premiers des Français, & même les premiers des Européans, qui aient osé tenter la pêche de la baleine. L'on prétend même que c'est en allant chercher au loin ces monstres à mesure qu'ils se retiraient de nos parages, que ces intrépides navigateurs découvrirent le grand banc de Terre-Neuve, environ un siècle avant l'entreprise de Colomb. Je viens de citer à l'instant des passages qui prouvent que la pêche dont nous parlons, a eu lieu sur les côtes de Flandres, sur celles d'Artois & de Normandie, long tems avant l'époque dont on fait honneur aux Basques sans aucunes preuves. Ce qu'on peut dire en faveur de ceux-ci, c'est que quand à leur tour ils s'y sont livrés, ils l'ont fait avec beaucoup de succès. On peut ajouter même que ce sont ceux des Français qui l'ont pratiquée le plus long-tems. Vers le milieu du dernier siècle, les seules villes de S. Jean-de-Luz, de Bayonne, & de Ciboure, envoyaient encore annuellement à la pêche cinquante ou soixante vaisseaux. Les choses ont, depuis, bien changé pour elles; mais les Basques ont eu au moins la gloire d'être les premiers qui aient fait sentir de quel avantage était le commerce d'huile de baleine : or cette huile, lorsqu'on ne mangea plus l'animal même, devint un objet très-important pour l'emploi qu'en firent, & qu'en font encore tous les jours une infinité de manufactures & d'arts différens.

Le même motif d'équité qui m'oblige de n'attribuer aux Basques que la gloire qui leur est due, m'oblige aussi de leur rendre au moins toute celle qu'ils méritent. Quand on avait mis à mort la baleine, l'usage général était de la conduire à terre, de la dépecer, & de faire fondre sa graisse ; mais cette opération, indépendamment de la dépense qu'elle entraînait en établissemens & en attéliers, occasionnait au navire une perte de tems considérable, & l'exposait souvent à être pris par les glaces. Un Bourgeois de Ciboure, nommé Soupite, imagina de faire la fonte sur le vaisseau même, & en pleine mer ; & son procédé devint à l'instant celui de ses compatriotes. Ils emportaient avec eux une certaine quantité de briques, & du bois à brûler. La pêche faite, ils bâtissaient avec ces briques, sur le second pont du navire, un fourneau ; & là ils fondaient & cuisaient leur huile ; se servant, pour la première cuite, du bois qu'ils avaient apporté, &, pour la seconde, du marc & des grillons de la première. La fonte s'achevait ainsi sans les retarder ; &, pendant ce tems, ils revenaient chez eux avec leur marchandise toute apprêtée, & réduite sous le moindre volume possible.

Les autres Nations de l'Europe adoptèrent aussi

la méthode des Basques; mais la quantité de bois dont elles étaient obligés de surcharger leurs navires pour le moment de la cuite, l'odeur insupportable des cretons brûlés, les dangers du feu enfin, dangers trop réels, & dont plusieurs vaisseaux furent les victimes, la leur firent abandonner. Elles s'en sont formée une autre, qui consiste à emporter chez elles le lard en tonneaux, pour l'y fondre dans leurs attéliers; & elles prétendent que la fermentation qu'il subit en route, ajoute non-seulement à la qualité de l'huile, mais encore à sa quantité.

Au reste, quelqu'ait été le succès du procédé de Soupite, il n'en est pas moins une invention ingénieuse; & peut-être ce procédé était-il celui qui convenait le mieux à une Nation qui, comme les Basques, se trouvait, par sa position, très-éloignée des mers où se pêche la baleine.

Une pêche beaucoup plus ancienne encore, est celle des mulets. Pline nous en a transmis une description très-détaillée. « Dans la Province Narbon-
» naise, dit-il, au territoire de Nîmes, est un étang
» appellé Latèra (a), où les hommes pêchent en
» société avec les dauphins. Les mulets qu'il con-
» tient en sortent dans un certain tems de l'année, à
» la faveur d'une espèce de reflux, pour gagner la
» haute-mer; & leur nombre est tel, qu'il n'y a point
» de filet capable d'arrêter une pareille masse. Ce-
» pendant, quand ils sont arrivés à l'embouchure de

Pêche ancienne des mulets.

―――――――――――――――――

(a) C'est aujourd'hui la Tour-de-Latte.

» l'étang, à l'endroit où il est le plus étroit, & où
» l'on pourrait tendre des filets, ils se pressent les
» uns les autres, pour franchir, le plus vîte qu'il
» leur est possible, ce lieu de danger. Aussi-tôt que les
» Pêcheurs s'en apperçoivent, ils appellent les dau-
» phins à leur secours, en criant de toutes leurs for-
» ces, *Simon, Simon*. Le peuple qui, dans ces jours
» singuliers, accourt en foule sur le rivage pour
» jouir du spectacle, joint ses cris à ceux des Pê-
» cheurs. Les dauphins entendent le signal; ils ac-
» courent, se rangent en ordre de bataille; &,
» comme prêts à combattre devant le défilé, fer-
» ment ainsi aux mulets épouvantés le chemin de
» la mer, & les obligent de se jetter à droite & à
» gauche sur les bas-fonds. Là il est facile aux Pê-
» cheurs de les envelopper dans leurs filets. Malgré
» cela cependant, il y en a beaucoup qui échappent
» par leur légèreté : mais les dauphins, se mettant
» à la poursuite des fuyards, les tuent aussi-tôt,
» sans vouloir même les manger, de peur de perdre
» du tems. Enfin, quand le combat a cessé, &
» qu'ils ne voient plus d'ennemis, ils se repaissent
» des morts. Le lendemain, ils reviennent encore
» au même lieu, comme s'ils ne se trouvaient point
» assez payés du service rendu par eux la veille; &,
» non-seulement on leur abandonne les cadavres,
» mais on leur jette encore une pâtée composée de
» pain & de vin ».

Le récit qu'on vient de lire, quoique je l'aie
traduit le plus clairement & le plus intelligiblement
qu'il m'a été possible, contient néanmoins encore

de l'obscurité; & il offre visiblement des circonstances fabuleuses : mais tel qu'il est, il atteste au moins l'industrie de nos premiers Ayeux; & c'est-là une observation qui me fait tant de plaisir à remarquer, que je saisis toujours avec une joie nouvelle l'occasion de la faire.

Calais se vante d'avoir été la première de nos villes qui ait connu la pêche du hareng. Elle soutient que Dieppe, & ceux de nos autres ports situés sur la Manche, ne l'ont pratiquée qu'à son exemple.

Pêche du hareng.

Si ce qui est vraisemblable devenait par-là même une preuve, comme c'est des mers du Nord que partent tous les ans ces masses énormes de harengs qui vont, sur plusieurs colonnes, voyager vers le midi, on pourrait avancer, avec quelque degré de probabilité, que les Pêcheurs Calaisiens ont dû être, par leur position, les premiers à observer ces bizarres voyages, & les premiers à en profiter.

On a lu ci-dessus qu'une des premières salines qu'au XIIe siècle la Compagnie des *marchands par eau* avait fait venir à Paris, étaient des harengs; & j'ai remarqué que ces harengs, la Compagnie les avait tirés des ports de Normandie. Mais ce fait ne prouverait rien contre Calais. Si la Capitale tirait de Normandie ses harengs, c'est que les ports de cette Province sont plus près d'elle que celui de Calais (a).

───────────────────────

(a) La pêche du hareng & du maquereau était pratiquée aussi alors sur les côtes de Guyenne. Il en est mention dans les réglemens que

D'un autre côté, l'on ne peut se dissimuler que les Négocians Dieppois ont joué autrefois dans la navigation un rôle brillant (a). Il paraît certain qu'au XIVe siècle une Compagnie, formée par eux, naviguait & commerçait déja sur les côtes de l'Afrique occidentale, par-de-là le Cap-blanc. En 1365, on les voit s'associer des marchands de Rouen, équiper ensemble plusieurs vaisseaux, pousser de proche en proche leurs établissemens, bâtir des comptoirs, &, l'an 1382, posséder trois forts sur la côte de Guinée. Labat (*Voyage d'Afrique*) dit avoir lu les pièces originales qui constatent ces faits. S'ils étaient vrais, s'ils l'étaient même en partie, ne serait-ce pas une chose intéressante de découvrir par quels moyens une ville aussi peu considérable que Dieppe, a pu s'élever à un pareil degré de puissance & de richesse.

Je le répète ; les antiquités de notre Nation n'ont point été jusqu'à présent suffisamment approfondies; & cependant, que de choses neuves & piquantes

---

la Duchesse Eléonore fit pour le commerce maritime de cette Province, sous le nom de *roole d'Oleron*.

L'île d'Oleron était devenue, par sa situation, un lieu de plaisance pour les Ducs de Guyenne. Ils y avaient bâti un château qu'Eléonore habita quelque tems, après avoir été répudiée par Louis-le-Jeune. Ce fut là qu'elle rédigea & publia le code dont je viens de parler; code qui, peu après, augmenté sous le même titre, par son fils Richard, Roi d'Angleterre & Duc de Guyenne, devint la base des loix que se composèrent dans le même genre les Royaumes du Nord, & les villes anséatiques d'Allemagne.

(a) En 1697, ils employaient encore annuellement soixante bâtimens à la pêche du hareng.

de la vie privée des Français.

elles offriraient à l'homme laborieux qui entreprendrait de les fouiller! L'histoire de la Pêche, par exemple, la puissance & le commerce dont elle fut la source, les établissemens en contrée étrangère auxquels donna lieu en différens tems, son influence enfin sur la marine, sur la construction des vaisseaux, sur l'art de la navigation, &c., ne sont-ils pas un objet de dissertation aussi curieux que la patte de la Reine Pédauque, ou le vrai nom du Cardinal Balue? Au reste, si Dieppe a été, il y a quelques siècles, une ville importante, sa grandeur, ainsi que celle de la Hollande, a commencé certainement par la Pêche. Mais, sans décider à qui des Dieppois ou des Calaisiens est due celle du hareng, je vais rapporter une anecdote qui, je crois, intéressera pour les derniers.

Le Monastère de S. Bertin, dans le voisinage de Calais, avait pour Abbé un homme débauché & scandaleux, mais intriguant très-adroit. Cet Abbé avait connu en France le Pape Alexandre III, & lui avait même rendu quelques services. Etant allé à Rome, dans le dessein d'en obtenir une grace, il demanda, pour son Monastère, la dîme de tous les harengs qui se pêchaient à Calais & sur la côte: objet considérable, sans doute, puisqu'il tenta l'avidité du Moine. Elle lui fut accordée par une Bulle particulière (ann. 1180). Mais ce tribut odieux, auquel le Couvent n'avait assurément aucun droit, & que le Pape lui-même n'avait pas plus le droit d'accorder, fit jetter un cri général d'indignation. On le trouvait d'autant plus révoltant, que les Moines qui allaient en jouir, étaient tombés alors dans un relâchement, ou plutôt dans un déréglement, scandaleux. Les Calaisiens, sur-tout, s'y refuserent avec opiniâtreté, déclarant qu'*ils aimeraient mieux décimer les Moines, que de voir leur pêche décimée par eux*. Toute cette résistance fut inutile néanmoins. Le Pape avait chargé de l'exécution de sa Bulle, Didier, Evêque de Térouanne, & Philippe d'Alsace, Comte de Flandres, en qualité de tuteur d'Ida, sa nièce, à laquelle appartenaient Calais & le Comté de Boulogne. Philippe, après avoir envain exhorté à la soumission les Calaisiens, leur envoya enfin des lettres d'injonction; & il se trouva, parmi les Moines, deux hommes assez téméraires pour oser les porter eux-mêmes. Peu s'en fallut que leur imprudence ne leur coutât la vie; car, à leur vue, la fureur générale devint telle, que s'ils ne se fussent réfugiés dans une église, la populace les eût mis en piéces.

Malgré tant d'acharnement, cette affaire se termina comme toutes celles du même genre; c'est-à-dire, que les faibles furent obligés de se soumettre, & que le fort prévalut. Le Comte vint avec des troupes; le tribut fut imposé militairement, & Calais condamné même, pour châtiment de sa résistance, à mille livres d'amende. Cependant il y eut quelques modifications qui rendirent un peu moins criante l'exécution de l'Arrêt. Les Moines n'eurent pas la dîme en entier, comme ils l'avaient obtenue d'abord; elle fut partagée en trois parts, dont une pour eux, une consacrée aux pauvres, &

la troisième à l'entretien de l'église Paroissiale.

Le détail de cette querelle injuste, occasionnée par l'avidité d'un homme, & par le despotisme d'un autre, se trouve dans la *Collection de Martene*.

Au reste, la dîme du poisson, pour certains Monastères, n'était pas une chose nouvelle. Plusieurs en jouissaient ; & on lit même dans les *Annales des Bénédictins*, (ann. 845) l'histoire d'un miracle fait par S. Maur, pour punir un Grand-Seigneur, nommé Ulfin, lequel avait retranché à je ne sais quel Couvent le tribut de poisson qu'on lui payait dans le carême. Ce tribut, dit l'auteur, s'appellait alors *Cenaticum*.

Quelques-uns de ces privilèges subsistent encore aujourd'hui dans des mains moniales, ou dans celles du Clergé ; & je ne doute point que, dans ce nombre, il n'y en ait dont l'origine a été juste (a).

Dîme du poisson.

(a) La dévotion du tems faisait regarder la dîme comme une chose sacrée, & qui, de droit, appartenait à l'Eglise. D'après ces idées religieuses, beaucoup de personnes portèrent le scrupule jusqu'à donner au Clergé celle de tout ce qu'ils consommaient. En 1143, Louis-le-Jeune accorda un droit pareil à l'Abbaye d'Hyeres, lequel devait se percevoir pendant tout le tems qu'il séjournait à Paris ; c'était la dîme de tout le pain que lui, & sa Maison, pouvaient consommer par jour. S. Louis & Philippe-le-Bel, donnèrent de même à l'Abbaye de la Saussaie, l'un, la dîme du vin de Vincennes, qui était pour la bouche de la Reine ; l'autre, celle de tout le vin que lui, la Reine, & les Rois ses successeurs, recueilleraient dans la banlieue de Paris. Au XIIe siècle, un Curé ayant exigé ce droit de dîme, sur le produit d'un moulin-à-vent que possédait son Seigneur, il y eut un procès. L'affaire fut portée devant le Pape Célestin III, qui déclara le revenu de ces moulins sujet à la dîme.

L'Evêque de S. Pol-de-Léon leve un droit de quatre sous sur chaque millier de maquereaux qu'on pêche à Roscof. L'imposition est peu de chose ; & il en est ainsi de presque toutes celles qui se perçoivent en argent, parce que la taxation est restée la même que dans son origine, & que d'un autre côté le prix des monnaies & des denrées a augmenté considérablement. A Dieppe encore, quand les Matelots ont pris un marsouin, ils sont tenus de le porter à la Vicomté de l'Archevêché de Rouen, & de frapper trois fois à la porte avec sa queue. S'il était trop gros, il leur est permis de frapper avec le marteau de la porte ; mais, sans cet hommage, ils seraient mis à l'amende, & leur poisson confisqué. Quoique ce ne soit plus là qu'une vaine cérémonie, elle représente encore d'anciens droits que le tems a mitigés. Mais je reviens aux harengs.

Les peuples qui habitaient les bords de la Baltique & de la mer d'Allemagne se livrèrent avec beaucoup d'ardeur à cette pêche que leur offrait annuellement la Nature ; &, comme elle ne dure que peu de tems, & qu'elle finit avec le passage du poisson, le S. Siège, *pour les dédommager de la stérilité de leur terre*, leur avait même permis d'y vaquer les fêtes & dimanches. En vain quelques Evêques, par un effet de cette dévotion peu éclairée qui régnait alors, s'opposèrent à la publication & à l'exécution de la Bulle ; Alexandre III, ce même Pape, dont il a été question dans l'instant à l'occasion des Calaisiens, mais bien plus estimable dans celle-ci, adressa à ce sujet aux Prélats opposans une décrétale qui est datée de l'année 1160.

La même permission fut sans doute accordée successivement aux autres peuples occidentaux, ou ils en profitèrent par adoption : car nos Français, pendant tout le tems que dure la pêche du hareng, y travaillent encore actuellement les dimanches. Quant à celle des Allemands, soit qu'ils soient placés plus avantageusement que nous, soit par d'autres raisons particulières, elle prit chez eux des accroissemens considérables; &, si l'on en doit croire un de nos vieux ouvrages manuscrits, *le Songe du Pélerin*, publié en 1389, ils y occupaient annuellement plus de quarante mille bateaux.

Au XVIe siècle, ce n'était plus sur les côtes de France que nos Pêcheurs faisaient leur pêche. Ils se rendaient, ainsi que les autres nations Européanes, sur celles des Orcades, d'Angleterre, & d'Ecosse; où, pour éviter toute dispute, les différens peuples, au rapport d'Adrien Junius, convenaient entr'eux d'une station déterminée. *Classes variæ, inter quas Hollandica, Zelandica, Frisica, Flandrica, Gallica, Britannica, & Scotica, quasi ex condicto ad evitandas simultates & contentiones, partita inter se certas ac definitas stationes, sub Britanniâ, Scotiæ orâ, & Orcadibus, singulæ pro viribus isti piscium generi insidiantur.*

On se rappellera d'avoir lu ci-dessus, que le hareng avait été la première des salines que le commerce, dans le XIIe siècle, avait procurées à Paris; mais nos Pères ne connaissaient pas encore l'art véritable de saler ce poisson. Cet art n'a été per-

Salaison du hareng.

fectionné, ou plutôt inventé, que deux ou trois siècles plus tard; & l'auteur du secret, dit Schoockius (*de Harengis*), est un nommé Buckelz, mort à Biervlit, dans la Flandre Hollandaise, l'an 1447. Le premier, il imagina ces procédés ingénieux pour tirer, pour vider, pour préparer par une saumure particulière, pour encaquer avec adresse le hareng. C'est assurément un objet bien peu important en apparence que la pêche d'un poisson; & cependant c'est à cette pêche que la Hollande doit sa gloire & sa liberté; c'est avec cette pêche qu'un pays pauvre & marécageux parvint à résister au Monarque de l'Europe le plus puissant; c'est elle enfin qui est devenue l'origine de cette marine formidable avec laquelle ces Pêcheurs ont joué un si beau rôle dans le dernier siècle, & de cette étendue de commerce qui les enrichit dans celui-ci.

La patrie de Buckelz lui a témoigné sa reconnaissance, en élevant à sa mémoire un tombeau; & l'on prétend que Charles-Quint, passant en 1556 par Biervlit, avec la Reine de Hongrie sa sœur, alla visiter ce mausolée; monument vraiment respectable, parce qu'il était consacré à un homme vraiment utile. Les procédés de Buckelz, conservés jusqu'à nos jours, sont encore suivis scrupuleusement par les Hollandais: aussi leurs harengs passent-ils pour les meilleurs de l'Europe; & le Gouvernement lui-même veille avec soin à ce que cette réputation se conserve.

La pêche du hareng était particulière aux côtes de l'Océan. Nos Provinces situées sur la Méditer-

de la vie privée des Français. 103

ranée, ne connaissaient pas ce poisson, dit Rondelet; & Beaujeu, (*de laudibus Provinciæ*), en parle comme d'une privation. Aussi le hareng a-t-il été inconnu des auteurs Grecs & Latins. Ce que ces derniers appellaient *alec* est un animal différent.

Une autre pêche, qui de même n'avait lieu que sur les seules côtes du Ponent, était celle du Maquereau.

Bélon (*Observations sur les singularités trouvées en Asie, en Grece, &c*, (ann. 1553), nous apprend qu'on le pêchait avec des lignes traînantes; & qu'on choisissait même le tems où la mer était orageuse. *D'autant que la tourmente est plus violente, & que le navire va plus vîte*, dit-il; *d'autant plus l'on en prendra*. Maquereau.

Le maquereau salé, si peu prisé aujourd'hui, l'était beaucoup anciennement. Au nombre des revenus de l'Evêque d'Auxerre en 1290, je trouve, (*Histoire de l'église & de la ville d'Auxerre*, par l'abbé le Bœuf,) une redevance de trois mille maquereaux. D'après une quantité aussi considérable, l'on peut imaginer combien il en entrait dans la ville, & par conséquent qu'elle devait en être la consommation.

Au reste, si la France, pendant long-tems, a mis un grand prix & attaché beaucoup d'estime au hareng & au maquereau salés, l'on ne doit point en être surpris: ces poissons étaient, pour le carême, une denrée essentielle. Or le carême alors s'observait très-régulièrement. Charlemagne, en 789, avait décerné peine de mort contre celui qui, sans raison Rigueur avec laquelle on observait le carême.

légitime, l'enfreindrait. On le pratiquait même, autant qu'il était possible, dans les Hôpitaux; &, ce qui prouve qu'il était pratiqué, c'est la quantité de harengs qu'on y consommait. Il existe une charte de Thibaut, Comte de Blois, (ann. 1215,) dans laquelle le Comte accorde annuellement à l'Hôpital de Beaugenci un demi-millier de harengs. Parmi les aumônes que faisait tous les ans S. Louis aux différens Monastères, aux Léproseries, & aux Hôpitaux de son Royaume, (aumônes que le S. Monarque, par une Ordonnance de 1260, obligea les Rois ses successeurs à faire comme lui); il y avait deux mille cent-neuf livres en argent, (environ 38000 livres de notre monnaie), soixante-trois mesures de blé, & soixante-huit mille harengs. Enfin, pour nous rapprocher davantage de nos tems modernes, *l'état des biens & des dépenses annuelles pour l'Hôtel-de-Dieu de Paris*, (ann. 1660), compte au nombre des objets de dépense, année commune, 9200 liv. pour vingt-trois milliers de carpes, & 2320 liv. pour des paniers de marée & de harengs frais, fournis aux domestiques de l'Hôpital, & à *une partie des malades*.

Ce n'est que sur la fin du dernier siécle, & au commencement de celui-ci, qu'on a commencé à secouer les scrupules sur l'observance du carême. Jadis tout le monde le pratiquait, jusqu'aux soldats dans les armées; & notre Histoire fournit même à ce sujet une anecdote célèbre qui le prouve.

Tandis que les Anglais, possesseurs de la partie septentrionale du Royaume, étaient occupés devant

Orléans, à ce siége fameux que fit lever Jeanne d'Arc, un des convois destinés pour leur camp fut attaqué par le Duc de Bourbon. Ce convoi était en très-grande partie composé de harengs salés, parce qu'on était en carême; & l'action en fut même appellée, comme on sait, la *journée aux harengs*.

Au siècle suivant néanmoins, quoique la loi conservât toujours à l'extérieur son ancien rigorisme dans les camps, déja le soldat commençait à ne plus l'y regarder avec autant de respect; & il l'enfraignait en particulier. Une anecdote rapportée par Brantôme (*Vies des illustres Capitaines étrangers*), nous montre les progrès rapides arrivés, sur cet objet, dans les mœurs & dans la façon de penser. L'aventure que cite l'historien se passa aussi en carême, pendant un nouveau siège d'Orléans, quelques jours après l'assassinat du Duc de Guise par Poltrot. Mais, avant d'en transcrire l'anecdote, je prie mes Lecteurs de se rappeller que ce siége se faisait au commencement de nos guerres de religion; qu'il se faisait contre les Huguenots; enfin qu'il se faisait par des Catholiques, c'est-à-dire, par des gens qui, dans ce moment-là, devaient se piquer de catholicisme & d'obéissance aux préceptes de l'Eglise.

Après la mort du Duc, dit Brantome, *le gentil & brave Seigneur, M. de Sipierre, commanda pour peu de jours à l'armée, parce qu'il n'y avoit pour lors plus grand que luy, puisqu'il estoit Gouverneur de la personne du Roy. Cependant les soldats ne pouvoient bien vivre, qu'avec grandes incommodités, de seul poisson. M. de Sipierre fut prié, de la part des Capitaines,*

de supplier M. le Légat, le Cardinal de Ferrare, qui estoit pour lors au camp avec la Reyne-Mere, qu'il donnast dispense de manger de la chair, quelques jours de la semaine. M. le Légat trouva d'abord cette question fort odieuse; alléguant qu'on faisoit la guerre contre les Hérétiques, ennemis du carême. Mais, après avoir un peu songé, il fist responce que de chair il n'en falloit point parler, comme de chose abominable; mais pour du beurre, du fromage, & du laittage, qu'ils en mangeassent en quantité, & tant qu'ils voudroient; & leur en donnoit toute la dispence. M. de Sipierre, qui estoit prompt, fort libre, & un des gallants Seigneurs qui jamais naistra en France, luy dit franchement: " Monsieur, ne pensez pas régler nos gens de
,, guerre comme vos gens d'Eglise; car autre chose est
,, de servir Dieu & de servir la guerre. Voulez-vous
,, que je vous dise le vray; ce n'est point en ce temps
,, ny en ceste armée, composée de plusieurs sortes de
,, gens, que vous devez faire tels scrupules. Car quant
,, à vostre beurre, fourmage, & laittage, nos soldats
,, François n'en veulent point, comme vos Italiens &
,, Espagnols. Ils veulent manger de la chair & de
,, bonne viande, pour mieux se sustenter. Ils en mangeront
,, aussi bien de çà comme de là, & à couvert
,, & en cachette, quelque défense qui s'en fasse.
,, Par quoy, faites mieux. Ordonnez-leur d'en manger,
,, & donnez-leur une bonne dispense & absolution.
,, Que si d'eux-mêmes ils s'en dispensent, votre
,, autorité en sera plus ravalée; & au contraire elle
,, en sera eslevée, si vous le leur permettez; & chacun
,, dira, M. le Légat, cet homme de bien, nous a

de la vie privée des Français.

„ donné dispense; & cela sonnera mieux par-tout „.

M. le Légat y ayant un peu songé, il dispensa aussi-tost chascun d'en manger, qui pria Dieu fort, aussi bien le François que l'Espagnol, pour M. le Légat, & sur-tout pour M. de Sipierre, lequel eut raison de parler ainsi, & d'en prendre bien l'affirmative, comme il le fit, & M. le Légat d'avoir lasché la bride. Car j'ay ouy dire à aucuns grands Docteurs, qu'il est nécessaire quelques fois aux Prélats de dispenser pour ce sujet; afin de prévenir ces friands mangeurs de chair & infracteurs de loix Ecclésiastiques; & afin que quand ils en viennent-là, le monde sache & croye que c'est par dispence du Prélat, & non par désobéissance de lui & de l'Eglise.

On voit par ce récit, que les Français commençaient à être, sur l'abstinence Ecclésiastique, moins scrupuleux que les Italiens & les Espagnols; qu'ils l'enfraignaient déja dans les camps; & que la politique même, forcée de tolérer cette infraction, ne cherchait plus qu'à sauver en quelque sorte l'honneur de la Cour de Rome, en obligeant cette Cour elle-même de l'approuver.

Il n'en était pourtant pas ainsi des villes. L'opinion sur l'abstinence de chair dans les tems défendus, y garda tout son rigorisme, tandis qu'elle se relâchait dans les camps. En 1534, Guillaume du Moulin, Seigneur de Brie, ayant demandé à l'Evêque de Paris la permission de faire gras, pour sa mère, qui était âgée de quatre-vingt ans, & qui ne pouvait se passer de viande, celui-ci ne l'accorda qu'à condition que la Dame mangerait en secret, loin de tout témoin, & qu'elle ferait maigre, en outre, les vendredis. Le même Brantôme, qui nous a transmis l'anecdote de Sipierre & du Légat, nous en apprend une autre dans ses *Dames galantes*, laquelle annonce des mœurs aussi sévères.

Certaine ville avait fait une procession en carême, dit-il. Une femme y avait assisté, nus pieds, *faisant la marmiteuse plus que dix. Au sortir de-là, l'hypocrite alla dîner avec son amant, d'un quartier d'agneau & d'un jambon. La senteur en vint jusqu'à la rue. On monta en haut. Elle fut prise, & condamnée à se promener par la ville avec son quartier d'agneau, à la broche, sur l'épaule, & le jambon pendu au col.*

Une façon de penser aussi sévère s'était fortifié encore par les principes contraires qu'affectaient sur ce point les Novateurs. Comme le mépris & l'inobservance du carême étaient un de leurs dogmes, on soupçonnait tous ceux qui ne l'observaient point, d'être imbus de l'hérésie nouvelle. ,, On traîne au supplice, presque comme un par-
,, ricide, celui qui, au lieu de poisson, a mangé
,, du porc, écrit Erasme dans une de ses lettres.
,, Quelqu'un a-t-il goûté de la viande, tout le monde
,, s'écrie, ô ciel! ô terre! ô mer! l'Eglise est ébran-
,, lée, tout inonde d'hérétiques ,,. *Velut parricida, pene dixerim, trahitur ad supplicium qui pro piscium carnibus gustarit carnes suillas.... Gustavit aliquis carnes; clamant omnes, ô cœlum! ô terra! ô maria Neptuni! Nutat Ecclesia status; inundant heretici.*

Souvent même le Gouvernement employa son autorité pour faire pratiquer l'abstinence dont il s'agit. Il existe un Edit de Henri II, ann. 1549, lequel défend de vendre de la viande en carême à tout autre qu'à ceux qui apporteront un certificat de Médecin. Quatorze ans après, Charles IX défendit d'en vendre, même aux Huguenots, pendant ce tems. Non content de cet Edit, il en publia un autre en 1565, par lequel il accorde aux Hôtels-Dieu le privilège d'en vendre exclusivement; & ordonne qu'on n'en livrera qu'aux seuls malades. Celui-ci fut confirmé par deux Arrêts du Parlement, rendus l'un en 1575, l'autre vingt ans plus tard. Le Parlement exigeait, non-seulement que celui qui venait acheter apportât une attestation du Médecin; mais encore que le Boucher prît le nom & la demeure du malade, afin qu'on pût vérifier si réellement il avait besoin de faire gras.

Bientôt les formalités augmentèrent encore. Au certificat du Médecin, il fallut en joindre un second de la main du Curé. Dans l'un & dans l'autre étaient spécifiées la nature de la maladie & la qualité de viande qu'il fallait. Encore ne permettait-on que la viande de boucherie; la volaille & le gibier étaient prohibés.

Cette sévérité se maintint assez long-tems. Elle était encore telle vers le milieu du siècle dernier, que ceux des Parisiens qui étaient moins scrupuleux, & qui voulaient faire quelque partie en gras, se rendaient au village de Charenton, où il y avait un prêche de Huguenots, & où par conséquent on pouvait trouver de la viande. Le scandale attira l'attention du Magistrat préposé à la Police. Il rendit en 1659 une Ordonnance qui l'arrêta.

En un mot, veut-on connaître d'une manière sûre & précise, quelle révolution, depuis un siècle & demi, s'est opérée dans les opinions sur le point de discipline dont il s'agit ici ? Le tableau en sera court, & les résultats concluans.

En 1629, il se tua dans l'Hôtel-Dieu de Paris, pendant le carême, six bœufs, & environ soixante veaux. Il ne faut point oublier que cette consommation était celle, non-seulement de l'Hôpital, mais encore de toute la ville ; puisque l'Hôtel-Dieu avait alors le privilège exclusif de vendre de la viande (a).

(a) Non-seulement la viande, mais encore les œufs & la volaille, se vendaient alors dans l'enclos, & au profit de l'Hôtel-Dieu. Ce triple droit s'affermait à un Boucher ; &, dans le tems dont nous parlons, il était affermé 300 livres. Vers le milieu du siècle, les Administrateurs firent avec le Boucher de carême un autre arrangement. Au lieu d'argent, il donna en nature, pour les malades, *quelques jarrets de veau*, les issues des bêtes qu'il tuait, & journellement, pendant les quarante jours, vingt-quatre volailles ; savoir douze à dîner pour bouillir, &, le soir, douze lardées pour rôtir : car il faut remarquer que tout le rôti qu'on servait, le soir, aux malades, dans le cours de l'année, était lardé. Ce seul objet montait même annuellement à 500 liv. On peut voir tous ces détails dans *l'état des revenus & de la dépense de l'Hôtel-Dieu*, publié l'an. 1660.

L'Hôpital dont il s'agit n'avait à nourrir, année commune, que quinze cens bouches ; y compris deux cens personnes, Ecclésiastiques, Religieuses, domestiques, & autres, employés au service de la maison. Aujourd'hui que le Gouvernement paraît s'occuper beaucoup de la réforme des Hôpitaux, peut-être ne sera-t-on pas fâché de voir où montait alors la consommation annuelle de celui-ci. L'état que je vais en donner, offrira à mes Lecteurs un autre avantage ; celui de leur montrer quel était au moins le prix des denrées, il y a un siècle.

Consommation

En 1665, on tua deux cens bœufs, & par conséquent deux mille veaux à-peu-près : car alors telle était ordinairement, dans les boucheries, la balance respective entre les deux espèces ; dix veaux ou moutons (a) pour un bœuf. (Aujourd'hui la proportion a changé ; c'est, pour chaque bœuf, quatre moutons & deux veaux).

Consommation annuelle de l'Hôtel-Dieu.

Deux cens bœufs, & neuf mille trois cens veaux & moutons, coutant	60000 livres
(Nota, Chaque malade avait par jour une livre de viande. Le bœuf coûtait 1 s. 11 d. la livre ; le veau & le mouton 3 s. 8 d.)	
Volailles, non compris celles de carême qui étaient fournies gratis par le Boucher, coutant.	4902
Vingt-trois milliers de carpes, tant pour les malades que pour les domestiques.	9200
Harengs frais & marée, pour les uns & les autres.	2320
Six cens mille œufs, à 34 liv. environ le millier.	14438
Vingt-deux milliers de beurre tant salé que frais ; à 6 s. 6 d. environ la livre l'une dans l'autre .	7051
Vingt milliers de pruneaux, à 6 s. le cent. .	1200
Mille voies de bois flotté.	9000

(a) Ces relevés sont tirés du *Traité des dispenses du carême* ; par le Médecin Hecquet, (ann. 1709 ;) ouvrage dont les principes, quoique dictés par une piété austère, sont malheureusement trop souvent fondés sur une érudition peu solide, & sur une physique peu éclairée. Aussi fut-il réfuté, l'année suivante, par un livre du D.r Andri, intitulé le *Régime du Carême*. Andri, dans sa critique, attaque les relevés qu'on vient de lire ; ou plutôt, sans vouloir contester la vérité des faits, chose dont il convient, il nie les résultats qu'en tire son confrere. Selon lui, il s'en faut beaucoup que l'Hôtel-Dieu fournît seul à Paris toute la viande qui s'y consommait en carême. Les Religionnaires, dit-il, avaient

En 1708, on tua cinq cens bœufs : ce qui, dans la proportion dont je viens de parler, doit faire cinq mille moutons ou veaux.

Un des Bouchers les plus achalandés de Paris, établi depuis trente-deux ans, m'a dit que, quand il commença sa profession, il se tuait à l'Hôtel-Dieu environ 1500 bœufs. Le nombre doubla en peu de tems. Il y eut même plusieurs années où il monta jusqu'à 4000. Depuis 1775, les Bouchers ayant eu la permission d'étaler en carême comme dans les autres tems de l'année, il a augmenté encore ; &, cette année 1782, il a été de 9000.

Abstinence du Samedi. Tout ce qu'on vient de lire sur la rigueur avec laquelle s'observait anciennement le carême, pourrait induire mes Lecteurs à croire qu'on a dû pratiquer avec autant de scrupule l'abstinence du Samedi. Ils se tromperaient. Celle-ci a été beaucoup

---

la liberté d'en faire venir de Charenton pour leur usage ; ils en fournissaient en cachette aux gens peu scrupuleux, ou même à des Catholiques malades : & cette contrebande, ajoute-il, était d'autant plus aisée que la police, sur ce point, n'était pas aussi exacte qu'elle l'a été depuis.

On pourrait répondre au D.r Andri, que, malgré les réglemens des Magistrats, & malgré toute leur vigilance, il y avait sans doute de la contrebande en ce genre ; comme il y en a pour tous les objets qui offrent l'appas d'un gain assûré : mais cependant il fallait, quoi qu'il en dise, qu'elle ne fût ni aisée, ni considérable ; puisque les indévots qui voulaient faire gras étaient obligés d'aller à Charenton, comme on l'a vu par l'Ordonnance de police, citée quelques lignes plus haut. Quant à la sévérité avec laquelle se maintenaient les différens Edits du Parlement, on en a la preuve dans cette Ordonnance même.

moins

moins respectée; apparemment parce qu'elle est plus récente, & qu'elle n'a pas reçu par conséquent ce caractere d'antiquité imposant qu'avait reçu l'autre. Il s'est même passé plusieurs siècles, depuis son établissement, avant qu'on l'ait observée avec une certaine régularité.

Glaber Rodolphe, Ecrivain du XIe siècle, rapporte qu'elle est due à un Concile qui, après plusieurs années consécutives de guerres & de calamités, l'ordonna, l'an mille, pour remercier Dieu d'avoir enfin rendu à la France l'abondance & la paix. Le fameux Grégoire VII en confirma l'institution dans un autre Concile tenu à Rome. Cependant, malgré cette double sanction, elle fut très-mal pratiquée chez nous; puisque Baldric ou Baudri, Abbé de Bourgueil, mauvais Poëte latin qui écrivait sur la fin de ce même siècle, & peu d'années après l'exaltation de Grégoire, se moquait d'un de ses Moines qui voulait l'observer :

Sabbata custodis tanquam judæus Apella ;
. . . . tu refugis per sabbata tangere carnes.

N'étant point observée dans les Monasteres, on ne sera point surpris qu'elle ait été méconnue aussi du Clergé. Un Concile de Béziers, tenu en 1351, EXHORTE *les Ecclésiastiques, & sur-tout les Bénéficiers, comme gens qui par leur état sont obligés de donner bon exemple aux Laïcs, à ne point manger de viande le Samedi.*

Enfin pourtant, il y eut un autre Concile, tenu à Lavaur dix-sept ans après, qui imposa cette loi à tout Bénéficier ecclésiastique, ainsi qu'à toute personne dans les Ordres sacrés; & qui les y obligea par un *commandement* exprès, sous peine de se voir interdire l'entrée de l'église autant de mois qu'ils auraient péché de jours.

Dans ce réglement, on voit qu'il ne s'agit nullement des Laïcs. Quant aux Ecclésiastiques, comme il n'était que l'émanation d'une assemblée provinciale, il n'astraignait qu'un certain canton. Probablement même il cessa bientôt d'y être pratiqué: car S. Antonin, Archevêque de Florence, écrivant sur cette matière au siècle suivant, parle de l'abstinence en question comme d'une coutume inusitée en France. *In Sabbatis comedere carnes, in locis ubi est consuetudo universaliter non comedi, mortale est. Secus, si consuetudo patriæ habet quod comedantur; ut in Franciâ, Cataloniâ.* " Manger de la viande
" le Samedi dans les lieux où la coutume n'en est
" point universellement établie, est un péché mor-
" tel. Ce n'est point péché, quand l'usage d'en man-
" ger subsiste dans le pays, comme en France, en
" Catalogne, &c ".

Comme S. Antonin mourut en 1459, le P. Thomassin a donc eu raison d'avancer dans son *Traité des jeûnes de l'Eglise*, que l'obéissance sur ce point d'abstinence a été, pendant fort long-tems, volontaire chez nous, & qu'elle n'a commencé à s'établir universellement que postérieurement au milieu du XVe siècle. Alors même il se trouva certaines Eglises & certains Diocèses qui, en s'y soumettant, voulurent néanmoins se réserver le droit de faire gras, selon l'ancienne coutume, quelques samedis de l'année; par exemple, depuis Noël jusqu'à la Purification. Du nombre des Prélats qui admirent la réserve, fut Poncher, Evêque de Paris. Dans ses Ordonnances synodales (ann. 1500) il dit expressément : *toleramus diebus sabbathinis carnes comedere à festo Nativitatis Domini usque ad Purificationem B. Mariæ. Aliis vero temporibus prohibemus.* « Nous » tolérons de manger de la viande, les samedis de- » puis Noël jusqu'à la Purification. Hors de ce » tems, nous le défendons ».

Les successeurs de Poncher ont adopté l'usage qu'il avait établi. Il en a été ainsi de plusieurs Diocèses; & l'on sait que cet usage y subsiste encore.

En Italie, on avait observé avec plus de rigueur la loi primitive. S. Antonin, comme on la vu ci-dessus, y en avait déclaré l'infraction un péché mortel. La Cour de Rome elle-même chercha quelquefois à inspirer ces principes aux Français. Quand le Roi Jean, à son avénement au Trône, alla voir dans Avignon Clément VII; le Pontife, pour répondre à la prière du Prince qui lui avait demandé quelques graces, lui envoya, l'année suivante 1351, vingt-huit Bulles différentes; dans l'une desquelles il accordait au Monarque, & à ses successeurs, la faculté de faire gras à l'armée, le samedi, & quelques autres jours de l'année qui seraient maigres accidentellement. La Bulle lui donnait la même permission pour ses troupes; & elle chargeait le Confesseur, ou le premier Chapelain du Roi, d'accorder la dispense.

Dans la suite, les Grands-Aumôniers firent de cette dispense un des privilèges de leur Office; & quand, par les changemens d'opinion dont je viens d'esquisser l'abrégé, elle fut devenue nécessaire, ils l'accordèrent eux-mêmes, soit conjointement avec le Confesseur, soit sans lui. En 1600, Henri IV s'étant rendu à Lyon pour épouser Marie de Médicis, & voulant, comme il se trouvait en cette ville sur la fin de Décembre, y faire gras le samedi d'après Noël, ainsi qu'il le faisait dans le Diocèse de Paris; ce fut l'Evêque d'Evreux qui le lui permit en qualité de Grand-Aumônier. Envain l'on représenta à celui-ci que Lyon avait en ce moment son Archevêque primat, & un Légat du S. Siége; il fut décidé que le Grand-Aumônier étant Evêque né de la Cour, il en demeurait l'Evêque en quelque lieu qu'elle se trouvât : & l'on cita l'exemple d'Amyot qui accompagnant Charles IX à Avignon, y avait accordé une dispense semblable, quoique cette ville ne fût pas du domaine du Roi, & qu'il s'y trouvât de même alors un Archevêque & un Légat. En 1672, lorsque Louis XIV marcha contre les Hollandais avec un corps d'armée commandé par Turenne, les troupes firent gras le samedi, en vertu de la présence du Roi. Pélisson en parle dans ses lettres. Il y fait mention de la Bulle donnée au Roi Jean. *Elle se remet*, dit-il, *à l'avis du premier Chapelain & du Confesseur. M. le Cardinal de Bouillon (Grand-Aumônier) prétend être à la place du premier Chapelain; & en effet, le Roi lui en parla aussi bien qu'à son Confesseur, le P. Ferrier : mais il n'y a point eu d'avis par écrit ni de l'un ni de l'autre.*

Que ce soient les Basques qui, en cherchant des baleines, aient les premiers découvert le banc de Terre-Neuve, comme j'ai dit plus haut que le prétendent quelques Auteurs, le fait n'a rien que de très-possible. Nous pouvons prouver au moins, par des monumens historiques, que ce sont des Français qui ont découvert l'île, nommée de Terre-Neuve, ainsi que le grand banc. En 1504, des vaisseaux bretons & normands allèrent y faire la pêche. Ce fut en conséquence de ce fait que, vingt-neuf ans après, François I envoya Vérasani, puis ensuite Jaques Cartier, pour reconnaître ces contrées. Ce dernier découvrit en effet le golphe de S. Laurent, & reconnut l'île dont nous parlons. Il est probable que nos Pêcheurs, en s'éloignant des côtes, ne tardèrent pas à découvrir le grand banc (a); & que ce fut ainsi qu'ils procurèrent à leur patrie le plus sûr, & à la fois le plus lucratif de tous les commerces, celui de la morue.

Quelle surprise ravissante ne durent-ils pas éprouver, lorsqu'ils reconnurent, pour la première fois, cette montagne sousmarine qui, dans une étendue de cent cinquante lieues, semble être devenue, par une sorte d'attraction inexplicable, le rendez-vous de toutes les morues de l'Univers; & où le Pêcheur, maître, s'il le veut, de recueillir dans un jour jus-

Pêche de la morue.

(a) Gomier, qui écrivait en 1668, parle de la pêche de la morue comme employée par les Français *depuis plus d'un siècle.*

qu'à trois ou quatre cens de ces poissons, n'a d'autre peine que de plonger sans cesse, & de retirer sa ligne. Que sont, auprès d'une pareille source de richesse, ces mines de la possession desquelles l'Espagne aveuglée s'est applaudie si long-tems ? La France, si elle eût voulu mettre à profit un si heureux événement, aurait pu s'en faire une bien plus sûre & bien plus inépuisable. Malheureusement la langueur où se trouvait l'Etat influa d'abord sur ce commerce, qui était fait pour l'enrichir. Il languit assez long-tems, & ne prit quelque force que quand Sulli l'eut mis sous la protection directe du Gouvernement, & que dans le Canada s'établit une Colonie, dont le voisinage le fit valoir. Avant la ligue d'Ausbourg en 1687, la seule ville de Honfleur envoyait annuellement à la pêche de la morue quarante vaisseaux; le Havre en envoyait quatre-vingt; & ainsi des autres ports de Normandie, de Bretagne, &c. Les désastres de deux guerres malheureuses ruinèrent insensiblement un commerce si florissant. Il n'est plus, en quelque sorte, que précaire, depuis que par le traité d'Utrecht nous avons cédé à l'Angleterre la propriété du grand banc.

On pêche aussi cependant quelques morues sur nos côtes; & Gontier remarquait qu'au dernier siècle cette morue fraîche, nommée cabillau, était regardée comme un mets digne des meilleures tables; mais pour la morue salée, c'était, selon lui, un aliment abandonné aux manœuvres.

Parcs pour le poisson. Je citerai ci-dessous, à l'article des huîtres, un passage d'Ausone, qui prouve que les parcs pour

de la vie privée des Français. 119

cette forte de coquillage, étaient usités alors dans la Gaule.

Outre ces parcs, les plus faciles de tous à imaginer & à construire, on en connaissait d'autres encore qui s'établissaient de même sur les bords de la mer, & qui se nommaient *piscaria*, (pêcheries), parce qu'ils servaient à prendre le poisson qu'on y laissait entrer avec le flux. Il est mention de ces derniers dans la Loi des Lombards. Elle condamne à six sous d'amende celui qui sera convaincu d'y avoir volé du poisson. *Si quis de piscariâ alienâ pisces tulerit, componat solidos sex.*

Chez nous, la construction & la possession de ces sortes d'établissemens devint, avec le tems, sujette à plusieurs abus. Certains Seigneurs en ayant construit quelques-uns de ce genre dans des endroits où, par leur bâtisse & leur situation, ils occasionnerent des plaintes, Henri III, en 1584, rendit une Ordonnance, par laquelle il enjoignit de démolir tous ceux qui n'étaient formés que depuis quarante ans. Quant aux pêcheries antérieures à cette époque, il voulut qu'elles fussent faites, selon l'ancien usage, en purs filets, sans claies, sans bois ou pierres capables de retenir l'eau.

Louis XIV, en 1681, publia un réglement pareil. Tous les parcs construits à l'embouchure des rivières navigables, ou sur la greve de la mer à deux cens brasses du passage des vaisseaux, tous ceux dont les propriétaires n'avaient pas un titre antérieur à l'an 1544, devaient être démolis. Quant aux parcs qui étaient conservés, le Roi ordonnait que ceux qu'on nomme bouchots, fussent construits en bois entrelacés ; que ceux composés en bois & en filets fussent de simples claies d'un pied & demi de hauteur, auxquelles seraient attachés des filets ; enfin que pour les parcs en pierres, on n'employât que des pierres sans ciment & sans maçonnerie, & qu'ils n'eussent que quatre pieds de hauteur tout au plus.

Bourdigues. On peut compter au nombre des parcs à poisson, les bourdigues, usitées sur la Méditerranée. C'est une sorte de labyrinthe, fait en cannes ou en roseaux, & composé de différens réservoirs dans lesquels le poisson passe successivement jusqu'à celui du milieu, d'où il ne peut plus sortir. Pitton, (*Histoire d'Aix*) en attribue l'invention à la ville de Martigues.

Pêche du Thon. De tous les parcs qu'a inventés jusqu'à présent l'industrie des hommes, le plus savant, sans contredit & le plus parfait de tous, est celui du thon. En effet, l'appareil qu'on emploie pour cette pêche; l'artifice ingénieux de cette enceinte immense de Madrague. filets faits de joncs cordés, & nommée madrague; cette prison où se trouvent renfermés à la fin plusieurs centaines de ces poissons, dont quelques-uns pèsent jusqu'à cent cinquante livres; la hardiesse & l'agilité des Pêcheurs qui s'y précipitent pour harponner, assommer, ou saisir les thons; les efforts de ceux-ci pour s'échapper ou se défendre; les cris des spectateurs enfin ; la musique qui accompagne ordinairement ces sortes de fêtes ; tout cela forme un spectacle ravissant, qu'on se reprocherait de ne pas voir quand on voyage en Provence, & dont on ne parle plus qu'avec enthousiasme, lorsqu'une fois en en a été le témoin. Ce spectacle a mérité, comme chacun sait, d'exercer le pinceau de notre célèbre Vernet.

Mais quand a commencé la pêche à la madrague? Quel est l'homme de génie qui l'imagina? Par quels degrés s'est-elle perfectionnée si admirablement? Les Provençaux enfin, dont elle fait aujourd'hui l'une des principales branches de commerce, en sont-ils les inventeurs, ou l'ont-ils reçue de quelque autre peuple? A toutes ces questions intéressantes, j'avoue avec franchise que je n'ai point de réponse satisfaisante à donner. Cependant, si j'osais me décider d'après une description assez vague que fait Oppien, je croirais que l'invention de la madrague a plus de quinze siècles.

» Sur la fin du printems, dit le Poëte, lorsque
» les thons sont en chaleur, ils sortent de l'Océan &
» entrent dans notre Méditerranée. D'abord on les
» apperçoit sur les côtes d'Espagne, puis vers l'em-
» bouchure du Rhône & le rivage de l'antique Mar-
» seille, puis sur ceux d'Italie & de Sicile, d'où ils
» se dispersent sans ordre, & se répandent dans la
» vaste mer. C'est-là, pour les Pêcheurs, une proie
» abondante & immense. Ceux-ci choisissent sur
» le rivage une anse qui ne soit ni trop étroite, ni
» trop exposée aux vents. Un d'entr'eux se place sur
» une colline élevée, pour épier de loin l'arrivée
» des thons. Dès qu'il les apperçoit, il avertit ses
» compagnons; & aussitôt les filets, *pareils à une*
» *ville*, s'avancent en pleine mer. *Ces filets ont*
» *leurs vestibules, leurs portes, leurs chambres inté-*

» rieures. Les poissons s'y jettent en troupe; & la
» prise en est considérable ».

Le récit d'Oppien ne nous apprend pas si la pêche dont on vient de lire la description, était également en usage chez les trois nations, Espagnole, Gauloise, & Italienne; ou si elle n'était propre seulement qu'à l'une des trois. D'ailleurs, quoiqu'il eût été à portée d'être bien instruit sur cette pêche, puisque pendant quelque tems il avait habité Malthe, où son père avait été envoyé en exil, on ne peut se dissimuler pourtant qu'il n'y ait dans son récit quelques circonstances invraisemblables sur lesquelles il paraît avoir été mal informé. Telle est celle de ces filets immenses qu'on faisait avancer en pleine mer, & cette sentinelle placée sur une colline pour avertir de l'arrivée des poissons. Néanmoins, il faut convenir aussi que, dans la description de ces mêmes filets *pareils à une ville qui avait ses portes, ses rues, ses prisons intérieures*, on ne peut s'empêcher de reconnaître une madrague, ou quelque chose de semblable. Si les Provençaux l'employaient alors, l'usage de cette ingénieuse machine se sera donc conservé chez eux de siècle en siècle jusqu'à nous.

Beaujeu, (*de laudibus Provinciæ*, ann. 1551), rapporte qu'à Marseille on avait pris, de son tems, jusqu'à huit mille thons dans un jour; & que ce poisson, si recherché ailleurs, n'avait aucune valeur dans la Province, tant il y était commun. Aujourd'hui nos Pêcheurs provençaux regardent comme une journée très-heureuse de pouvoir en prendre six cens. Mais alors sans doute ces poissons étaient plus communs qu'aujourd'hui. La guerre continuelle que, depuis tant de siecles, on leur fait toutes les années, a dû nécessairement en diminuer beaucoup le nombre.

Le thon, dit Champier, se coupait en morceaux, il se salait, & en cet état, il formait un objet de commerce sous le nom de Thonine; mais c'était, selon l'auteur, une chair dure, un aliment bilieux & qui produisait des hémorrhoïdes. Rondelet, (*de piscibus*) en parle dans les mêmes termes.

Je voudrais avoir à citer sur chacune de nos Provinces maritimes des anecdotes pareilles à celles qu'on vient de lire. Je voudrais au moins qu'il me fût permis de rendre témoignage à l'industrie de chacune d'elles sur ce qui regarde la Pêche, & faire le dénombrement des différentes inventions dont elle leur est redevable : mais, encore une fois, c'est-là la matière d'un ouvrage ; & , à travers les digressions que je me permets quelquefois, je ne dois point oublier les bornes que me prescrit le mien. Je citerai seulement un ou deux exemples en ce genre ; & je citerai le premier pour faire honneur aux Saintongeois, dont il n'a point été question jusqu'à présent dans tout cet article de la Pêche. Il s'agit d'une manière ingénieuse de fermer une ance, tellement que quand la mer est retirée, le poisson se trouve pris & arrêté sur le sable. Palissi, (*discours admirable sur la nature des eaux*, ann. 1580), en attribue l'invention aux Pêcheurs de Saintonge.

Pêche inventée par les Saintongeois.

» Ils plantent dans toute la largeur de l'ance,
» dit-il, de distance en distance, des perches gar-

» nies d'une poulie à leur extrêmité supérieure;
» D'une perche à l'autre, par le moyen des poulies,
» ils suspendent perpendiculairement un filet, dont
» le bas est armé de plomb & de pierres, afin qu'il
» pose sur le sable. Lorsque la marée monte, on
» lâche le filet qui se couche par son propre poids,
» & qui laisse passer le poisson : mais, dès qu'elle
» commence à se retirer, les Pêcheurs viennent en
» bateau hisser les cordes ; alors s'élève une espèce
» de muraille qui arrête tout, & ils n'ont plus
» d'autre peine que de ramasser ».

Autre par les habitans de S. Valeri. Les habitans de S. Valeri, situés à l'embouchure de la Somme, avaient inventé aussi une sorte de pêche, dans laquelle ils employaient de même l'effet du flux. Au tems de la basse marée, lorsqu'il y avait peu d'eau dans la rivière, ils y tendaient certains filets particuliers. Des Matelots allaient, dans des bateaux, se placer à quelque distance du filet; puis ils s'en approchaient, chacun de leur côté, en poussant de grands cris, & frappant l'eau avec de longues perches pour chasser en avant le poisson. Celui qui se prenait ainsi, s'appellait *poisson hué*. Louis XIII, passant par S. Valeri, voulut jouir de ce spectacle, dit Sélincourt, (*Parfait Chasseur,* ann. 1683). La pêche fut heureuse ; & l'on y prît, entr'autres pièces, un esturgeon de douze pieds (a).

_____

(a) L'auteur fait mention d'un privilége particulier à la Couronne de France, lequel mérite d'être cité ici. Comme la mer, le long des côtes d'Angleterre, est plus profonde que sur les côtes de France, & que la pêche par conséquent, doit y être plus fa-

Selon le même Ecrivain, les Suisses étaient les Pêcheurs à la ligne les plus habiles de l'Europe. Ils employaient pour amorce plusieurs sortes de vers & de mouches; mais ils faisaient encore, avec de la soie verte & jaune, une sorte de mouche artificielle, si bien imitée, qu'il n'y avait aucun poisson, dit l'auteur, qui n'y fût pris.

Parmi les poissons qui entraient dans le commerce des salaisons de France, & dont j'ai parlé ci-dessus, il n'a point été mention d'anchois. Celui-ci ne se trouve pas même dans la liste de ceux qu'on pêchait au XIIIe siècle; mais il en est question dans nos auteurs du XVIe. Beaujeu nous apprend qu'il avait été un tems où cette pêche formait une des principales branches du commerce des Provençaux; mais il ajoute que les Espagnols s'y étant adonnés aussi avec le plus grand succès, ils apportaient en Provence une telle quantité d'anchois, & les donnaient à si bas prix, que les Provençaux, hors d'état de soutenir la concurrence, avaient abandonné leur pêche, & s'étaient tournés vers d'autres objets plus lucratifs.

Anchois.

Champier parle du commerce des anchois comme d'un article qui enrichissait également la Provence & le Languedoc; ce qui suppose qu'on en pêchait aussi dans cette dernière Province.

La même pêche avait également lieu sur les côtes

---

vorable, le Roi avait droit d'y entretenir, toute l'année, soit en paix, soit en guerre, quatre bateaux de Pêcheurs.

de Gascogne, si nous en croyons Goutier. Il remarque même que si les anchois de Provence étaient plus délicats, ceux de Bayonne étaient plus gros.

Sardines. Les sardines étaient connues au XIIIe siècle, puisqu'elles sont comptées dans la liste, citée ci-dessus, des poissons qui se pêchaient alors en France. On peut assurer encore avec vraisemblance qu'elles étaient dans ce tems-là aussi abondantes sur nos côtes qu'elles le sont aujourd'hui. Mais probablement les Espagnols y firent tomber cette pêche, comme ils avaient fait tomber en Provence celle des anchois. Je vois au moins par Champier, que les sardines qui, de son tems, se vendaient dans le Royaume, se tiraient d'Espagne. Selon Beaujeu, la plus grande partie de celles qu'on mangeait en Provence, se consommait sur les galères.

Au dernier siècle, la pêche de ce poisson devint pour la Bretagne une branche de commerce très-considérable. Dans le Mémoire que l'Intendant de cette Province fournit en 1697 au Duc de Bourgogne, sur l'état de sa Généralité; on lit que la seule ville de Port-Louis faisait annuellement quatre mille barriques de sardines, (la barrique est composée de neuf à dix milliers). Bellisle en faisait douze cens; & ainsi des autres ports de la Province.

Parmi les œuvres diverses du Chancelier de l'Hôpital, on lit une épigramme dans laquelle il parle de ce poisson. C'est à propos d'un certain *Sardini*, Italien, qui, comme beaucoup d'autres de ses compatriotes, était venu en France à la suite de Catherine de Médicis, & comme eux s'y était enrichi à nos dépens. Choqué de la fortune de cet homme, le Magistrat fit sur lui les deux vers suivans, où il fait allusion au mot *Sardini*.

Sardinii fuerant qui nunc sunt grandia cete :
Sic alit italicos Gallia pisciculos.

On pêchait au XVIe siècle le veau marin sur nos côtes. Champier assure avoir mangé à la Cour de François I, du boudin fait avec le sang, la chair, la graisse, & les boyaux de cet amphibie; & il ajoute qu'il le prit pour du boudin de cochon. Veau marin

A l'article des poissons de rivière, j'ai donné ci-dessus le nom de ceux dont nos Ayeux, en différens tems, avaient fait le plus de cas; & l'on a vu que ces jugemens ne s'accordaient pas toujours avec notre façon de penser actuelle. Je pourrais dire la même chose des poissons de mer; & sous ce nom je comprens, & j'ai compris jusqu'ici (comme l'a réglé un Arrêt du Parlement, rendu en 1681), ceux qui, dans certaines saisons de l'année, quittent la mer pour entrer dans des eaux douces.

Parmi les poissons les plus estimés, l'esturgeon a tenu le premier rang. On le prisait même tant, qu'en certains pays, tels que l'Angleterre, le Roi s'appropriait exclusivement tous ceux que pouvaient prendre les Pêcheurs. En France, plusieurs Seigneurs particuliers s'étaient, par la même raison, emparé du même privilège. L'*Ordonnance de la Marine*, publiée en 1681, adjuge encore au Roi ceux qu'on trouve échoués sur la côte (a). Dans une charte Esturgeon

---

(a) L'Ordonnance régle la même chose pour le dauphin, le saux

du Comte d'Eu, ann. 1059, le Comte abandonne à l'Abbaye de S. Michel d'Outreport, tous les esturgeons que pourront prendre les vassaux de l'Abbé. C'était-là se dépouiller de son droit en faveur du Monastère.

On voit par une autre charte d'Etiennette, Comtesse de Provence (ann. 1063), qu'il y avait, sur le Rhône, des bateaux destinés à la pêche de l'esturgeon. Beaujeu (ann. 1551) parle de ce poisson comme d'une denrée si commune en Provence, qu'il n'y coûtait qu'un sou la livre.

En 1758, on en a pris un à Paris dans la Seine, lequel avait six pieds, sept pouces de long. Cette année 1782, on y en a pris un autre de pareille grandeur, le 25 Juin. Il a été porté à Versailles, & présenté au Roi, au nom du Corps Municipal; comme l'avait été le premier.

Quant à l'esturgeon salé, l'auteur du *Dictionnaire de Commerce* remarquait au commencement de ce siècle-ci, qu'il n'y avait plus que les Maisons religieuses, & même celles où, comme chez les Chartreux, on faisait toujours maigre, qui en mangeassent.

Rougets. Les rougets de Marseille avaient anciennement de la réputation; ou au moins ils méritaient d'en avoir, si l'on s'en rapporte à une anecdote que

―――――――――――――
mon, & la truite; & ce sont ces quatre espèces de poissons qu'elle nomme *poissons Royaux*. Néanmoins, elle assigne une certaine rétribution, sous le titre de salaire, à ceux qui les auront mis en sûreté.

nous a transmise Dion Cassius. Milon, coupable d'un meurtre, avait choisi pour défenseur Cicéron; mais l'Orateur s'étant troublé, & par conséquent ayant mal défendu son client; celui-ci avait été exilé à Marseille. Pendant ce tems, Cicéron retouche son plaidoyer; & en cet état il le lui envoie. « Je » m'applaudis de ce qu'il ne l'a point prononcé » ainsi, répond plaisamment Milon. Autrement je » serais encore à Rome, & ne mangerais point de » ces excellens rougets de Marseille ».

En la mer Océane, environ le tems de Pasques, dit Palissi, (*Traité du Mitridat*), *il se prend un grand nombre de poissons, qui sont grands comme enfans, que l'on nomme maigres, desquels les Pêcheurs font grand argent. J'ay veu plusieurs fois des hommes & des femmes qui ont pelé par le corps, les mains, & le visage, pour avoir mangé du foye des dits poissons; & dit-on que cela se fait quand le dit poisson est en chaleur.* Dans son traité de *la Glace*, l'auteur ajoute que, sur la côte de Saintonge, les Pêcheurs prenaient, en été, tant de maigres & de séches, que tel d'entr'eux en faisait saler ou sécher par an pour plus de cinq cens livres.

Maigre.

Le maigre, dit Champier, s'appellait à Bayonne borruguat; à Narbonne, daine; & ailleurs, ombre. Gontier assure qu'il était servi sur la table des Grands-Seigneurs.

Les *Proverbes* du XIII.e siècle, déjà cités pour les poissons d'eau douce, donnent la liste suivante des poissons de mer renommés.

Tome II. H

Aloses de Bordeaux,
Congres de la Rochelle,
Esturgeons de Blaye,
Harengs de Fécamp,
Saumons de Loire,
Seches de Coutances (a.)

Sèches. Paris, au dernier siècle, faisait encore cas des sèches, comme le prouve une Ordonnance du Prévôt, rendue en 1610 contre un marchand qui en avait reçu directement chez lui cinq tonnes, au lieu de les laisser descendre d'abord à la Halle, ainsi que le prescrivent les réglemens.

Congre. Du tems de Champier, on s'abstenait du congre, parce qu'on l'accusait de donner la lèpre.

Saumon. Pline dit que les rivières de Gaule abondaient en saumons, & que les Aquitains préféraient ce poisson à tous les autres poissons de mer. Selon Champier, le meilleur saumon était celui de la Loire & du

___

(a) Il est à remarquer que dans cette liste il ne se trouve que des poissons de l'Océan, & aucun de ceux de la Méditerranée. La meilleure raison qu'on puisse alléguer pour excuser ce silence, est ce que dit Bouchet dans ses *Sérées*, que le poisson de la Méditerranée est beaucoup moins fort, moins gras, & moins bon que celui de l'Océan. *Ma chere enfant*, écrivait Mad. de Sévigné à sa fille qui habitait la Provence, *vous n'avez point de bons poissons dans votre mer ; je m'en souviens. Je ne reconnoissois pas les scles, ni les vives. Je ne sais comment vous pouvez faire le carême.* Cependant, Champier témoigne que les Provençaux & les Languedociens estimaient la brême de la Méditerranée, plus que celle de l'Océan.

Rhône. Selon Charles Etienne, c'était celui de Strasbourg. Mais ce dernier auteur ajoute qu'il n'en arrivait point de frais à Paris, & qu'on n'y en mangeait que de salé. Dans la plupart de nos Provinces, on en faisait tant de cas, qu'il y avait des cantons, dit Palissi, (*recepte véritable par laquelle les hommes pourront apprendre à augmenter & multiplier leurs trésors*), où, à force de les pêcher, on en avait épuisé l'espèce. Beaujeu remarque que les saumons de la Méditerranée étaient plus petits que ceux de l'Océan qu'il avait vus à Paris dans les marchés publics.

Dans la liste des *Proverbes*, qu'on vient de lire, l'alose de Bordeaux est vantée; & Ausone au contraire, nous apprend que, de son tems, cette même alose était regardée par les Bordelais comme un aliment abandonné au bas peuple: Alose.

. . . . . *Opsonia plebis alosas.*

Voilà un exemple bien frappant des changemens arrivés dans l'opinion ou dans le goût. Depuis ce changement, l'opinion n'a plus varié sur l'alose; & ce poisson a été regardé, jusqu'à nos jours, comme un des meilleurs. Lorsqu'en 1431, le célèbre Comte de Dunois prit la ville de Chartres, ce fut à la faveur d'un prétendu convoi dans lequel était une charrette qu'on disait remplie d'aloses. Enfin, au rapport de Champier, l'alose était si estimée qu'on la réservait pour la table des Grands.

Le même Champier dit qu'à Paris on prisait beaucoup la dorade & le turbot; que la raie était éga- Dorade. Raie.

lement recherchée à la table des Grands, & à celle des Bourgeois; mais que le merlan était un poisson méprisé, & abandonné au peuple.

Merlan.

Turbot. Selon Gontier (an. 1668), les Parisiens estimaient beaucoup la vive, & le turbot.

Quant à ce dernier, de tout tems on en a fait le plus grand cas. On lit dans la vie de S. Arnoud, Evêque de Soissons, un miracle qu'opéra le Saint à cette occasion, lorsqu'il n'était encore qu'Abbé du Couvent de S. Médard dans la même ville. L'usage, tous les ans, à une certaine fête du Monastère, était, dit l'Historien, de régaler les Moines d'un turbot. Arnoud qui se trouvait nouvellement en place, & qui par conséquent ignorait la coutume, ne songea point à faire acheter le poisson. Les Moines, peuple quelquefois séditieux & gourmand, se soulevèrent alors contre leur Abbé, & déclarerent formellement qu'ils ne chanteraient point la Messe. Celui-ci, ne sachant comment faire, envoya au marché; & le Ciel, pour le tirer d'embarras, y fit trouver miraculeusement un turbot. Cette historiette, pareille à presque toutes celles qu'on trouve dans les légendes des siècles d'ignorance, ne mériterait pas d'être rapportée dans un ouvrage critique où l'on se piquerait de quelque respect pour le Lecteur; mais elle prouve qu'au XIe siècle le commerce de marée fraîche avait lieu dans l'intérieur du Royaume; &, à ce titre, elle m'a paru digne de trouver ici une place.

Sole. Beaujeu (ann. 1551) regarde le turbot comme le premier des poissons; il met la sole au second

de la vie privée des Français. 133

rang. Selon lui, on ne faisait nul cas à Marseille des dorades & des lamproies de mer. Gontier au contraire (ann. 1668) assure que la dorade était un des meilleurs poissons de la Méditerranée, & celui dont les Provençaux se glorifiaient le plus.

Dans le nombre de ces poissons recherchés qu'on a vus nommés ci-dessus, il y avait encore, ainsi que dans les quadrupedes, des morceaux de préférence, des parties qui passaient pour meilleures que les autres, & que la politesse faisait servir aux personnes que l'on considérait. Dans l'esturgeon & dans l'ombre, dit Champier, c'était la hure; dans le saumon, la hure & le ventre; dans la raie & le merlus, le foie; dans le barbeau, le museau; enfin, dans la carpe & la tanche, ce qu'on appelle improprement la langue, c'est-à-dire le palais (*a*). Je n'ai pas besoin de faire observer que, sur ces différens objets, le goût n'a point changé, & que nous pensons encore de même qu'au XVIe siècle.

On mangeait aussi alors des grenouilles, & même aux meilleures tables, puisque l'auteur se plaint de ce goût bisarre; ne concevant pas, dit-il, comment des gens délicats peuvent, sans que leur cœur se souleve, voir servir devant eux un insecte, tel que celui-ci, né dans des marais & dans des eaux croupissantes. « J'ai vu un tems, ajoute-t-il, où l'on

Animaux amphibies.

Grenouilles

_____

(*a*) L'auteur fait mention d'un certain gourmand, nommé Verdelet, qui fit pêcher dans les étangs de la Maison de Bourbon trois mille carpes, pour s'en procurer ce morceau délicat. Il fut pendu en punition. Le peuple fit alors beaucoup de chansons sur lui.

H 3

» n'en mangeait que les cuisses; mais actuellement
» on mange tout le corps, excepté la tête. Du
» reste, on les sert frites avec un peu de persil ».

<small>Tortues.</small> Les tortues, que nous n'employons plus maintenant qu'en bouillons pour certaines maladies, étaient aussi un mets fin & recherché. On en pêchait beaucoup dans les rivières du Blaisois, de la Touraine, & du Poitou, ajoute Champier; & toutes s'envoyaient à Paris, ou à la Cour. Liébaut vante ce plat comme *les délices des Princes & des Grands-Seigneurs*. Cependant il dit que les tortues de rivière ne valent pas celles de terre ou de bois. Selon lui, le Languedoc & la Provence faisaient de celles-ci un grand commerce; & il donne même dans son ouvrage la recette d'un appât particulier pour les prendre. Charles Etienne rapporte qu'on en mangeait beaucoup aussi dans le Limousin.

Il paraît pourtant que le goût pour cet animal n'était pas bien ancien. *Je me riois de Perdix* (écrivait en 1550 l'auteur des *devis sur la vigne*), *quand on lui apporta des grenouilles en façon de pouletz fricassez, des escargots bouilliz, & des tortues en leur coquille à l'estuvée.* Trente ans plus tard, Palissi disait de même en son *Traité des pierres*; *c'est une chose qui se voit tous les jours que les hommes mangent des viandes desquelles anciennement l'on n'en eust mangé pour rien du monde. Et de mon temps j'ai veu qu'il se fust trouvé bien peu d'hommes qui eussent voulu manger ni tortues ni grenouilles.*

<small>Biévres.</small> Nos différentes Provinces avaient des castors, dit Liébaut; mais la Lorraine sur-tout, plus encore que

de la vie privée des Français. 135

toutes les autres. Les cantons de France où l'on en trouve le plus aujourd'hui sont les bords du Rhône; encore y sont-ils assez rares, parce que cet amphibie coupant & rongeant les saules qui dans ce pays-là font un des principaux revenus des propriétaires riverains, on le détruit le plus qu'on peut. L'usage cependant n'était point d'en manger. On l'écorchait pour en avoir la peau; & le cadavre était jetté ensuite, comme celui d'un chien mort. En 1749, un Chartreux s'avisa d'en mettre un en étuvée. On sait que les Religieux qui font toujours maigre, mangent sans scrupule la chair des quadrupedes amphibies (a). Celui-ci servit son bièvre; c'est le nom qu'en France nous donnons au castor; il fut trouvé excellent, & particuliérement la queue qui en est le morceau le plus délicat. L'exemple a gagné. Depuis ce tems, tout le monde mange du bièvre dans nos Provinces méridionales. On le met en ragoût, en pâté; on en conserve les cuisses dans de l'huile, comme on le fait pour l'oie; & ces cuisses sont devenues, comme les cuisses d'oies, un objet de commerce ou de présent. Cependant il n'a point encore gagné dans la Capitale; & probablement, avant qu'il ait le tems d'y pénétrer, les castors, déja si rares, auront été détruits en France.

_____

(a) Beaucoup de gens pensent différemment sur le castor; ils le croient à la fois chair & poisson, & regardent en conséquence la partie antérieure de son corps comme viande grasse, tandis que, selon eux, la postérieure est maigre. C'est là un des plus étranges préjugés qu'offre l'histoire de l'esprit humain.

Il ne faut pas confondre le biévre avec un oiseau du même nom, qui ne vit que de poisson. Celui-ci paraissait quelquefois dans les marchés publics; mais, dit Bélon (*Histoire des Oiseaux*), il passait pour *n'être bon qu'à régaler le diable*.

Loutre. Selon Gontier, il n'y avait que les paysans qui mangeassent de la loutre. Les Minimes, dit-il, ne se faisaient nul scrupule d'en manger aussi, parce que sa chair sent le poisson.

Coquillages. Arnaud de Villeneuve remarquait au XIIIᵉ siècle, comme un goût particulier aux Français, qu'ils mangeassent des coquillages. Les habitans de nos côtes maritimes ont dû, sans doute, profiter en tout tems des secours que leur offrait en ce genre la Nature; & c'est ce qu'ils font encore actuellement. Cependant, ce goût n'est point devenu général à beaucoup près. De tous les coquillages qu'ont nos ports de mer, Paris ne connaît guères que les moules; encore est-ce-là un ragoût bourgeois. On en faisait pourtant quelque cas dans certains cantons, dit Beaujeu; mais, en Provence, quoiqu'elles y fussent très-communes, on n'eût osé les présenter à une table honnête. Tout au plus en servait-on le bouillon, qu'on recherchait quelquefois, parce qu'il passait pour tenir le ventre libre.

Gontier rapporte que les Normands avaient sur leurs côtes un coquillage qui était regardé comme si excellent, que les gourmands le préféraient à tout autre ragoût. Ils le nommaient *pousse-pied*.

Escargots. « On mange des escargots en carême, écrivait » Champier; mais on n'en mange que dans ce seul

» tems, à cause de la peine qu'ils donnent à accom-
» moder : car il faut les échauder successivement
» dans plusieurs eaux, pour leur faire jetter cette
» humeur muqueuse qui leur est propre. Les uns
» les mangent frits, d'autres bouillis ; chez les gens
» riches, on en fait des pâtés ; ou bien on les sert
» enfilés à de petites broches d'argent. Les lima-
» çons les plus estimés sont ceux de vigne ou de
» houblon ».

Au dernier siècle, il y avait, au rapport de Gontier, des *potages à l'escargot*.

On vend encore aujourd'hui de ces animaux dans certains marchés de Paris ; ce qui suppose qu'il y a quelques personnes qui en mangent. Ils sont fort recherchés en Lorraine. On en envoie même dans nos Colonies d'Amérique ; & c'est un objet de commerce pour l'Aunis, la Saintonge, & le Poitou.

Les *Proverbes* du XIIIe siècle citent comme les meilleures écrevisses celles de Bar. Selon Champier, ce qu'on estimait le plus dans ce crustacée, c'était les œufs.   Crustacées. Ecrevisses.

On faisait grand cas aussi de la petite écrevisse de mer, nommée chevrette, ou salicoque. En Saintonge, on lui avait même donné, dit-il, le nom de *santé* ; parce qu'on l'y regardait comme un aliment très-sain. En conséquence, on en faisait manger aux convalescens, & sur-tout aux personnes malades d'épuisement & d'éthisie.   Chevrettes.

Les huîtres du Médoc, appellées huîtres de Bordeaux, sont renommées depuis long-tems. Pline en fait l'éloge. Ausone nous les représente comme étant   Huîtres.

blanches, douces, grasses, n'ayant de sel que ce qu'il en faut pour plaire. Il les compare à celles de Baies, si estimées des Romains; & prétend que leur renommée leur a procuré même plus d'une fois l'honneur de paraître à la table des Césars.

> *Ostrea, Baïanis certantia, quæ Medulorum*
> *Dulcibus in stagnis reflui maris æstus opimat.*

Et ailleurs

> *Sed mihi præ cunctis mitissima quæ Medulorum*
> *Educat Oceanus, quæ Burdigalensia nomen,*
> *Usque ad Cæsareas tulit admiratio mensas.*
> . . . . *ista & opimi*
> *Visceris, & nivei, dulci que tenerrima succo*
> *Miscent æquoreum tenui sale tincta saporem.*

Parcs pour les huîtres. Ce vers du Poëte, *dulcibus in stagnis reflui maris æstus opimat*, semble indiquer, si je ne me trompe, que dès-lors, on employait, pour les huîtres, de grands bassins où pouvait pénétrer la marée, & où on les enfermait pour les faire multiplier & les engraisser. C'est ce qu'aujourd'hui l'on nomme des parcs.

Après les huîtres de Bordeaux, Ausone met au second rang, mais à une grande distance, celles de Marseille, de Collioure, & de la côte d'Evreux. On loue encore, dit-il, celles de Bretagne & de Poitou.

Henri IV aimait beaucoup ce coquillage. Le flux de sang dont il fut incommodé en 1603, pendant son voyage de Rouen, ne fut attribué, dit Létoile, qu'à la quantité d'huîtres qu'il avait mangées. Sully raconte que quand le Roi l'eut nommé Duc & Pair,

& qu'il voulut donner son repas de reception, Henri vint tout-à-coup le surprendre, &, sans être attendu, se placer au nombre des convives. Mais, comme on tardait trop à se mettre à table, il commença, ajoute l'Historien, par manger *des huitres de chasse, qu'il trouva très-fraîches.*

Il est probable qu'on appellait huitres de chasse celles qui venaient à Paris par les *Chassemarées.* L'établissement des Chassemarées subsistait donc, au commencement du dernier siècle, pour cette sorte de marchandise.

Saint-Evremont, dans une description fort pompeuse qu'il fait de Paris, & qu'on trouve parmi ses autres œuvres, compte, pour cette seule ville, jusqu'à quatre mille vendeurs d'huitres. Peut-être cet article renferme-t-il un peu d'exagération. Lorsqu'on traite un sujet en forme de panégyrique, facilement la tête s'échauffe; & toutes les phrases de l'auteur prennent une teinte d'hyperbole. Mais d'un autre côté, si Saint-Evremont a été bien instruit, s'il n'a parlé que d'après des renseignemens sûrs, il s'ensuivrait que l'on consommait à Paris plus d'huitres dans le dernier siècle que dans celui-ci.

L'auteur du Mémoire sur la Généralité de la Rochelle, fourni en 1697 au Duc de Bourgogne par l'Intendant de cette Généralité, avance que les huitres vertes qu'on pêchait à l'embouchure de la Charente, *passaient pour les meilleures qu'il y eût au monde.*

CHAPITRE TROISIEME.

METS APPRÊTÉS.

PREMIERE SECTION.

Des choses qui composent les Assaisonnemens.

J'AI déja traité ci-dessus ce qui regarde le lait, le beurre, les œufs, & certaines herbes aromatiques. Il me reste à parler maintenant de quelques autres substances qui, en différens siècles, ont été, ainsi que les premières, employées à donner de la saveur aux alimens; car, dans tous les tems, comme dans tous les lieux, l'homme, en satisfaisant sa faim & sa soif, a cherché non-seulement à soulager un besoin, mais encore à se procurer un plaisir.

Mousserons. Toutes les espèces de mousserons que produit notre climat, n'étaient point également admises sur nos tables. On n'y servait, dit de Serres (ann. 1600), que ceux qui sont petits, blancs au-dehors, & rouges en-dedans. Comme c'était une friandise estimée, on avait trouvé, ajoute-t-il, l'art d'en faire naître artificiellement sur des couches. Ces couches étaient composées alternativement d'un lit de terre de taupinière, puis d'un lit de fumier : & on les arrosait ensuite avec de l'eau, dans laquelle on avait fait bouillir quelques mousserons mûrs.

Au reste, pour montrer quel cas on faisait de cet aliment, je ne citerai qu'un fait, rapporté par Mad. de Motteville. La Cour, pendant les troubles de la Fronde, s'étant trouvée près d'Orléans, on vint y acheter ce qui était nécessaire pour la bouche du Roi & pour celle de la Reine-mère. Mademoiselle, qui s'était emparée de cette ville, & qui était ennemie du Cardinal Mazarin, se fit apporter les provisions ; puis, après les avoir examinées, y trouvant des mousserons, *elle les prit, & les jetta ; en disant :* « *cela est trop délicat ; je ne veux pas que le* » *Cardinal en mange* ».

Lorsque les mousserons passèrent de mode en France, & que les champignons prirent faveur, on sema aussi les champignons sur couche. Mais les couches de mousserons furent les premières. Quant aux autres, elles ont au moins près d'un siècle ; puisqu'il en est parlé dans la Quintinie.

Au reste, si la gourmandise a pu s'applaudir quelquefois d'une industrie pareille, il est peut-être du devoir de l'humanité de l'approuver aussi : car personne n'ignore combien sont dangereux, & souvent combien sont mortels, presque tous les champignons ordinaires ; & personne n'ignore en même tems que ceux de couche au moins ne sont pas malfaisans.

Cependant, il faut convenir que cette qualité pernicieuse, attribuée assez généralement aux champignons, n'est peut-être pas aussi bien démontrée qu'on le croit communément. Je trouve du moins quelques faits qui peuvent en faire douter ; & qui

Champignons.

sembleraient prouver au contraire, ou que cet aliment n'est point par-tout un poison, ou qu'il est des estomacs sur lesquels ce poison n'a aucune force. On prétend que les Russes mangent sans choix, comme sans danger, tous ceux que le hazard leur offre; même dans les espèces reconnues pour les plus dangereuses. Bernier (*Histoire de Blois*), rapporte de Noel Deslandes, Evêque de Tréguier, mort en 1645, une réponse qui suppose le même fait chez nous. Deslandes venait de confesser un de ses Diocésains, empoisonné par des champignons. Comme on parlait sur cet événement, quelqu'un s'avisa de dire qu'il en était d'autant plus surpris, que tous les jours on voyait des personnes en user impunément. Le Prélat, homme respectable, qui de la plus basse naissance était parvenu par son mérite à l'Episcopat, ajouta avec humilité : « Oui, » vous avez raison. Pour moi, il m'est arrivé main-» tesfois d'en manger, lorsque je gardais le trou-» peau de mon père : je les cueillais indistinctement, » parce que j'avais faim; & jamais je n'en ai éprouvé » l'incommodité la plus légère ». Enfin Beaujeu, raisonnant sur cette renommée funeste dont jouit le champignon, s'étonne du préjugé qui s'est établi à ce sujet. Il témoigne que, par toute la Provence, on ne mangeait dans la saison presque rien autre chose; & il assure que, soit la nature du sol, soit le tempérament des habitans, ou l'effet de l'huile dans laquelle ils les faisaient bouillir, aucun d'eux n'en était incommodé.

Quoique tout ceci ne soit pas suffisant pour rassurer entièrement sur l'usage de la substance dont nous parlons, peut-être néanmoins en est-ce assez pour inspirer quelque doute sur sa qualité vénéneuse; ou au moins pour engager des gens honnêtes & instruits, à constater son danger par des expériences multipliées.

Le secret qui nous enseignerait à détruire en elle cette propriété funeste, serait bien plus utile encore. Il y a quelques années qu'on l'a annoncé dans les papiers publics. Il suffit, disait-on, de faire passer le champignon, avant de l'employer, par une eau bouillante, dans laquelle on aura versé un peu de vinaigre. Si ce moyen était certain (fait dont doutent les gens de l'art), celui qui en est l'auteur jouirait de l'avantage d'avoir ajouté un aliment de plus à tous ceux qui composent notre nourriture.

Les champignons, au XVIe siècle, s'apprêtaient à-peu-près comme aujourd'hui. Après les avoir dépouillés de leur peau extérieure, coupés par morceaux, & cuits dans l'eau, on les fricassait dans de l'huile ou dans du beurre avec un peu de farine; puis on les servait soupoudrés de sel & de poivre.

Les ragoûts aux champignons étaient sous Louis XIII, en usage à la Cour. On le voit par une espèce de bon mot, attribué à Marets, Fou du Prince. Un jeune Gentilhomme, nommé Baradas, sorti de Page la veille, avait eu l'honneur de jouer à la paulme avec le Roi. Cette faveur inespérée, l'ouvrage d'un seul jour, surprit tous les courtisans; & en effet, on pouvait la comparer à cette crue subite du champignon qui naît dans l'intervalle d'une nuit à l'autre. Marets en avait été choqué. Assistant au dîner du Roi, il se mit à crier; *qu'on apporte un plat de Baradas.*

Morilles. — Bien antérieurement au tems où l'on commença à rechercher les champignons, les morilles étaient un ragoût estimé. Nous lisons dans la vie de S. Pardoux, qu'un jour certain paysan ayant trouvé des morilles, il voulut, par respect pour le Saint, lui en faire un présent. Dans sa route, il fut rencontré par un Grand-Seigneur, nommé Ragnacaire, qu'elles tenterent. Celui-ci les lui arracha, & se les fit servir à dîner. Mais, par une punition divine, dit le Légendaire, elles lui donnèrent des coliques affreuses, dont il ne fut guéri qu'avec de l'huile qu'on lui fit avaler, & que Pardoux avait bénite.

Du tems de Champier, presque toutes les morilles qui se consommaient en France, venaient de Narbonne & des cantons situés aux environs du Rhône. Elles arrivaient confites dans du sel.

Truffes. — Eustache Deschamps, auteur qui florissait sous Charles VI, & dont il nous reste un recueil de Poésies manuscrites, ayant un jour mangé des truffes qui l'avaient incommodé, il s'en vengea par une ballade qu'il fit contre ce ragoût; à-peu-près comme Horace, en pareil cas, avait fait une ode contre l'ail. Le Poëte, en finissant sa ballade, ajoute qu'il a beau décrier cet aliment pernicieux; que toutes ses déclamations seront inutiles; & que sur ce point la gourmandise des gens de Cour est telle que le risque auquel ils exposent leur santé & leur vie, ne pourra les arrêter.

Comme

Comme les truffes, par la manière dont elles naissent, restent cachées sous terre, sans aucune apparence de pousse extérieure qui les indique, il a fallu chercher quelque moyen sûr & facile pour les découvrir. Le plus ordinaire, comme on sait, est de conduire dans les champs où l'on en soupçonne, des cochons muselés. L'animal les trouve par l'odorat, il les déterre avec son museau, & l'on n'a d'autre peine que de les ramasser. Ce moyen, simple & adroit, ne remonte que vers le milieu du XVIe siecle. Champier en parle comme d'un usage *très-récent*.

On cuisait les truffes dans le vin, dit-il ; ou sous la cendre, enveloppées d'étouppes ; ou dans l'eau, avec de l'huile, du sel & des plantes aromatiques.

Les meilleures, selon lui, étaient celles de Franche-Comté, de Saintonge, du Dauphiné, de Bourgogne, & d'Angoumois. Aujourd'hui celles du Périgord passent pour les premières de toutes.

Quand on voulait garder des truffes, on les mettait dans du vinaigre. Cependant, comme elles y contractaient un goût désagréable, on avait soin, avant de les employer, remarque de Serres, de les faire tremper pendant douze ou quinze heures dans de l'eau de riviére. Après quoi on les cuisait dans du beurre avec des épices.

Cet auteur nous apprend encore que de son tems, on commençait à cultiver en Dauphiné une espèce particulière de truffe qui était venue de Suisse. « Celle-ci se nomme cartoufle, dit-il ; elle a l'écorce » lisse & plus claire que la truffe ordinaire ; mais » du reste, elle s'accommode de même ».

Ce que nous appellons verjus aujourd'hui est le *jus*, ou suc acerbe, exprimé d'une sorte de raisin particulier, lorsqu'il est encore *verd*. Anciennement on appellait ainsi le suc de certaines herbes acidules & vertes, telles que l'oseille. C'était véritablement là un *jus verd*, selon la dénomination qu'on lui donna. Celui-ci s'employait dans beaucoup de sauces, comme on le verra ailleurs. On s'en servait pour assaisonner les viandes, le poisson, & les œufs; & l'on disait même proverbialement en Auvergne, écrit Champier, que le veau & le chevreau ne valaient rien sans le verjus d'oseille.

Lorsqu'on connut en France l'orange & la bigarrade, on employa également dans nos cuisines le suc de ce fruit; & il porta le nom général de verjus, quoiqu'il ne fût point verd. Bientôt cependant, pour le distinguer du verjus d'oseille, on s'accorda à le nommer *aigret*.

J'ignore ce qu'on doit entendre par le *verjus de grain*, dont il est mention dans les Poésies manuscrites du XIIIᵉ siecle; peut-être était-ce le suc du blé verd, pilé. Au reste, je trouve que c'était alors un des cris de Paris.

Quant au verjus de raisin, Champier en parle comme d'une *invention nouvelle*. Cependant il en est mention dans la traduction de Crescent, sur l'agriculture, ouvrage entrepris par ordre de Charles V; & dans une Ordonnance du Prévôt de Paris pour les Jaugeurs en 1303. Ce verjus, moins cher que l'aigret, plus agréable que le jus d'oseille, eut bientôt assez de vogue pour les faire abandonner tous deux. Mais il avait sur eux le désavantage de n'avoir lieu que pendant un tems de l'année fort court. On chercha donc le moyen d'en faire une liqueur de garde; & l'on y parvint en le mettant, comme le vin, dans des tonneaux, & en le salant lorsqu'il avait fermenté. Préparé ainsi, il se conservait pendant deux ou trois ans, ajoute Champier. Nous en salons encore de même; mais, quoiqu'en dise le Médecin, il ne se garde guères qu'un an dans toute sa bonté. Après ce tems, il s'affaiblit & perd sa force. Cependant, on peut prolonger sa durée en le couvrant d'une couche d'huile.

A Paris, le verjus était une de ces provisions qu'on a coutume de faire annuellement dans un ménage, lorsqu'à une certaine aisance on joint de l'économie. Il s'établit même dans l'intérieur de la ville, au siècle suivant, plusieurs pressoirs publics, pour la commodité des Bourgeois qui possédant des vignes en propriété étaient curieux de faire eux-mêmes leur verjus. Nous lisons dans le *Jardinier françois* (ann. 1651), qu'il y avait de ces pressoirs en différens quartiers; & notamment au pont S. Michel, & à Sainte Opportune.

Ce dernier a subsisté jusqu'à nos jours; mais enfin on l'a supprimé, il y a huit ou neuf ans. Paris maintenant n'en a plus que trois, où les particuliers puissent aller faire leur verjus; car je ne compte point ceux que les Vinaigriers ont chez eux pour leur usage. Ces trois sont à Sainte Catherine, à S. Lazare, & aux Récollets.

L'état des revenus & de la dépense annuelle de

l'Hôtel-Dieu de Paris, publié en 1660, fait monter la consommation du verjus pour cet Hôpital à quarante muids par an : ce qui doit d'autant plus étonner, que l'Hôtel-Dieu ne nourrissait alors, année commune, que quinze cens bouches, y compris deux cens pour le service de la maison.

Selon le même auteur du *Jardinier françois*, l'espèce de raisin, la meilleure pour faire du verjus, était celle qu'on nommait bizanne ou bourdelas.

La vente détaillée du verjus appartenait aux Vinaigriers. Il y eut même en 1657 un Arrêt du Parlement, qui défendit aux Cabaretiers d'en faire commerce ; &, en 1682, deux Arrêts du Conseil qui firent la même défense, l'un aux Epiciers-Apothicaires, l'autre aux Chandeliers.

Comme nos Provinces à vignobles se fabriquaient un verjus avec leurs raisins, nos Provinces à cidre s'en faisaient un aussi avec certaines pommes sauvages ; & celui-ci, ainsi que l'autre, se gardait en le salant de même. C'est ce que nous apprend Liébaut. Mais, ce qui surprendra davantage, c'est que le Mâconnais, le Lyonnais, & la Franche-Comté, pays à raisins, employaient pourtant ce verjus de préférence. Champier l'assure.

Vinaigre. Le vinaigre, dans l'origine, ne fut que du *vin aigri*, qu'on employa sans doute, parce qu'après la décomposition de ses premiers principes, on lui trouva, pour l'assaisonnement, une qualité qu'il n'avait pas auparavant. Mais, comme cette sorte de vinaigre a naturellement un goût désagréable, on chercha à s'en procurer par art un autre qui le fût moins. La façon la plus commune, dit Liébaut, était de remplir à moitié un vaisseau avec du bon vin, & d'y favoriser, en le laissant débouché dans un endroit chaud, une fermentation nouvelle qui l'aigrît. Une autre manière plus expéditive encore, selon lui, mais qu'aujourd'hui nous trouverons fort vicieuse, était d'y jetter certaines choses propres à le faire tourner; telles que des mûres de haie, des nefles, des racines de choux, des prunelles encore vertes, &c. Quant à ceux qui employaient en vinaigre du vin poussé, ils avaient soin auparavant, ajoute Liébaut, de le faire bouillir, & de bien l'écumer. Lorsqu'il était réduit au tiers, ils le versaient dans un barril fermé qui avait déja contenu du vinaigre, & y jettaient ensuite du cerfeuil.

Les Vinaigriers employaient anciennement la lie de vin pour faire des cendres gravelées. On voit même, par les statuts que Louis XII leur donna en 1514, qu'ils couraient les rues de Paris, en criant & demandant qui voulait leur vendre de la lie.

Comme les Bourgeois de Paris avaient le droit de vendre en détail & *à pot*, ainsi que je le dirai ailleurs, le vin de leur crû, ils eurent aussi celui de vendre leurs vins devenus aigres. Ce privilège leur fut accordé en 1567 par Charles IX, & enregîtré, deux ans après, au Parlement.

Il y a plusieurs siècles qu'on avait déja l'art d'aromatiser les vinaigres avec des infusions de fleurs; ou d'y faire entrer des substances étrangères, capables d'augmenter sa force. Au tems de Liébaut, l'on

Vinaigres composés.

connaissait le vinaigre rosat; le vinaigre doux, fait avec du moût; un vinaigre fait avec des seuls fruits & sans vin; enfin un vinaigre sec, qui se vendait en pastilles. Ce dernier, dit l'auteur, était, pour la Provence & la Touraine, un objet de commerce.

En 1600, l'on en connaissait quelques autres dont les noms & la recette se trouvent dans de Serres; tel était celui, appellé de sureau, parce qu'il y entrait la fleur de cet arbuste; le vinaigre de santé, fait avec des fleurs de chicorée, de buglose, & de roses sauvages; & le giroflent, nommé ainsi à cause des giroflées & des œillets qui lui donnaient de l'odeur & du goût.

Cependant, soit que ces nouveautés n'eussent pas plu au public, soit que leurs inventeurs ne leur eussent pas donné d'abord le degré de bonté dont elles étaient susceptibles, elles n'eurent qu'un succès très-médiocre. Le premier qui les accrédita, fut un Vinaigrier, nommé Savalette, établi à Paris vers le milieu du dernier siècle. Il sut rendre ces sortes d'infusions beaucoup plus parfaites qu'elles ne l'avaient été jusqu'à lui; & sur-tout celles au sureau, à l'estragon, à la rose, & à l'œillet. Il inventa aussi en même tems, comme je le dirai plus bas, les moutardes fines; &, par cette double branche d'industrie, gagna une fortune considérable.

En 1742, un autre Vinaigrier, nommé le Comte, imagina d'employer, pour les infusions dont nous parlons, du vinaigre blanc; car jusqu'alors on n'avait connu que le rouge.

Enfin, dix ans après, un de ses confrères, le sieur Maille, s'est aquis, dans sa profession, par une foule d'inventions nouvelles, une réputation qui lui a valu le titre de Vinaigrier-Distillateur ordinaire du Roi & de Sa Majesté Impériale, dont il jouit aujourd'hui. Il la commença par les vinaigres de toilette à l'usage des Dames. Aux neuf espèces qui subsistaient avant lui, il en ajouta quatre-vingt-douze autres de propreté ou de santé; & les Dames qu'il avait eu l'adresse d'intéresser à son nom en travaillant à augmenter ou à conserver leur beauté, se sont empressées de le prôner. Il a multiplié également les vinaigres composés, de table & de cuisine. Avant qu'il commençât sa profession, ses confrères ne connaissaient que le surard, les vinaigres de baume, de céléri, de pimprenelle; ceux à l'ail, au basilic, à l'estragon, à l'œillet, à la rose, & aux truffes. Il en a inventé cinquante-cinq autres: l'anisé, l'impérial, le mariné, le rouge fort, le surard distillé, le verd; le vinaigre à l'ail distillé, à la belle-evêque, à la camaldule, à la capucine, à la charolais, à la chartreuse, à la chicorée, à la choisi, à la ciboulette, à la civette, à la cristemarine, à la dauphine, à la framboise, à la d'isanghien, à la minorque; à la mongolienne, à la nevers, à l'oseille, à la p..., à la polonaise, à la ravigote, à la rocambole, à la rouille, à la sarriette, aux anchois, aux câpres, au fenouil marin, au gingembre, aux herbes fines, aux ognons, aux pistaches; les vinaigres d'aubépine, de bigarade, de canelle, de cerises, d'épine-vinette, d'estragon à la S. florentin, d'estragon à la vrilliere, d'eſtragon diſtillé, de fumet pour le gibier, de gérofle, de macis, de millefleurs, de mûres, de muſcat, de pêche, de piment, de ſantilis, & des ſix ſimples.

Je ſuis entré dans ces détails, parce qu'ils feront un jour époque pour nos Neveux, & qu'aujourd'hui les objets qu'on vient de lire, ſont devenus entre les mains de leur inventeur, celui d'un commerce très-conſidérable, non-ſeulement avec nos Provinces & nos Colonies, mais encore avec la Ruſſie, & ſur-tout avec l'Allemagne. Pour Paris, le Sr Maille m'a dit que les vinaigres qu'il y débite le plus, ſont la ravigotte, l'eſtragon, le millefleurs, la fleur de ſureau, & ceux aux truffes, & aux fines herbes.

Les Provinces à cidre qui avaient imaginé de ſe faire un verjus avec le ſuc de pommes ou de poires ſauvages, ſe firent auſſi un vinaigre avec les mêmes fruits. Leur méthode, écrit Liébaut, était de hacher ces fruits par morceaux, & de les mettre, pendant trente jours, infuſer dans un barril avec de l'eau de pluie ou de fontaine.

<small>Fruits confits au vinaigre.</small> On employait auſſi, ſelon de Serres, le vinaigre à confire certains fruits, certaines fleurs, ou plantes potageres, comme cornichons, pourpier, fénouil, choux-cabus, aſérolles, laitues pommées, violettes doubles, côtes de poirée, pommes même, & abricots verds. L'auteur des *Eſcraines dijonnaiſes* (ann. 1620) nous apprend que *cela s'appelloit communément des compôtes*. On s'en ſervait pour aſſaiſonner quelques alimens, ou quelques ſalades;

ce qu'aucuns, dit-il, estimoient aussi bon & agréable comme les olives d'Espagne, de Provence, ou de Lucques.

Les Provençaux faisaient commerce de perce-pierre préparée ainsi. Leur méthode pour la confire, écrit Beaujeu, (*de laudibus Provinciæ*, ann. 1551); était de la mettre macérer pendant trois heures dans de l'eau tiède, de la laver ensuite dans l'eau froide; &, quand elle était bien séchée, de l'enfermer dans un baril avec du vinaigre.

Le sieur Maille, pour mariner sa perce-pierre & ses cornichons, y jette, trois jours de suite, du vinaigre bouillant. Ce n'est qu'à la troisieme opération, m'a-t-il dit, qu'ils commencent à verdir. Quant aux fruits marinés qu'il vend, ce sont l'ail, les brugnons, les abricots verds, champignons, petits ognons, passe-pierre, pavie de Pompone, poivrons, piment blanc, barbe-de-chevre, blé de Turquie, bigarreaux-à-la-Reine, (nommés ainsi, parce que la feue Reine les aimait), câpres, cornichons, criste-marine, épine-vinette, haricots, graine de capucine, melons, noix, & truffes. Les neuf premiers étaient connus avant lui; mais il a fait & inventé les douze derniers.

Un autre objet de commerce qu'avaient autrefois les Provençaux, & qu'ils ont conservé, étaient les câpres. Il s'en consommait alors en France de deux espèces; les unes fort grosses, qui nous étaient apportées d'Égypte, & qui provenaient d'un câprier sans épines, dit Bélon, (*Observations sur les singularités trouvées en Grèce, en Asie*); les autres, petites,

Câpres.

& venant du câprier épineux, lequel perd ses feuilles en hyver.

C'étaient celles-ci que cultivaient les Provençaux; & cette culture était une chose assez singulière pour mériter d'être remarquée ici. J'en tire les détails de Beaujeu. « Ils pulvérisent, dit-il, des platras de vieux murs. Cette poudre, ils la mêlent avec de la graine de câprier, en remplissent une sarbacanne, & la soufflent dans les crevasses de quelque muraille antique, bien exposée au soleil. Comme l'opération se pratique sur la fin de l'automne, l'humidité de l'hyver a le tems de faire germer les graines. Elles poussent au printems, sans que le mur en soit aucunement endommagé. En été, on coupe l'arbuste; mais on a soin de lui laisser ses racines, & celles-ci, l'année suivante, produisent une fois encore ».

Ce qu'enseigne la Quintinie sur la manière dont s'élevait de son tems le câprier, se rapporte assez bien à ce qu'on vient de lire. C'étaient des niches particulieres, pratiquées à dessein dans des murs bien exposés. On y mettait de la terre pour nourrir l'arbuste; & on le taillait au printems, comme les autres arbres.

Quant à la façon dont les Provençaux, au XVIe siecle, préparaient leurs câpres, elle était à-peu-près la même que celle de la perce-pierre. Après les avoir laissées pendant vingt-quatre heures dans l'eau, puis pendant quarante jours dans du sel, ils les faisaient passer par l'eau chaude, & les jettaient ensuite dans un barril plein de vinaigre.

de la vie privée des Français. 155

Champier témoigne que, de son tems, il y avait dans le commerce quatre sortes d'olives; les majorines, ou royales, lesquelles avaient, pour la grosseur, beaucoup d'apparence, mais qui néanmoins étaient fort séches; les olives de Syrie, qui au contraire avaient beaucoup de chair, quoiqu'elles ne fussent gueres plus grosses que des câpres; celles d'Espagne, qui étaient fortes, charnues, & les plus estimées de toutes; enfin les olives de Provence & de Languedoc, dont la grosseur était moyenne, mais *que dans le pays on excelloit à apprêter.*

L'olive est un de ces fruits pour lesquels l'apprêt est nécessaire; car il a par lui-même un goût si acerbe que, sans une préparation particulière, il ne serait point mangeable. Cependant, il paraît que ces procédés des Provençaux, si vantés par Champier, n'étaient pas sûrs; puisqu'il en existait plusieurs à la fois, & que d'ailleurs les cultivateurs ont, sur ce point, varié depuis en différens tems. On lit dans Liébaut que, pour confire l'olive, les uns les trempaient dans du verjus; les autres dans du vinaigre, édulcoré avec du miel; d'autres enfin dans une saumure particuliere, aromatisée par des feuilles de laurier & des herbes odoriférantes. Il y avait pourtant une méthode générale, & qui consistait à faire infuser, pendant huit jours, les olives dans de l'eau de mer; à y joindre, après ce terme, du moût de vin nouveau, & à attendre, pour fermer le tonneau, que le tout eût bien fermenté.

La méthode n'était déja plus la même sur la fin du siecle. De Serres nous apprend qu'alors on les

Olives.

consisait dans du sel, avec du fenouil & un peu d'eau ; mais que, pour donner au sel le moyen de pénétrer, on avait soin auparavant de piquer les olives en différens endroits avec la pointe d'un canif, ou même de les fendre longitudinalement : sans cela, il n'eût pas été possible de les manger d'une année entiere. Néanmoins, on pouvait éviter de les déchiqueter ainsi ; mais alors il fallait se servir d'eau chaude pour l'infusion, & employer, au lieu de sel, des cendres ou de la chaux. Ce procédé avait encore un autre avantage, celui d'accélérer de beaucoup le tems où l'olive pouvait être livrée au marchand.

Aujourd'hui les Provençaux, au lieu de cendres & de chaux, emploient, pour la macération de leurs olives, une lessive particuliere, par laquelle ils prétendent les rendre plus douces & moins malfaisantes. Celui qui l'inventa était un nommé Picholini ; & de-là vient le nom de *Picholines*, qu'on donne à toutes celles qui nous arrivent de Provence préparées suivant cette méthode. Au reste, des six especes d'olives qu'on y cultive, il n'y en a qu'une qui soit destinée à être confite, parce qu'elle produit peu d'huile. Les cinq autres sont portées au pressoir.

Moutarde. Nous connaissons deux sortes de moutardes ; l'une grise, composée avec du vinaigre blanc ; & l'autre rouge, dans laquelle on fait entrer du moût de vin, & qui n'est propre par conséquent qu'au pays de vignobles : encore tous les vignobles n'y conviennent-ils pas également ; car il faut un vin fort. Pendant long-tems, l'on n'a connu en France que cette derniere; & telle est, disent les Etymologistes, l'origine de son nom, (*mustum ardens*, moût ardent).

Il est mention de la grise dans Platine, (ann. 1509). Mais celle-ci n'était point la même que la nôtre ; puisque, selon la recette qu'il en donne, elle se faisait avec des miettes de pain, des amandes, & du séneré, qu'on pilait ensemble, qu'on délayait ensuite dans du fort vinaigre, & qu'on passait enfin par l'étamine. Le premier auteur chez lequel j'ai trouvé celle que nous employons aujourd'hui est Liébaut. Il compose la sienne de séneré, macéré dans l'eau, pilé avec du vinaigre, puis passé : ce sont-là à-peu-près nos procédés modernes.

Quant à la moutarde rouge, si l'on était curieux de connaître sa composition, on l'apprendrait dans Platine, qui nous dit qu'il y entrait du moût, du séneré, des raisins, de la canelle, & du verjus; ou, au lieu de verjus, du vinaigre.

Au siecle dont nous parlons, la moutarde de Dijon passait pour la *meilleure de France* : ce sont les expressions avec lesquelles en parle Liébaut. Précédemment à lui encore, elle avait joui de la même réputation. Mais, si l'on s'en rapporte à certains Auteurs, cette réputation n'est due qu'à une équivoque : & sur cela, ils citent l'anecdote suivante.

En 1382, Philippe-le-Hardi, Duc de Bourgogne, voulant soumettre les Gantais révoltés, marcha contr'eux avec son neveu, le Roi Charles VI. Dijon, dans cette circonstance, se piqua de témoigner du zele à son Souverain, & lui fournit mille hommes. Le Duc, de son côté, se piquant de reconnaissance, accorda à la ville différens privilèges; & entr'autres celui de porter ses armes avec son cri, *moult me tarde*. Elle fit sculpter l'un & l'autre sur sa porte principale: mais par hasard il arriva, dit-on, que les trois mots de la devise, au lieu d'être placés sur une seule & même ligne, comme ils devaient l'être, le furent de travers. Le mot *me* se trouvait au dessous des deux autres; de sorte qu'au premier coup d'œil, on lisait *moult tarde*: ce qui, ajoute-t-on, trompa beaucoup de gens, & leur fit croire que c'était-là une sorte d'enseigne placée par la ville sur la plus passagere de ses portes pour annoncer sa *moutarde*.

Le premier qui, autant que je puis me rappeller, ait accrédité cette plate facétie, est Tabourot, dans le livre qu'il intitula: *Bigarrures & touches du Seigneur des accords*, (ann. 1582); &, après tout, elle était digne d'un ouvrage, où, pour la premiere fois, l'on enseignait l'art honteux des quolibets, des pointes, & des calembours. Il s'est trouvé des gens néanmoins qui l'ont répétée d'après lui; d'autres l'ont prise dans ceux-ci; & voilà, comme en voulant faire des recueils d'anecdotes, on perpétue des sottises. De mille & une raisons que je pourrais alléguer pour détruire celle-ci, je n'en citerai qu'une. La moutarde de Dijon était célebre au XIIIe siecle. Elle se trouve vantée dans les *Proverbes*, piece de ce tems que j'ai déja citée, & qui contient, comme

de la vie privée des Français. 159

je l'ai dit plusieurs fois, les différentes choses de France & des pays étrangers, les plus renommées. Il était naturel au reste que la Province qui fournit en grande partie les meilleurs vins du Royaume, fît avec ces vins la meilleure moutarde.

On voit par Champier, que cette moutarde s'envoyait sèche & en pastilles. Quand on voulait s'en servir, on délayait les pastilles dans du vinaigre ; & c'est, dit-il, la différence qu'il y avait entre celle-ci, & celle d'Angers qui, fort renommée aussi, s'envoyait liquide, dans de petits barrils. Tabourot parle même de certains frippons qui couraient d'hôtellerie en hôtellerie, offrant à vendre de prétendus pains de moutarde de Dijon, dans lesquels ils avaient mêlé de la terre grasse pour lui donner la consistance qu'elle devait avoir.

Aujourd'hui Besançon, & quelques autres villes, en vendent encore de la sèche, mais réduite en poudre.

Pour Dijon, on y prit enfin le parti d'en faire aussi de la liquide.

L'auteur du *Jardinier françois*, (ann. 1651) en enseigne la recette. C'est une raisinée particuliere, dans laquelle on jette du sénevé, broyé avec un peu d'eau. Quand le tout est bien mélangé, on y *éteint*, dit-il, *des charbons ardens, pour ôter au sénevé son amertume.*

Fort incrédule sur ces charbons ardens dont je ne comprenais pas trop l'effet, j'ai consulté à ce sujet le sieur Maille, qui m'a répondu que rien n'était plus vrai ; que lui-même, quand il a des moutardes à envoyer très-loin, il enfonce dans le pot un charbon enflammé ; & que cela suffit pour les conserver très-long-tems. Seulement il a soin de les saler davantage ; mais, avec ce double moyen, il en fait passer jusques dans nos Colonies, & elles y arrivent très-fraîches.

Savalette, dont il a été parlé ci-dessus à l'occasion des vinaigres, a été le premier qui ait fait des moutardes fines. Jusqu'à lui, elles avaient été moulues grossiérement. Il imagina des moulins d'une construction nouvelle, qui la broyerent beaucoup mieux, & lui procurerent ainsi un coup d'œil plus agréable. Le Comte, autre Vinaigrier dont j'ai fait mention au même article, trouva le premier aussi l'art de faire entrer, dans la moutarde, des câpres & des anchois. Mais celui qui a travaillé avec le plus de succès sur cet assaisonnement, est le S⁰ Maille.

Les moutardes qu'il vend sont au nombre de vingt-quatre : moutarde rouge, moutarde fine aux câpres & aux anchois, moutarde en poudre, moutarde à l'ail, aux câpres, à la capucine, à la chartreuse, au citron, au jus de citron, à la choiseul, à la choisi, à la conserve, à l'estragon, aux fines herbes, à la grèque, à la maréchale, à la marquise, aux millefeuilles, aux mousserons, à la ravigotte, à la reine, à la romaine, aux six graines, & aux truffes. Toutes, à l'exception de la seconde & de la troisieme, ont été inventées, ou introduites par lui dans Paris. Celles qu'il vend le plus, sont la moutarde à l'ail, aux truffes, à la ravigotte, à l'estragon, & aux anchois.

Ail. Arnaud de Villeneuve avait dit au XIII⁰ siècle que

l'ail est la thériaque du paysan. L'adage du Médecin est devenu un proverbe national, qui prouve l'estime qu'on faisait anciennement des vertus & des qualités de l'ail. Les Moines en consommaient considérablement. C'était, dans la plupart des Monasteres, une des provisions qu'on avait coutume de faire tous les ans ; & celle-ci regardait particuliérement le Prieur, ou l'Administrateur. Plusieurs Couvens même, outre la quantité qui leur était nécessaire, en cultivaient assez pour s'en former un revenu ; &, dans quelques endroits, ce revenu devait être considérable, puisqu'en Picardie, le Monastere de S. Quentin s'était assujéti à payer au Comte de Vermandois, la dîme de celui qu'il recueillait dans ses possessions.

Champier remarque qu'au mois de Mai les gens de qualité, ainsi que les bourgeois, avaient coutume, dans la plupart de nos Provinces, de manger de l'ail avec du beurre frais ; persuadés que ce reméde affermissait leur santé pour l'année entiere. On en donnait aussi aux enfans, dit-il, pour tuer les vers qui les tourmentaient.

Parmi les sauces anciennes qui étaient renommées autrefois, il y en avait une, dont il sera mention plus bas, & qu'on nommait *aillée*, parce qu'elle était faite à l'ail. Cependant l'odeur infecte de cet assaisonnement l'a éloigné peu-à-peu des tables honnêtes. Il y a déja deux siécles que Ch. Etienne en parlait comme d'un ragoût relégué dans la classe du bas peuple ; mais ce changement ne regarde que le nord de la France : nos Provinces méridionales estiment & recherchent encore l'ail autant que faisaient nos Peres. C'est une des marchandises qui se vendent à la fameuse foire de Beaucaire.

Épices. Quoique les épices fussent connues en France long-tems avant les Croisades, cependant elles ne commencèrent guères à y devenir un peu communes que quand les expéditions maritimes qu'occasionnèrent ces guerres religieuses, eurent fait naître & affermi le commerce des Occidentaux avec le Levant. Malgré ce débouché nouveau, ce que les épiceries exigeaient de frais pour être transportées de l'Inde dans la Méditerranée, soit par Alexandrie, soit par Smyrne, soit par Caffa ; les profits qu'y faisaient les Italiens qui nous les apportaient, étaient tels qu'elles furent toujours énormément chères. Mais cette cherté même, la sorte d'estime qu'on attache ordinairement à ce qui est rare & qui vient de loin, leur odeur agréable, la saveur enfin qu'elles ajoutaient aux liqueurs & aux alimens où elles étaient employées, leur donna un prix infini. Chez nos vieux Poëtes du XIIe & du XIIIe siècle, on rencontre, presque à chaque page, les mots de canelle, de muscade, de gérofle, & de gingembre. Veulent-ils donner l'idée d'un parfum exquis; ils le comparent aux épices. Veulent-ils peindre un jardin merveilleux, un séjour de Fées ; ils y plantent les arbres qui produisent ces aromates. En un mot, c'était un présent digne d'être offert aux Souverains. En 1163, un certain Bertrand, Abbé de S. Gilles en Languedoc, ayant une grace à demander au Roi Louis-le-Jeune, il lui écrivit ; mais, pour donner du poids à fa prière, il envoya en même-tems au Monarque une certaine quantité d'épiceries du Levant.

Les différens vins apprêtés qui fervaient alors de liqueurs étaient fortement affaifonnés d'épices. On faifait entrer beaucoup d'épices dans les confitures, dans les dragées, conferves, paftilles, & autres bonbons du tems; & ces fortes de friandifes en prirent même le nom, comme je le dirai ailleurs lorfque je traiterai l'article des defferts.

Au refte, il paraît que ce goût pour les épiceries tenait beaucoup à la manière dont on vivait alors. A des eftomachs qui fe nourriffaient de viandes lourdes & indigeftes, de cochonaille, de hérons, de chiens-de-mer &c, il fallait des affaifonnemens chauds qui favorifaffent la digeftion; & de-là fans doute vint l'ufage du fafran, de l'ail, de l'anis, de la coriandre, des herbes fortes, des aromates enfin, tant employés dans les alimens & les boiffons. Notre cuifine moderne, plus raffinée, mais auffi plus délicate, eft fondée fur d'autres principes. En cherchant, comme l'ancienne, à rendre plus aifés à digérer les mêts qu'elle apprête, elle a pour but en même-tems de les rendre également agréables à l'œil & au goût; mais elle fait confifter fon art à mélanger fi habilement les ingrédiens divers dont elle ufe, qu'il en réfulte une faveur générale, à laquelle tous contribuent également fans qu'aucun néanmoins fe faffe diftinguer.

Tant que les épiceries d'Orient n'arrivèrent en Europe que par la voie de la Méditerranée, elles nous furent fournies, ainsi que je l'ai remarqué à l'instant, par les Italiens. Mais quand les Portugais, en doublant le cap de Bonne-Espérance, eurent trouvé, pour aller aux Indes, une route plus facile & plus sûre, quoique beaucoup plus longue; quand ce peuple, à la fois négociant, navigateur, & conquérant, se fut établi par la force dans ces riches contrées, il s'empara du commerce dont nous parlons; & ce fut, dit Champier, l'un de ses plus grands revenus. Chassé à son tour, par les Hollandais, de la plupart des établissemens que lui avaient procurés ses armes, il le perdit. Mais à peine ceux-ci s'en furent-ils rendus maîtres, que, d'après cet esprit de calcul, de politique, & de patience qui leur est propre, ils songèrent à se l'approprier assez exclusivement pour que, par la suite, aucune autre Nation Européanne ne pût le partager avec eux. Tout, jusqu'à la guerre même, fut employé pour l'exécution de ce projet hardi; &, malgré tous les obstacles, il a eu lieu, au moins pour les deux sortes d'épiceries principales, la muscade & le gérofle.

Les précautions qui avaient servi à l'assurer étaient si bien prises, elles l'ont tellement maintenu que, jusqu'à nos jours, aucune des Puissances d'Europe qui ont des établissemens dans l'Inde, n'a tenté de s'y soustraire. Enfin, il s'est trouvé un de ces voyageurs si rares, que l'amour de la patrie excite aux grandes choses, qui l'a osé pour la sienne, & qui en est venu à bout. Cet homme est M. Poivre, déja cité à l'occasion du riz sec, & qu'on ne peut nommer ici sans un éloge nouveau. Il forma le dessein de se procurer les deux sortes d'arbres dont la Compagnie Hollandaise s'était assuré la possession exclusive, & d'en peupler nos îles de-France & de Bourbon, qui, par la chaleur de leur climat, paraissent propres à cette culture, & qui déja possédaient des poivriers & des canelliers de la bonne espèce, tirés de Céylan & du Malabar.

Ce dessein paraissait d'autant plus chimérique que la politique raisonnée des Hollandais ne laissait absolument pénétrer personne dans les îles à épices, & qu'il n'y allait pas moins que de la vie pour celui qui eût entrepris d'en enlever quelques plants. Aussi la première tentative de M. Poivre, en 1754, fut-elle sans succès. Mais, à son retour en France, ayant communiqué ses projets au Ministre de la Marine, celui-ci qui en sentit l'importance, l'exhorta à les reprendre; &, pour lui donner les moyens de les exécuter plus sûrement, il lui confia l'Intendance des deux Colonies destinées aux plantations futures. Le nouvel Intendant partit en 1767. Arrivé à l'île-de-France, son premier soin fut d'y chercher un homme intelligent, auquel il pût confier son plan & ses vues. Croyant l'avoir trouvé dans M. Provot, il le fit embarquer en 1769 sur une corvette que commandait M. de Trémignon. Les deux Argonautes se rendirent aux Moluques. Là ils se séparèrent pour aller, chacun de leur côté, faire leurs recherches; &, malgré mille dangers, malgré mille obstacles qui traversèrent les travaux de leur récolte, elle fut assez heureuse néanmoins pour rapporter à la Colonie, le 25 Juin 1770, quatre cens cinquante plants de muscadiers, soixante-dix pieds de gérofliers, dix mille muscades, ou germées, ou prêtes à germer, &c. Ils avaient même poussé leurs précautions jusqu'à ramener avec eux plusieurs Moluquois pour cultiver les jeunes arbres & en enseigner la culture aux Colons.

Néanmoins, les succès d'un si heureux voyage ne répondirent pas aux espérances qu'on avait droit de s'en former. Une partie des arbres se trouva d'espèce sauvage ; par conséquent inutile pour la culture : la plupart des autres périrent, parce que les Colons auxquels on les distribua, ignoraient la manière de les élever ; & le produit total se réduisit à peu de chose.

M. Poivre, sans se décourager, résolut de tenter une seconde expédition ; &, de concert avec le Chevalier des Roches, Gouverneur des deux îles, il fit partir pour les Moluques, l'année suivante, deux bâtimens commandés par MM. de Coëtivi & de Cordé. Le Jason de cette nouvelle entreprise fut encore le brave & habile M. Provôt. Les lumières qu'à son premier voyage il avait aquises sur la qualité des arbres, les liaisons qu'il avait faites avec les naturels du pays, lui furent, dans le second, d'un grand secours. Envain les Hollandais armèrent pour attaquer les deux vaisseaux. A'force de soins & d'activité, on eut le tems de faire passer à bord tout ce que lui & les Commandans avaient pu recueillir dans leurs courses, c'est-à-dire, un nombre infini de muscadiers & de gérofliers en plants ; sans compter plus de quarante mille muscades, soit déjà germées, soit prêtes à germer. Tout cela, bien encaissé, fut réparti sur les deux navires. Ils arrivèrent heureusement dans l'île, l'un le 4, l'autre le 6 Juin de l'année 1772; & les richesses qu'ils apportaient furent distribuées aussi-tôt aux Colons, avec une instruction sur la manière de cultiver les arbres nouveaux: précaution essentielle, qu'on avait oubliée à la première répartition.

On en planta aussi un certain nombre dans le Jardin Royal de l'île, nommé Montplaisir; mais ce fut le seul endroit où ils prospérèrent: encore n'y put-on sauver que cinquante-huit muscadiers, & trente-huit gérofliers. La première & la seconde année, il y eut treize de ceux-ci qui fleurirent; il y en eut trente & un, en 1778. Ces différentes pousses avaient produit en 1776, deux cens soixante cloux de gérofle; cinq mille en 1777; & cent mille l'année suivante. Les muscadiers y étaient moins avancés. Cependant, un d'eux provenu d'une noix plantée en 1770, par M. Poivre, au retour du premier vaisseau, a donné, sept ans après, six muscades. L'une des six, parvenue à sa grosseur, après neuf mois & dix jours de nouaison, a été envoyée en France, & présentée au Roi le 23 Mai 1779. Les cinq autres étaient destinées à être plantées.

Quant à la canelle de l'île, on en a fait aussi un envoi en Cour. Elle y a été trouvée âcre; mais peut-être ce défaut vient-il de ce que les Colons ne savent pas encore la préparer.

De l'Isle-de-France, on a transporté dans celle de Cayenne, en 1772, quelques plants des arbres à épices. Ils y ont d'autant mieux réussi, que le climat de Cayenne étant le même que le climat des Moluques paraît être celui de toutes nos possessions qui leur convient davantage. En 1780, un Colon a envoyé à M. l'Abbé Rainal une branche de géroflier, chargée de cloux provenus d'un arbre planté dans l'île.

Poivre. De toutes les épiceries, le poivre est celle qui, de tout tems, a été la plus répandue dans le commerce, parce que c'est celle qui, de tout tems, a été la plus employée dans nos cuisines. Il y en a même eu un, où toutes portèrent le nom commun de poivre, & où les Epiciers n'étaient connus que sous celui de Poivriers.

Au reste, cette grande consommation ne faisait qu'augmenter encore son prix; & ce haut prix est attesté par l'ancien proverbe, *cher comme poivre*, qui est parvenu jusqu'à nous. On ne sera point surpris après cela, quand je dirai que c'était un présent d'importance, & l'un des tributs que les Seigneurs ecclésiastiques ou séculiers exigeaient quelquefois de leurs vassaux ou de leurs serfs. Geoffroi, Prieur du Vigeois, voulant exalter la magnificence d'un certain Guillaume, Comte de Limoges, raconte qu'il en avait chez lui *des tas énormes, amoncelés sans prix, comme si c'eût été du gland pour les porcs*. L'Echanson étant venu un jour en demander pour les sauces du Comte, l'Officier qui gardait ce magasin si précieux, *prit une pelle*, dit l'Historien, *& il en donna une pelletée entière*. Quand Clotaire III fonda le Monastère de Corbie, parmi les différentes denrées qu'il assujettit ses domaines à payer annuellement aux Religieux il y avait trente livres de poivre. Roger, Vicomte de Béziers, ayant été assassiné dans une sédition par les Bourgeois de cette ville, en 1107, une des punitions que son fils imposa aux Bourgeois, lorsqu'il les eut soumis par les armes, fut un tribut de trois livres de poivre à prendre annuellement sur chaque famille. Enfin, dans Aix, les Juifs étaient obligés d'en payer de même deux livres par an à l'Archevêque. C'étaient, disent les *Annales de l'église d'Aix*, Bertrand & Rostang de Noves, Archevêques de cette ville, l'un en 1143, l'autre en 1283, qui avaient imposé aux Juifs cette servitude.

On ne se servait, pour assaisonner les alimens, que du poivre noir; il passait, selon Champier, pour être plus agréable, plus aromatique. Le blanc, dit-il, était moins estimé (a).

On essaya, dans le XVIe siècle, d'introduire en Provence la culture du poivre. Beaujeu en fait mention; &, si on l'en croit, celui que produisait ce canton du Royaume, non-seulement ne le cédait guères, pour la qualité, au poivre de l'Inde, mais il avait le mérite d'être plus doux & moins brûlant.

De tout tems, il y a eu des gourmands raffinés

(a) Le blanc & le noir ne sont qu'une seule & même espèce ; avec cette différence que celui-ci a son enveloppe, & que l'autre en a été dépouillé.

qui, non contens de se connaître en ragoûts, se piquaient encore d'en faire, & souvent en faisaient eux-mêmes à table, pendant le repas. Au dernier siècle, il y avait de ces *docteurs en soupers*, pour me servir de l'expression de Regnard, qui poussaient le zèle de leur talent jusqu'à porter toujours sur eux les épices d'assaisonnement nécessaires. Dans sa comédie du *Joueur* (ann. 1696), l'auteur nous peint un de ces Apicius modernes :

Ayant cuisine en poche & poivre concassé.

Piment. Le piment vient des Antilles. Les habitans de cette partie de l'Amérique en assaisonnaient tous leurs alimens ; car c'est le propre des climats chauds d'aimer les saveurs fortes. Colomb qui le trouva en usage parmi ces peuples, lorsqu'il découvrit leur existence, crut avoir trouvé le vrai poivrier d'Asie ; &, dans cette confiance, il le rapporta en Europe.

Poivre de Guinée. Il y en a un autre du même genre, & que l'on a nommé indifféremment poivre de Guinée, poivre d'Inde, poivre de Brésil ; dont la gousse, oblongue, est fort différente, pour la forme, du fruit que produit le poivrier asiatique. Le nom de *corail des jardins*, que sa belle couleur rouge lui a fait donner par certains cultivateurs, paraît lui convenir mieux. Au reste, le peuple emploie celui-ci dans ses alimens, sec, & réduit en poudre. Il y a plus de deux siècles que l'auteur de l'*apologie pour Hérodote*, reprochait à certains Epiciers détailleurs de le faire servir à cacher une friponnerie. La coutume alors était de vendre, en petits paquets tout faits, des épices pulvérisées. Les marchands dont il s'agit,

de la vie privée des Français. 171

voulant augmenter le poids des paquets, y mêlaient beaucoup de drogues étrangères. Mais, comme cette altération ôtait de la force aux épices, ils leur en rendaient en ajoutant du poivre de Guinée.

Quand les Vinaigriers de la Capitale achetent des vins dans un vignoble pour les convertir en vinaigre, on les oblige, avant de les enlever, d'y mettre du piment; parce que les droits d'entrée qu'ils paient étant fort modiques, on a craint qu'ils ne fissent venir, sous leur nom, beaucoup de vins, & qu'ils ne les revendissent ensuite aux Cabaretiers pour gagner les droits.

Si c'est la méditation qui a imaginé d'introduire dans un lieu préparé l'eau de la mer, de la tenir pendant quelque tems exposée à l'aspiration du soleil, & de la forcer ainsi à nous abandonner le sel qu'elle tient en dissolution, ce fut-là une idée bien belle; & l'homme de génie, qui le premier la conçut, mérite la reconnaissance de l'univers entier, puisqu'il nous a rendu un des services les plus importans pour les besoins de la vie. Mais, non; cette idée, toute simple qu'elle est, ne fut probablement pas le fruit de la réflexion. Les habitans des côtes maritimes auront vu, à la suite d'une grande tourmente ou d'une haute marée, la mer abandonner, dans quelque cavité de rocher, un peu d'eau salée; ils auront vu le soleil pomper cette eau en entier, &, dans la place qu'elle occupait auparavant, laisser du sel: frappés de l'opération de la Nature, il leur aura paru facile d'imiter son procédé; & alors ils auront imaginé ces marais salans, qu'avec le tems

Sel.

l'industrie a dû perfectionner sans doute.

Beaujeu (ann. 1551) nous offre un fait qui peut servir à confirmer cette conjecture. Près d'Arles était un étang, où tous les ans on recueillait du sel fait par la seule Nature & sans aucun travail humain. Pendant l'hyver, & sur-tout dans les tems de tempêtes, la mer dont il était voisin, le remplissait d'eau salée. Cette eau qui n'avait aucun écoulement, s'évaporait pendant l'été. Elle déposait un sel très-blanc, & en si grande quantité, que le Roi en retirait annuellement quarante mille écus.

Quoi qu'il en soit, l'art de faire artificiellement du sel a été, si l'on en croit Pline, méconnu des Gaulois. Ils y suppléaient, selon lui, par un moyen qui nous paraîtra trop étrange pour y ajouter foi. « Leur coutume, dit-il, est de construire un grand » bucher auquel ils mettent le feu. Quand le bois » est bien consommé & réduit en braise, ils jettent, » sur les charbons, de l'eau salée qui les éteint; & » ces charbons ensuite leur tiennent lieu de sel ». Pline parle de cette coutume comme subsistante encore de son tems, & comme établie aussi chez les Espagnols. Mais, quoi qu'il en dise, on croira difficilement qu'une nation, fût-elle barbare, ait jamais mangé du charbon salé; ou même que, pour donner du goût à ses alimens, elle y ait mêlé ce noir & dégoûtant assaisonnement. Un écrivain qui embrasse l'histoire de la Nature, ne peut pas, à beaucoup près, vérifier tout par lui-même. Ordinairement il est obligé de voir, par les yeux des autres, d'entendre par leurs oreilles; & rarement ces

de la vie privée des Français. 173

oreilles, ces yeux, auxquels il s'en rapporte, ont bien vu ou bien entendu. Combien de faits fur lesquels on pourrait prouver que Pline a été induit en erreur par de faux mémoires. Probablement les Gaulois, qui habitaient les côtes de la mer, ou qui possédaient une fontaine salée dans leur canton, en faisaient bouillir & évaporer l'eau pour en retirer du sel; & l'on aura dit au Naturaliste qu'ils jettaient cette eau sur des charbons pour les saler.

Jusqu'au XVIe siecle, le sel a été en France une marchandise libre, dont le commerce & la vente détaillée étaient permis à tout le monde. Ce n'était point alors un crime pour l'habitant d'une côte maritime d'y recueillir le présent que lui offrait spontanément la Nature, ou de le vendre à son gré, lorsque sa propre industrie l'avait fait naître. A Paris, tant le gris que le blanc, se criait dans les rues; comme on y criait, & comme on y crie encore, les légumes & les fruits. Philippe-le-Long & Philippe-de-Valois, chargèrent passagérement cette marchandise d'un impôt. Après la fatale journée de Poitiers, le Dauphin établit la gabelle pour subvenir aux besoins pressans qu'éprouvait l'Etat, & pour payer la rançon du Roi, prisonnier : mais cette gabelle ne ressemblait point à la nôtre. Nous appellons ainsi une vente exclusive accordée à une Compagnie d'Adjudicataires qui ont des tribunaux, des loix, un code particulier, une armée à leurs ordres; qui, après avoir taxé eux-mêmes la denrée qu'ils ont seuls le droit de débiter, ont encore celui de forcer le particulier à la leur acheter au prix qu'ils

Gabelle.

ont fixé; qui enfin, par une émanation de l'autorité Souveraine, peuvent, s'il enfreint leurs réglemens, saisir ses biens, l'emprisonner, le condamner à mort. Alors on obligeait seulement les marchands Sauniers à venir, dans un lieu désigné, débiter leur sel. Les Officiers préposés par le Roi, assistaient à cette vente; & ils percevaient leurs droits.

Toute simple qu'était cette administration, bientôt cependant elle produisit des abus; & même ces abus devinrent tels, & ils occasionnèrent de telles vexations, que sous Charles VIII, on vit les Etats du Royaume s'en plaindre. En 1547, Henri II, changea la forme de perception qui subsistait; mais ce fut pour se réserver le privilège exclusif de la vente du sel, & pour le mettre en ferme.

A la personne des Rois, ainsi qu'à celle des particuliers, est attaché souvent un bonheur réel, qui quelquefois influe sur leur réputation. Cet article nous en fournit une preuve. Pour avoir mis un impôt sur le sel, Philippe-de-Valois éprouva un ridicule. Edouard, son ennemi, l'avait appellé, par dérision, *Roi de la Loi SALIQUE*; & le Français, né caustique & malin, s'était plu à répéter, dans sa vengeance, ce sobriquet injurieux. Henri fait bien pis; il établit la gabelle, c'est-à-dire, celui de tous les impôts que la Nation s'est accordée à regarder comme le plus odieux : cet impôt est parvenu jusqu'à nous, & personne presque ne sait qu'il est dû à l'époux de Médicis.

Indépendamment du sel marin que l'art forme avec la chaleur du soleil, l'art, par le moyen du feu, s'en procure un autre encore d'une espèce différente.

Parmi les mines diverses que la terre renferme dans ses entrailles, on sait qu'il y en a plusieurs qui sont de sel pur; & la Pologne, entr'autres pays, en fournit la preuve. Si par hasard quelque filet d'eau vient à couler sur ces couches internes, il les corrodera, en dissolvera des particules; & quand il paraîtra à la surface de la terre, il sortira chargé de sel. Telle est l'origine des fontaines & puits salés qu'offrent certains pays, & qu'offrent sur-tout certaines Provinces de France, éloignées de la mer, lesquelles heureusement suppléent ainsi à la difficulté qu'elles éprouveraient, sans cela, de se procurer une denrée devenue nécessaire.

On prétend en Franche-Comtée que les puits de Lons-le-Saunier y étaient connus avant l'invasion des Romains dans les Gaules. Au commencement du VIe siecle, S. Sigismond, Roi des Bourguignons, dota le couvent d'Agaune avec ceux de Salins. Il est question, dans des auteurs du XIIIe, des puits de Moyenvic & de Marsal en Lorraine. Les anciens Ecrivains Latins font mention de la fontaine salée de Salses dans le Roussillon, *fons Salsulæ*. Strabon dit qu'il y en avait, dans le terrein de la Crau en Provence, plusieurs qui servaient à faire du sel : mais, au tems de Beaujeu, (ann. 1551), il n'en subsistait plus qu'une. Selon ce dernier Ecrivain, le diocèse de Sens en possédait une. Enfin, on lit dans Palissi, (*discours admirable de la nature des eaux*, ann. 1580) que le Béarn en avait plusieurs; & qu'elles

Fontaines & puits salés.

étaient même assez abondantes pour fournir de sel toute la Province ainsi que le Bigorre.

Ce sel se faisait, comme je l'ai remarqué plus haut, par évaporation à feu nu. On n'avait point encore trouvé l'art d'élever, par des pompes, à une certaine hauteur l'eau du puits ; de la faire descendre sur des fascines exposées à un courant d'air ; &, par cette opération répétée successivement plusieurs fois de suite, d'enlever ainsi une partie du liquide superflu qu'aurait eue à dissiper la chaudiere. Aussi la quantité de bois qu'exigeait la méthode usitée est-elle effrayante. Palissi qui avait vu les salines de Lorraine, & qui nous en a laissé une description dans son *Traité des Sels divers*, (ann. 1580), nous apprend que, pour l'entretien d'une chaudiere (*a*), il fallait mille arpens de bois par an. De-là, dit-il, a résulté dans la Province, une telle disette de cette denrée qu'elle y coûte trois fois plus que dans tout le reste de la France, quoique la Lorraine ait une immensité de forêts.

Le travail n'était probablement pas le même à Salins. Sans doute, l'eau destinée à l'évaporation, se mettait dans des moules ; car le sel en sortait, & se vendait sous la forme de pains. En 1510, les Bourguignons qui, à raison du voisinage, consommaient beaucoup de ce sel, s'étant plaints qu'on

---

(*a*) Chaque chaudiere avait trente pieds de haut sur autant de large. Elle était maçonnée sur un four à deux gueules ; & à chacune des gueules était un homme occupé continuellement à y jetter du bois.

faisait

faisait les pains plus petits qu'à l'ordinaire, la Chambre-des-Comptes de Dijon ordonna qu'à l'avenir ils seraient pesés. Comme cette Ordonnance intéressait l'Empereur, à qui appartenait la Franche-Comté, elle occasionna des représentations de la part de son Ambassadeur à la Cour de France; &, dans le recueil des Lettres de Louis XII, il en existe plusieurs de Jean le Veau, l'un des Secrétaires de l'Ambassadeur, lesquelles parlent de cette affaire, que le Roi accommoda enfin à la satisfaction de l'Empereur.

Au reste, le produit d'un puits salé ne répondait pas à l'énorme consommation de bois qu'il exigeait, puisque, selon Palissi, toutes les forêts du Royaume, & ses puits salés, combinés ensemble, n'eussent pas donné en cent ans autant de sel qu'en donnaient en six mois, avec la seule chaleur du soleil, les marais salans de Saintonge. D'ailleurs, ce sel artificiel, ajoute l'auteur, avait un autre inconvénient; c'était d'être, en qualité, bien inférieur au sel marin.

Celui-ci est, depuis très-long-tems, pour nos Provinces maritimes, un objet de commerce très-avantageux. Palissi en parle en ces mêmes termes pour la Saintonge. Le sel de ce canton était particuliérement recherché des étrangers, qui le trouvaient, dit-il, meilleur que celui de Portugal ou d'Espagne, lequel passait pour trop corrosif. Le Médecin Alain, contemporain de Palissi, qui nous a laissé un traité *de facturâ salis apud Santones*, regarde ce sel comme le meilleur de l'Europe.

Commerce du sel.

Selon Guichardin (*Description des Pays-Bas*, ann. 1582,) Anvers tirait de Brouage tous les ans pour 198000 écus de sel.

Celui des salines de Provence fournissait, à ce qu'assure Beaujeu, la consommation de la Savoie, du Dauphiné, du Lyonnais, & de toute la côte d'Italie, depuis Gênes jusqu'à Naples. La plus grande partie se faisait au territoire d'Hieres, & à Berre dans l'île de la Crau.

<small>Marais salans de Bretagne.</small>

Au dernier siècle, les Bretons s'étant avisés d'établir aussi, sur leurs côtes, des marais salans, leur sel, quoi qu'inférieur à celui de Saintonge, de la Rochelle, & des îles de Rhé & d'Oleron, fut recherché de préférence par les étrangers, parce que la modicité des droits qu'ils payaient, leur permit de le donner à plus bas prix. C'est la remarque que fait l'Intendant de la Rochelle, dans le Mémoire qu'il fournit en 1697 au Duc de Bourgogne, sur l'état de sa Généralité. Selon lui, les deux Provinces & les deux îles dont je viens de parler, perdirent ainsi tout-à-coup ce *débit extraordinaire* qui les enrichissait auparavant, & elles se virent forcées d'abandonner un tiers de leurs marais. Ce tiers, l'auteur le fait monter à 37,177 arpens.

<small>Sel employé dans le batême.</small>

Si l'on s'en rapporte à Palissi, c'est aux Bourguignons qu'est due la coutume de mettre un grain de sel sur la langue des enfans au moment du batême. Après avoir vanté les vertus de cette substance, il dit : *Si les Bourguignons eussent conneu que le sel fust ennemi de la nature humaine, ils n'eussent ordonné de mettre du sel en la bouche des petits enfans*, quand on les baptife; & on ne les appelleroit pas *Bourguignons falés*, comme l'on fait.

La manière dont l'auteur s'exprime en cet endroit, ferait croire que l'ufage dont il s'agit, ne fubfiftait encore alors que dans la feule Bourgogne.

Ce n'eft pas feulement comme objet d'affaifonnement pour nos mets, qu'il faut confidérer le fel; mais comme une fubftance qui mêlée, incorporée avec d'autres, leur donne une faveur qu'elles n'avaient pas, & qui les rend propres à devenir ainfi elles-mêmes chofes d'affaifonnement, ou à pouvoir fe garder plus long-tems qu'elles l'auraient fait fans ce moyen. Tels étaient les afperges, les pois écoffés, les champignons, les moufferons, les morilles, que l'on faifait cuire à moitié, dit Gontier, dans une eau faturée de fel, & que l'on confervait enfuite dans la même matière. Tels étaient les fonds d'artichaud qui, cuits ainfi, fe gardaient dans des pots oblongs, recouverts d'un pouce ou deux de beurre fondu. *Plantes confites au fel.*

On peut ranger auffi dans la claffe dont nous parlons, l'efpèce de petits poiffons qu'on nomme anchois. Beaujeu écrit que de fon tems (an. 1551,) pour les confire & les préparer, la manière ordinaire était d'étendre alternativement dans un barril une couche de fel, puis une couche de fenouil, puis enfin un lit d'anchois; & ainfi fucceffivement jufqu'à ce que le barril fût plein. *Anchois.*

D'après le témoignage du même auteur, j'ai dit plus haut, à l'article des poiffons, que les Provençaux s'étaient appliqués, pendant quelque tems d'une manière très-lucrative, à la pêche des anchois; mais qu'ils avaient été obligés d'y renoncer, parce que les Espagnols en apportaient dans nos ports une telle quantité, & les donnaient à si bas prix, que nos Pêcheurs n'avaient pu soutenir la concurrence.

Botargue. Un des meilleurs revenus de ceux-ci était la sorte de composition qu'ils nommaient botargue, ou poutargue. Ils employaient, pour la faire, des œufs de mulet qu'ils étendaient au soleil, & qu'ils saupoudraient de sel blanc, écrasé fort menu. En cet état, on les mettait à la presse sous une planche chargée de grosses pierres; &, quand leur humidité était bien exprimée, on les exposait de nouveau au soleil, jusqu'à ce qu'ils fussent noircis. Ce ragoût, qu'il suffisait après cela de garder dans un lieu sec, excitait la soif d'une manière aussi agréable que sûre, dit Beaujeu. Aussi était-il fort recherché de ceux qui aimaient à boire (*a.*) Il devait moins plaire sans doute, aux personnes sobres. Gontier nous apprend qu'il eut un jour la curiosité d'en goûter, & qu'il trouva que c'était un mets détestable.

Cavial. Le caviaire ou cavial différait peu de la botargue. C'étaient des œufs d'esturgeon, préparés de même avec du sel. Toute la différence, selon le rapport de Beaujeu; c'est que ceux-ci, au lieu d'être mis en presse comme les autres, étaient battus avec des maillets; & qu'après les avoir exposés au soleil,

_____

(*a*) Charles-Etienne appelle botargue, une sorte de cervelas fait avec du poisson, & qui était fort recherché en Italie.

on en formait des boules, de la grosseur d'une pomme, que l'on conservait ensuite dans des vases de terre vernissés, remplis d'huile. Les Provençaux, ajoute l'Evêque de Senez, avaient appris des Grecs l'art de faire du cavial ; *car*, dit-il fort plaisamment, *on aime moins l'huile en Espagne, le beurre en Flandres, le vin en Allemagne, & en Normandie les bouillies au lait, qu'on aime le cavial en Grèce*. Mais probablement celui des Provençaux, n'avait pas de réputation ; puisqu'au rapport de Charles-Etienne & de Champier, la France tirait de Grèce tout ce qu'elle en consommait. Aujourd'hui le nom même en est inconnu des Français. Cependant, l'auteur du *Dictionnaire du Commerce* (édition de 1741) écrivait qu'on commençait alors à le rechercher dans le Royaume, & qu'il n'*étoit pas méprisé sur les meilleures tables*.

Théophraste chez les Grecs, Pline, Sénèque, & Dioscoride chez les Latins, ne désignent le sucre que sous le nom de miel des roseaux : mais de leur tems on ne le connaissait que comme un syrop ; le secret de le blanchir, de l'épurer, de le durcir par la cuisson, n'avait pas encore été trouvé. A la vérité, Pline & Dioscoride parlent de sucre *blanc, sec & cassant, de la grosseur d'une aveline, qu'on trouve dans la canne qui le produit*. Il est probable que les deux Naturalistes ont été induits en erreur, & que la substance dont ils font mention est celle du roseau nommé bambou, lequel porte, lorsqu'il est jeune, une moelle syrupeuse, & donne une sorte de sucre qu'on trouve conso-

Sucre.

lidé autour des nœuds de la tige. Mais quand même ils ne se seraient point trompés, ce ne serait point encore là le secret dont il s'agit, c'est-à-dire, l'art de cristalliser le sucre.

On prétend que cet art est en usage depuis plus de neuf siècles chez les Arabes. Il est de beaucoup postérieur en Europe; quoiqu'on ne puisse pas peut-être assigner l'époque précise où il y a été introduit, ou trouvé.

Si l'on en croit Pancirolle (*de rebus perditis & inventis*,) il a eu lieu dans l'Occident vers l'an 1471; & l'honneur en est dû à un Vénitien qui, dit-il, s'enrichit extrêmement par cette découverte.

C'est aux Italiens à vérifier cette anecdote honorable pour leur patrie. Quant à moi, je me contente de remarquer que nous avions en France du sucre raffiné, plus d'un siècle & demi avant la découverte attribuée au Vénitien. Un compte de l'an 1333, pour la maison d'Humbert, Dauphin de Viennois, parle de *sucre blanc*. Il en est question dans une Ordonnance du Roi Jean, ann. 1355, où l'on donne aussi à cette substance le nom de *casetin*. Eustache Deschamps, Poëte mort vers 1410, & dont il nous reste des poésies manuscrites, dénombrant les différentes espèces de dépenses qu'une femme occasionne dans un ménage, compte celle du *sucre blanc* pour les tartelettes (a). Enfin,

___

(a) Le sucre était alors une denrée fort chere. On lit dans le *Relèvement de l'accouchée* une anecdote, qu'avait conservée à Paris la tradition, sur un certain S^r. Dambray, qui étant au lit de

dans le *teſtament de Pathelin*, l'Apothicaire, conseille au malade, entre autres remèdes, *d'uſer du ſucre fin*.

Ce ſucre *fin*, ou raffiné, ſe tirait d'Orient par la voie d'Aléxandrie ; & il nous était apporté en très-grande partie par les Italiens qui faiſaient preſque ſeuls le commerce de la Méditerranée. Peut-être même ceux-ci en fabriquaient-ils chez eux : car il y a pluſieurs témoignages que, vers le milieu du XIIe ſiècle, les Siciliens avaient tranſplanté dans leur île des cannes à ſucre. Lorſqu'au commencement du quinziéme le Prince Henri de Portugal voulut cultiver Madere que ſes vaiſſeaux avaient découverte, il y fit planter de ces mêmes cannes, tirées de Sicile (*a*). De Madere, les Portuguais, par la ſuite, en tranſporterent au Bréſil. L'Eſpagne ſuivit cet exemple. Elle introduiſit dans les Royaumes d'Andalouſie, de Grenade, de Va-

―――――――――――――――――――

la mort, & voulant ſoulager ſa conſcience, laquelle apparemment lui reprochait quelque profit illégitime, donna à l'Hôtel-Dieu trois pains de ſucre.

Pendant fort long-tems, le haut prix de cette marchandiſe la fit ranger preſque dans la claſſe des remèdes. Les Apothicaires la vendaient excluſivement, ainſi que l'eau-de-vie ; & de-là vint ce proverbe, *Apothicaire ſans ſucre*, lequel ſubſiſte encore, pour exprimer un homme qui manque de ce qui lui eſt le plus néceſſaire.

(*a*) L'abondance du ſucre que les plantations nouvelles produiſaient aux Colons, les porta à confire les fruits de leur île, & à en faire commerce. La plupart des fruits confits, & bonbons étrangers, qui ſe conſommaient en France au XVe ſiècle, nous arrivaient de Madere, dit Champier.

lence &c, & aux Canaries, la culture dont nous parlons. En 1545, Ovando, Gouverneur de S. Domingue, tira des Canaries une certaine quantité de cannes qu'il fit planter dans son île. Graces à la fertilité du climat, elles y prospérèrent tellement que bientôt leur produit y fut une des principales richesses des Colons.

<small>Plantation des cannes à sucre dans le Royaume.</small>

Cette sorte de culture devint tout-à-coup pour l'Europe méridionale, au XVe siècle, une espèce d'engouement général. Par-tout on voulut élever des cannes. On en planta même chez nous. Beaujeu qui écrivait en 1551, dit que les Provençaux en cultivaient *depuis deux ans (a)*; qu'elles avaient même poussé assez bien; mais que, comme elles étaient encore trop jeunes, & que cette plante ne rapporte qu'au bout de trois années, on n'avait pas pu prononcer sur la qualité du sucre qu'elles donneraient.

En attendant qu'elles pussent en produire, on était obligé de tirer des pays étrangers tout celui que consommait le Royaume. Charles Etienne nous donne sur cet article quelques détails curieux. « Les » sucres les plus estimés, dit-il, sont ceux que nous » fournissent l'Espagne, Alexandrie, & les îles de » Malthe, de Chypre, de Rhodes, & de Candie. » Ils nous arrivent, de tous ces pays, moulés en » gros pains. Ceux au contraire qui nous vien-

___

(a) De Serres nous apprend qu'on les avait tirées de Madere & des Canaries.

» nent de Valence sont en pains plus petits. Celui
» de Malthe est plus dur; mais il n'est pas aussi
» blanc, quoique cependant il ait du brillant & de
» la transparence. Au reste, le sucre n'est autre
» chose que le jus d'un roseau, qu'on exprime au
» moyen d'une presse ou d'un moulin; qu'on blan-
» chit ensuite, en le faisant cuire trois ou quatre
» fois; & qu'on jette enfin dans des moules où il
» se durcit ».

Il résulte de ce passage que les procédés pour raffiner le sucre étaient alors les mêmes à-peu-près que ceux dont nous nous servons aujourd'hui; mais il résulte aussi, je crois, que la France ne savait point encore l'art de le raffiner. Eh! comment l'eût-elle appris, elle qui n'avait point de cannes. Bientôt cependant les Provençaux furent obligés de le connaître, quand les leurs furent devenues assez grandes pour être en plein rapport. De Serres (*Théâtre d'Agriculture*, ann. 1600) entre sur cela dans quelques détails. Après avoir enseigné à cultiver les cannes, à les garantir des gelées, il ajoute qu'à la mi-Septembre on les coupait rez-pied, rez-terre; qu'on les hachait par tronçons; qu'on les faisait bouillir dans l'eau; & que, quand cette eau était bien imprégnée de la substance syrupeuse du roseau, on la faisait évaporer jusqu'à siccité : ce qui donnait un sel qui était le sucre.

Ce n'est point à moi de prononcer sur de pareils procédés. Je les laisse apprécier à nos Raffineurs qui, employant une autre méthode, ont sans doute de bonnes raisons pour faire sécher leur syrop dans des formes, & pour l'y durcir entiérement par l'addition de chaux ou d'autres matières alkalines.

Au siècle dernier, ce n'était plus le sucre d'Alèxandrie, de Chypre, de Rhodes, que consommait la France ; c'était seulement celui de Madere & des Canaries. Il nous en arrivait aussi beaucoup par la voie des Hollandais, qui, depuis qu'ils s'étaient emparés de la plupart des établissemens des Portuguais dans les Indes & en Amérique, avaient succédé au commerce de ceux-ci. Le sucre de Hollande était en pains de dix-huit à vingt livres. On le nommait sucre de palme, parce que les pains étaient enveloppés dans des feuilles de palmier. Les Anglais ayant beaucoup étendu cette culture dans celles des Antilles qu'ils possédaient, ils s'emparèrent bientôt de ce commerce. Vers 1660, ils étaient les seuls qui fournissaient de sucre tout le nord de la France.

Dans nos Colonies. Les profits qu'offrait cette denrée dont la consommation augmentait tous les jours, avaient déja éveillé l'industrie de nos Colonies d'Amérique. Elles en formerent un objet de spéculation, & voulurent aussi cultiver des cannes, ainsi qu'avaient fait les Espagnols & les Portuguais dans les leurs. Mais ces cannes, elles n'eurent point, comme ceux-ci, la peine de les tirer de contrées étrangeres. Le sol de S. Christophe, de la Martinique, de la Guadeloupe, en produisaient naturellement. C'est ce qu'assure Labat (*Voyage des Antilles*) ; & il défie de prouver qu'elles y ont été apportées du dehors, quoiqu'il convienne que ce font d'autres peuples qui ont appris à nos Colons l'art d'en faire du sucre. Selon lui, les Français en fabriquerent à S. Christophe vers 1644 ou 45 ; & à la Guadeloupe en 1648. Nos maîtres, dans cette dernière île, furent quelques Hollandais qui, expulsés du Brésil par les Portuguais, se refugierent à la Guadeloupe, où ils formerent un nouvel établissement, dans lequel ils reprirent une culture qu'ils avaient été forcés d'abandonner, & qu'ils enseignerent à leurs nouveaux compatriotes.

Nos Colons de Saint-Domingue trouverent les mêmes secours dans la partie de l'île qui est possédée par les Espagnols. Par-tout enfin, les Colonies françaises planterent des cannes; & bientôt ces plantations, par l'économie des cultivateurs, par la qualité supérieure du sol, par le prix plus modéré que ce double avantage permit de donner à la denrée, eurent un tel succès, que non-seulement elles approvisionnerent le Royaume, mais encore plusieurs pays étrangers. Une vie de Colbert, imprimée en 1695, parle déja de ce commerce, comme faisant *le plus grand revenu* des habitans de la Martinique. Aujourd'hui Saint-Domingue seul fournit, & plus que toutes les îles françaises ensemble, & plus même, peut-être, que toutes les Colonies Européannes réunies. Sa production annuelle est d'environ trois cens millions pesant de sucre; & ce sucre est encore supérieur aux autres pour la qualité.

Deux Bordelais, nommés Boucherie, ont annoncé, il y a trois ans, le secret de pousser le raffinage plus loin encore qu'on n'avait fait avant eux. De cent livres de sucre brut, les plus habiles Raffineurs ne retirent ordinairement que soixante & sept livres de sucre fin. Les sieurs Boucherie assurent que, par leurs procédés nouveaux, ils en retirent quatre-vingt-dix; ce qui donnerait un profit de vingt-trois livres par quintal. Résolus, d'après leur découverte, de former une entreprise en grand, ils ont sollicité la protection & les récompenses du Gouvernement. En conséquence, des expériences ont été ordonnées. Elles ont été faites à Paris en présence de Commissaires; & le résultat a été favorable aux deux frères. La partie principale de leur secret, m'a dit un homme de l'art, consiste à cuire plus doucement, plus lentement, les matières; d'où il résulte une moindre quantité de cette lie qu'on nomme mélasse, & par conséquent une moindre perte. Or l'honneur de cette découverte a été revendiqué, dit-on, sur les auteurs, par deux Chymistes, dont le premier a prétendu l'avoir communiquée à l'un des frères; & le second, l'avoir publiée dans un de ses ouvrages.

Des Raffineurs d'ailleurs leur ont contesté la vérité de leurs résultats, & la bonté de quelques-unes de leurs opérations. Je n'ai garde de prononcer sur ces accusations différentes, que la jalousie peut rendre suspectes. Mais ce qui est certain, c'est que les sieurs Boucherie ont élevé à Bercy, dans le voisinage de la Capitale, une raffinerie qui est très-florissante; c'est que le sucre qui en sort est, de l'aveu même des gens du métier, beaucoup supérieur pour la beauté aux autres sucres ordinaires,

de la vie privée des Français. 189

manufacturés dans le Royaume, & que cependant ils ne le vendent pas plus cher.

Le goût pour le miel a été de tout tems chez les Français un goût aussi universel que constant. La Loi Salique, & celle des Visigots, nous prouvent quelle importance on attachait anciennement à cette nourriture, puisque tous deux ont un chapitre entier de réglemens sur les ruches & les abeilles. Chez les Moines, on servait le miel à table, certains jours de l'année, comme un régal. On a vu ci-dessus que, parmi les provisions que Louis-le-Débonnaire assignait annuellement au Monastère de S. Germain, sur le produit de certaines Maisons Royales, il y avait huit modius de miel; (il sera parlé plus bas de cette mesure). Dans la charte de Charles-le-Chauve, en faveur du Monastère de Saint-Denis, le Prince en accorde de même aux Moines une certaine quantité. Anségise, dans ses Constitutions pour les Religieux de Fontenelle, règle combien de mesures ils pourront en consommer par an. Le saint Abbé va même jusqu'à déterminer la provision qui sera nécessaire pour les infirmes & les malades.

On employait encore le miel comme aliment, il y a deux siècles. Henri Etienne (*Apologie pour Hérodote*) dit que c'était sur-tout un mets de carême; & il en parle comme d'une friandise de femmes.

En qualité d'assaisonnement, le miel entrait dans une infinité de ragoûts, dans la confection des confitures, de certaines pâtisseries, des vins factices. On le préférait même au sucre; & c'était-là un choix de prédilection, qui doit d'autant plus nous étonner,

Miel.

que depuis fort long-tems on connaissait le sucre en France. Les vues d'économie n'y influaient pour rien, comme on pourrait le croire. Un pareil motif n'est fait ordinairement que pour le peuple; il n'arrête guères les gens riches, lorsqu'il s'agit des objets de luxe & de gourmandise. Soit habitude, soit goût réel ou préjugé, il paraît que nos Pères ne trouvaient pas dans le syrop épaissi du roseau de l'Inde, la saveur odorante & parfumée que les fleurs communiquent au bon miel. Aujourd'hui qu'il est totalement dédaigné & relégué presque dans la classe des remèdes, on l'emploie encore pourtant dans les pains-d'épices; ce qui est un vestige de l'ancien usage.

Selon de Serres, le miel de France le plus estimé, était celui de Languedoc. Sa bonne qualité, dit l'auteur, lui venait des fleurs de toute espèce dont le pays est couvert, & qui lui communiquaient un parfum qu'il n'avait pas ailleurs. La raison qui le rendait tel alors, subsiste toujours; & l'on sait que le miel de Narbonne jouit de même encore du premier rang.

Saffran. Le saffran, si estimé des Romains autrefois, aujourd'hui encore tant recherché dans l'Asie & dans le Nord de l'Europe, ne l'était pas moins chez nous. Potages, ragoûts, pâtisseries, liqueurs, on l'employait partout; & l'*Apologie pour Hérodote*, par Henri Etienne, en parle encore ainsi. *Le saffran, dit-il, doit être mis en tous les potages, sauces, & viandes quadragésimales. Sans le saffran, nous n'aurions jamais bonne purée, bon pois passés, ne bonne* sauce. Montagne rapporte que de son tems, en Gascogne, quand les paysans se sentaient malades, ils prenaient, comme médecine, du vin très-fort, dans lequel ils avaient fait infuser des épices & du saffran.

C'était, selon Champier, un des grands revenus du Languedoc. Longueil, dans son Panégyrique de S. Louis (a), vante le saffran de l'Albigeois; & en effet, de Serres nous représente les campagnes de ce canton du Royaume, comme presque toutes consacrées à cette production. Il nous reste un livre, du même tems, par la Rochefoucault, sur la culture du saffran dans l'Angoumois. Je n'ai pu parvenir à me le procurer; mais son titre seul prouve qu'elle y avait lieu aussi. Enfin, Beaujeu rapporte la même chose de la Provence. Celui-ci remarque même que, dans la petite ville de Saint-Maximin, l'on s'y appliquait avec le plus grand succès; & qu'il y avait tel habitant qui en recueillait jusqu'à cent cinquante livres par an.

Vers la fin du dernier siècle, l'Orléanais entreprit aussi la culture du saffran. Le Gatinais, sur-tout, y eut tant de succès, & le sien, par la qualité particulière du sol, se trouva si excellent, qu'il fit tomber en grande partie celui des autres Provinces. L'Intendant de Limoges s'en plaignait particuliérement dans le Mémoire qu'il dressa en 1698, par

―――――――――――――――――――

(a) Longueil était contemporain de Champier. Son panégyrique latin de S. Louis, n'est qu'une sorte de déclamation de Collége, dont la plus grande partie est employée à l'éloge de la France,

ordre du Roi, pour l'inſtruction du Duc de Bourgogne. Il remarque que le ſaffran avait été, pour l'Angoumois, une denrée d'excellent produit; qu'il ſe débitait en Allemagne, en Hongrie, en Pruſſe, & dans les Royaumes du Nord; mais que, depuis l'entrepriſe des habitans de l'Orléanais, on n'en trouvait plus de débouché que quand il manquait ailleurs; enfin que la vente en devenant incertaine & inégale, le Payſan avait abandonné cette culture & délaiſſé en partie les terres qu'il y employait autrefois.

Aujourd'hui l'Angoumois en produit encore une certaine quantité. On en tire beaucoup auſſi de la Normandie, de la Guyenne, de la Principauté d'Orange; mais le meilleur vient toujours du Gâtinais *(a)*. Ce dernier paſſe même pour le premier de toute l'Europe, après celui d'Angleterre; & c'eſt une des principales richeſſes de ce canton. Au reſte, le ſaffran qui ſe recueille dans le Royaume, s'exporte preſque entiérement chez l'étranger. Nos offices, nos boutiques d'Apothicaires en conſomment encore un peu; mais nous l'avons banni entiérement de nos cuiſines.

Huile d'olives. On a lu précédemment que nous ſommes redevables de l'olivier aux Phocéens, & que ce ſont ces

---

(a) Parmi ceux de ce canton, le plus renommé eſt celui de Boiscommun.

M. Duhamel, qui a ſes terres en Gâtinais, a publié un Mémoire curieux ſur une maladie contagieuſe, particuliere à l'ognon du ſaffran, & nommée *la mort.*

Grecs

Grecs qui, lorsqu'ils vinrent fonder Marseille, enseignerent aux Gaulois la culture d'un arbre si utile. De proche en proche, il se multiplia dans les cantons contigus. Ces Provinces attacherent un grand prix à sa multiplication, parce qu'il forma un de leurs meilleurs revenus. Elles allerent même jusqu'à regarder comme coupable de grand délit, & comme punissable, celui qui coupait dans le champ d'un autre un olivier. La loi des Visigots le condamne à une amende de cinq sous; amende alors considérable. En 1054, un Concile de Narbonne défendit d'en couper aucun. Il est vrai que la défense du Concile tenait moins au zèle de l'intérêt public, qu'à une idée religieuse. Le motif qu'il allègue pour faire respecter l'olivier, est que cet arbre fournit la matière du S. Crême, & celle du luminaire des Eglises.

Néanmoins, comme nos Provinces méridionales sont les seules où l'olivier puisse croître avec un certain avantage, il n'a dû se multiplier en France que faiblement. Aussi la quantité d'huile que produisaient ces Provinces, n'a-t-elle jamais été suffisante, à beaucoup près, pour la consommation du Royaume. Ce fut cette considération qui en 817. porta le Concile d'Aix-la-Chapelle à permettre aux Moines l'usage du jus de lard; & en 1491, le Souverain Pontife à permettre à la Maison de la Reine Anne, puis ensuite à la Bretagne, puis successivement à nos autres Provinces, celui du beurre en assaisonnement pour les jours maigres.

Dans une vie de S. Filbert, Abbé de Jumièges,

vers la fin du VII$_e$ siècle, il est mention d'huile d'olives de Bordeaux.

Celle de Marseille avait conservé sa réputation depuis les Phocéens. Il s'en faisait un gros commerce au commencement de la première Race; & Grégoire-de-Tours nous apprend que les négocians d'Outremer la préféraient même à la leur.

Aujourd'hui nous regardons l'huile d'Aix, & celle de Grasse, comme les meilleures des huiles de Provence pour la qualité. Il y a plus d'un siècle que Pitton (*Histoire de la ville d'Aix*) a fait l'éloge de la première; disant d'elle qu'elle était *la plus douce & la plus légère de toute la Province*. Cependant l'auteur ajoute une chose qui ferait croire qu'alors le territoire de cette ville n'en recueillait pas une aussi grande quantité qu'aujourd'hui. *Nous en avons pour notre provision achevée, lorsque les récoltes sont avantageuses*, dit-il, *& nous en faisons part à la ville de Paris, pour la délicatesse de sa table*. Gontier, qui écrivait en 1668, plaçait au premier rang celle d'Aramon.

Huiles étrangères.

Quoique l'huile fine de Provence soit la première de celles qui se fabriquent dans le Royaume, néanmoins elle n'a pas toujours été regardée comme la première de celles qui s'y consomment. Pendant long-tems, l'huile d'Espagne a passé pour lui être supérieure. Beaujeu en convient dans son Panégyrique latin de la Provence, (ann. 1551); " mais
" à présent, dit-il, nous avons des oliviers si parfaits, & nous les cultivons si bien, que notre
" huile ne le cède à aucune autre ".

Cette huile, les Provençaux l'envoyaient, non dans des barrils, comme on envoie les autres liqueurs; mais dans des outres, c'est-à-dire dans des sacs de peaux de chevres, préparées. Liébaut nous apprend la maniere dont se faisaient ces sacs. Au lieu d'écorcher l'animal quand il était tué, (ce qui eût ouvert sa peau & l'eût rendue inutile), on le dépouillait, de la même façon que nos Cuisiniers dépouillent aujourd'hui le liévre & le lapin. De Serres, qui fait aussi mention de ce procédé, remarque que dans quelques Provinces on se servait d'outres pour transporter les vins au-dehors. Au reste, personne n'ignore que c'était-là une méthode fort en usage chez les Anciens. Les Provençaux l'avaient reçue d'eux; & c'est une de celles qu'ils ont conservée le plus long-tems. {Outres.}

Il sera encore parlé des outres à l'article du vin.

L'huile d'olive, trop peu abondante pour fournir à la consommation du Royaume, y aquiert, par sa rareté, un prix qui la met hors de la portée du peuple. Aussi est-il reconnu qu'il y a les trois quarts de la France qui n'en consomment point. Les Provinces auxquelles sa cherté l'interdit, y suppléent par celle qu'elles extraient de certaines graines, ou fruits huileux, que produit leur territoire. Dans le Bourbonnais, par exemple, dans l'Auvergne, la Saintonge, le Limousin, la Bourgogne, le Lyonnais, &c, le peuple se sert, pour salades & pour fritures, d'huile de noix. Nos Provinces septentrionales, la Lorraine, l'Alsace, & la Flandres; la Franche-Comté même, & depuis quelques années, le Beaujolais, {Huile tirée de fruits oléagineux.}

M 2

employent celle que l'on connaît vulgairement sous le nom d'huile d'œillet, & qui est faite avec la semence du pavot de jardin, ou de coquelicot.

Huile d'œillet.

Cette derniere, douce, agréable au goût, d'une couleur brillante, point sujette à rancir comme l'huile d'olive, a été long-tems un objet de commerce pour la Capitale. Enfin, au commencement de ce siecle-ci, quelqu'un s'avisa d'y écrire qu'elle était narcotique. Il se trouva des cerveaux méticuleux qui le crurent. L'opium se faisant avec la tête du pavot, on ne douta point que l'huile faite avec la semence ne fût soporative aussi; quoiqu'aucun Médecin ancien ou moderne ne lui eût reproché cette qualité nuisible; quoique plusieurs de nos Provinces s'en servissent, & que les Anciens s'en soient servi de même impunément (a).

Cependant les terreurs ayant occasionné des plaintes, le Lieutenant Général de Police crut devoir consulter la Faculté de Médecine, & porter cette question à son Tribunal. La Faculté nomma des Commissaires qui, après beaucoup d'expériences, déciderent en 1717, *que la graine de pavot n'a rien de narcotique, & que son huile n'est ni préjudiciable, ni nuisible à la santé.* D'après ce jugement, le Châtelet rendit une Sentence qui autorise à Paris la vente de l'huile d'œillet; qui enjoint seulement aux Epiciers de la distinguer, dans leurs boutiques, de

---

(a) Pline témoigne que, de son tems, les paysans d'Italie doraient leur pain avec un jaune d'œuf avant de le mettre au four, & qu'ils en saupoudraient la croûte supérieure avec la graine de pavot.

celle d'olive par une étiquette; & qui leur défend sur-tout de la mêler avec cette dernière, & de la vendre pour huile d'olives, sous peine d'une amende de trois mille livres.

Il était très-difficile d'empêcher ce mélange, sur lequel l'acheteur peut être très-aisément dupé, & auquel le marchand gagne trop lui-même pour n'être pas excité à la fraude par le profit. Plusieurs en effet en furent convaincus. Il y eut des punitions exemplaires; mais ces punitions n'ayant pas suffi pour l'arrêter, le Châtelet, en 1742, prit un autre parti: ce fut de défendre la vente de l'huile même, ordonnant que visite serait faite chez tous les marchands qui en auraient, & qu'on jetterait dans tous les barrils quelques pintes d'essence de térébenthine, afin qu'elle ne pût plus être employée que pour la peinture. Une pareille sentence doit être excusée par le motif qui la dicta; car elle tendait à prévenir un abus. Peut-être néanmoins eût-on pu remédier à cet abus autrement; mais au moins, en proscrivant l'huile de pavot, on ne la déclarait pas nuisible. Cette inculpation fut prononcée, douze ans après. Des Lettres-patentes, enregistrées au Parlement, la défendirent comme telle: *Prononçant que, de tout tems, elle avait été reconnue d'un usage pernicieux*; ordonnant qu'on y mêlerait de l'essence de térébenthine dans le moulin même où elle serait fabriquée; & interdisant aux marchands d'en vendre autrement qu'altérée ainsi.

Ces arrêts avaient été obtenus par les Maîtres-Gardes de la Communauté des Epiciers, qu'on pouvait soupçonner d'avoir eu, pour les solliciter, un motif d'intérêt, & qui d'ailleurs, pouvant s'être trompés eux-mêmes, avaient pu innocemment induire en erreur les Magistrats, M. l'Abbé Rosier, auteur du Journal de Physique, & Physicien lui-même aussi éclairé que zélé pour le bien public, entreprit de rectifier sur cette matiere l'opinion des Juges. En 1773, il remit entre les mains du Lieutenant de Police un Mémoire, dans lequel après avoir exposé les principaux faits qu'on vient de lire, il représentait que l'huile d'olive étant, par sa rareté, trop chere pour le commun des consommateurs, c'était une chose nécessaire de permettre la vente d'une autre; que, malgré tous les Arrêts rendus, les marchands de la Capitale faisaient venir une grande quantité de celle de pavot; que presque tous s'en servaient pour mêler avec leurs huiles d'olive; que c'est-là un vrai tort qu'essuyent les consommateurs, puisque l'une est bien moins chere que l'autre, & que cependant on la leur vend au même prix; enfin que la premiere étant agréable & saine, il n'y avait nul inconvénient à lever les défenses qui en proscrivaient la vente.

En conséquence de ces réflexions, le Lieutenant de Police consulta la Faculté de Médecine, qui, au mois de Janvier 1774, prononça, ainsi qu'elle avait fait déja en 1717, que *l'huile de pavot n'a rien de narcotique, & rien de préjudiciable ou de nuisible.* Sans doute, il y a eu quelque considération importante qui a empêché l'effet de ces décisions multipliées & si propres à rassurer; mais les arrêts subsistent toujours, & la fraude par conséquent a toujours lieu.

M. l'Abbé Rosier ne s'est pas contenté d'employer en réclamations ses connaissances physiques. Il les a exercées d'une maniere plus utile encore, en travaillant sur les huiles grossieres de navette & de colsat, qu'il est parvenu, non-seulement à rendre mangeables, mais encore à dépouiller de cette fumée noire & infecte qui, dans les manufactures où on les emploie pour éclairer, incommode les ouvriers & tâche les étoffes. Ses procédés sont consignés dans un ouvrage qu'il a intitulé : la meilleure maniere de cultiver la navette & le colsat.

M. Sieuve, de Marseille, a publié aussi en 1769 sur les olives de Provence, un autre ouvrage, dans lequel il fait mention d'un moyen, trouvé par lui, pour empêcher l'huile d'olive de rancir ; défaut auquel elle n'est, comme on sait, que trop sujette. Il y annonce encore un moulin de son invention, propre à extraire des olives une huile plus abondante & plus fine.

On se rappelle d'avoir lu plus haut, au chapitre de la volaille, que pendant long-tems les volatiles avaient été réputés nourriture maigre. J'ajoute maintenant qu'il a été un tems aussi où l'on a regardé de même, comme maigre, la graisse animale, celle des quadrupedes. La premiere opinion était fondée, ainsi que je l'ait dit, sur un passage de la Genèse mal entendu : la seconde fut la suite d'une hérésie née dans l'Orient.

Graisse.

Un certain Eustatus, ou Eutactus, avait eu, sur certains points de discipline ecclésiastique, & en particulier sur l'usage de la viande, qu'il regardait comme criminel, des sentimens erronés qui furent condamnés dans un Concile de Gangres. Mais, comme ses erreurs s'étaient sur-tout beaucoup répandues chez les Prêtres & chez les Moines, un autre Concile, tenu à Ancyre, ordonna que, pour reconnaître ceux qui en seraient imbus, tout Prêtre & tout Diacre serait tenu de manger, au moins une fois, de la chair. Si, après cette épreuve, il voulait y renoncer, on lui en laissait la liberté. Quant à ceux qui, par dévotion, s'abstenaient de viande, le Concile exigea qu'ils mangeassent du moins des légumes cuits avec de la chair; &, en cas de refus, il les condamnait à être interdits. *Hi qui in clero sunt, Presbyteri vel Diaconi, & a carnibus abstinent, placuit eas quidem attingere, & sic, si voluerint, abstinere. Si autem noluerint olera quæ cum carnibus coquuntur comedere, & canoni non cedant, ab Ordine cessare.*

De ce réglement il résulta que, pour éloigner toute suspicion d'hérésie, ceux des Moines qui s'étaient dévoués à un carême éternel, non-seulement mangerent des légumes accommodés avec de la graisse; mais que, par une sorte d'obéissance habituelle au Canon du Concile, ils continuerent de les manger ainsi. Par-là, ils s'accoutumerent insensiblement à regarder la graisse comme une substance maigre, ou plutôt comme une substance qui n'empêchait point les alimens d'être maigres. Cette opinion passa bientôt dans l'Occident, dont les Moines cherchaient à imiter en tout la régularité des Moines Orientaux. Chez nous, elle fut adoptée également par le Clergé, comme par les Réguliers,

Le Moine de S. Gal raconte que Charlemagne, étant en voyage un vendredi, arriva tout-à-coup à l'improviste chez un Evêque. Celui-ci qui ne l'attendait point, se trouva fort embarrassé; car il n'avait point de poisson à offrir au Prince, & il n'osait lui servir de la viande, à cause du jour. Il présenta donc ce qui se trouva chez lui, c'est-à-dire du fromage & de la *graisse*; & Charles en fit son repas, dit l'historien.

Cependant, il paraît que ceux des Moines qui se dévouaient à une austérité plus grande s'interdisaient cette substance, même en assaisonnement, parce qu'ils la croyaient chose trop délicate. Lorsque S. Benoît d'Aniane fonda des Monastères, il y établit l'abstinence de la graisse.

Il est probable encore qu'il y avait dans les Provinces de France beaucoup d'autres Couvens qui se faisaient de même un scrupule d'en user; puisqu'en 817, lorsque le Concile d'Aix-la-Chapelle interdit aux Réguliers l'usage de la volaille, ainsi que je l'ai remarqué plus haut, il leur permit celui de la graisse, pour les dédommager de cette privation: cependant il excepta de sa permission tous les vendredis de l'année, la huitaine de Noël, & le carême entier : *ut Fratres aliquid pinguedinis habeant; excepto sextâ feriâ*, &c.

Malgré cela, il y eut, comme auparavant, & en différens siècles, de saints personnages qui, par pénitence, se refuserent à l'adoucissement que permettait le Concile; & je pourrais en citer plusieurs, S. Gautier, S. Bon, S. Thierri, &c. Je pourrais même citer des Supérieurs d'Ordres & de Couvens, tels qu'Albert, Abbé de S. Martial; Pierre-le-Vénérable, Abbé de Cluni &c, qui le défendirent à leurs Moines le samedi. Mais en général on l'adopta dans tous les Couvens, même les plus réguliers.

Ce fut en conséquence de cet usage que Louis-le-Débonnaire assigna annuellement au Monastère de S. Germain vingt muids (*modios*) de graisse (*a*), & trente à celui de S. Denis.

(*a*) Selon Dom Bouillart, historien de cette Abbaye, le muid pesait quarante-quatre livres, & revenait à notre demi-minot. Pour les liqueurs, D. Mabillon (*Annales Bénédictines*) prétend qu'il ne contenait que seize setiers; & le setier six verres. Je n'ose rien décider sur la justesse de ces mesures; mais il me semble pourtant que l'évaluation de D. Bouillart est trop faible. Car l'Empereur, dans son Diplôme, trouve que vingt modius sont une provision suffisante pour cent vingt Moines. Or si le modius n'eût pesé que 44 livres, il n'eût fourni à-peu-près que six ou sept livres de graisse pour la consommation annuelle de chaque Religieux; ce qui évidemment n'aurait pas suffi.

Au reste, outre cette quantité d'assaisonnement, le Prince, par son même Diplôme, assigne encore au Monastere, deux mille *modius* de vin, cent quatre-vingt de légumes, cent de sel, quatre de beurre, huit de miel, trois cens vingt de froment, tant pour les Religieux que pour les hôtes; enfin, cent soixante pensés de fromage, avec de la volaille & des œufs pour les fêtes de Pâques & de Noël.

Charles-le-Chauve confirma en 871, ce réglement de son Pere. La considération dont jouissait alors l'état monastique, relevait beaucoup l'importance qu'on attachait à de pareils détails. Nos Rois s'en sont occupés plusieurs fois; sur-tout pour les Couvens, qui, comme ceux-ci, étaient de fondation Royale. Quelquefois même des Conciles s'en sont mêlés; &, cette même année 871, il s'en tint un dans le Rémois, qui régla le revenu des biens de celui de S. Médard.

Dans les Statuts de la Confrairie des Drapiers de Paris (ann. 1362), il est réglé que la graisse de toutes les viandes qui, le jour de la Confrairie, auront été cuites pour les Confreres, sera donnée aux Religieuses de Valprofond.

Au défaut de graisse, on se servait de lard pour la cuisine des Moines; c'est-à-dire, qu'on mettait un morceau de lard dans leurs légumes & dans leurs herbes potagères, lorsqu'on les faisait cuire. Avant de servir ces légumes sur table, on pressait bien le lard pour en exprimer le jus; mais, quand il était ainsi pressuré, on avait grand soin de le jetter : car ces mêmes hommes qui, dans la paix de leur conscience, avalaient plusieurs livres de chair de cochon réduites en jus, auraient cru pécher mortellement s'ils eussent avalé sciemment la moindre parcelle de cette même chair en nature.

Lard employé en maigre.

Ceci explique un fait qu'autrement on aurait peine à comprendre : c'est cette quantité de porcs, consommés par des Religieux auxquels leur Règle défendait expressément la chair des quadrupèdes. S. Anségise, Abbé de Fontenelle, dans la Constitution qu'il fit pour ses Moines au commencement du IXe siècle, regle qu'ils tueront annuellement quarante cochons gras, *pour se fournir de graisse, de lard, & d'oing*. Louis-le-Débonnaire, en assignant au Monastere de S. Germain, vingt modius de graisse par an, déclare que les Religieux pourront prendre en échange cinquante cochons, *les meilleurs qu'ils pourront trouver*. Il existe une Charte de Charles-le-Chauve, en faveur du Monastere de S. Denis,

(ann. 862 ,) par laquelle le Prince accorde à cette Abbaye, aux solemnités de Noël & de Pâques, deux porcs gras pour accommoder les volailles; *ad volatilia eorum præparanda.* Enfin, dans les *Miracles de S. Vandrille*, on lit l'aventure d'un Chevalier qui voulant dépouiller d'une terre le Monastère de ce nom, *commença par enlever tous les porcs que les Freres avaient engraissés pour avoir de quoi assaisonner leurs mêts.* Les Religieux d'alors, comme on voit, ne consommaient point l'animal même en substance; ils l'employaient seulement, comme aujourd'hui nous employons certaines plantes aromatiques, à donner du goût à leurs alimens; & par-là ils croyaient remplir l'abstinence que leur imposait leur Règle.

Plusieurs choses au reste avaient contribué non-seulement à entretenir, mais encore à fortifier sur ce point les préjugés du tems. Le Concile d'Aix-la-Chapelle, comme je l'ai dit ailleurs, avait permis aux Réguliers le jus de lard : *Quia oleum olivarum Franci non habent, voluerunt Episcopi ut (Canonici regulares) oleo lardino utantur.* Précédemment au Concile, le Pape Zacharie avait fait une décision, qui aujourd'hui nous étonnera beaucoup. Consulté par Boniface, Archevêque de Mayence, sur différens points de discipline, & en particulier sur celui-ci, *peut-on manger du lard en carême?* le Pontife avait répondu que, si le lard était crud, on ne devait point en manger (a); mais qu'on le pouvait, s'il

___

(a) Ce lard, mangé crud, ne doit pas surprendre. On en mange

de la vie privée des Français. 205

était desséché à la fumée & mis au feu. Zacharie avait pensé sans doute que quand le porc est foré ou rôti, il change de nature, & n'est plus du porc.

Un préjugé pareil introduisit par la suite, dans certains Monasteres, un autre abus. On en vint jusqu'à y manger de la viande hachée, sous prétexte que, déguisée ainsi, elle n'est plus viande. Ce relâchement fut condamné par la Constitution que Grégoire IX donna aux Religieux de S. Benoît; il y déclare que non-seulement la viande leur est défendue, mais encore les hachis & les farces faites de chair.

Hachis & viande réputés maigres.

S'il était possible de rendre à la vie pour un instant quelqu'un qui n'existe plus, ce serait un spectacle bien digne des yeux d'un Philosophe que de faire asseoir à une même table un Religieux du VIIIe siecle, un Religieux du XIVe, & un du nôtre, & de leur servir à tous trois ce qui, en ces différens tems, & selon le régime de leur même Regle, a constitué & constitue leur maigre. On

―――――――――――――――――

encore ainsi aujourd'hui en Westphalie, en Thuringe, & dans différens cantons de l'Allemagne. Nous-mêmes d'ailleurs, ne mangeons-nous pas cruds les harengs que l'on appelle pecqs. Brantôme, dans son éloge du Vidame de Chartres, raconte que quand ce Seigneur passa à Londres, comme un des ôtages de la paix signée entre l'Angleterre & la France, il se rendit tellement agréable au Roi Edouard, que celui-ci le mena avec lui *jusqu'au fin fonds des Sauvages d'Escosse.* Là, il y eut une grande chasse aux bêtes fauves, après laquelle les Ecossais, pressant fortement avec des bâtons le gibier tué, afin d'en faire sortir tout le sang, en mangerent la chair crue, avec du pain : ce qu'ils trouvaient un manger délicieux. Ils en offrirent au Vidame qui, pour leur plaire, en goûta.

verrait le dernier croire faire une abstinence sévère en mangeant des œufs, du beurre, & du laitage; le second regarder ces substances comme grasses, & s'en abstenir avec horreur; le premier au contraire y joindre sans scrupule une volaille, une perdrix, des légumes ou des herbages accommodés à la graisse ou au lard. Quel horrible scandale ils se causeraient l'un à l'autre! Comme ils s'anathématiseraient mutuellement!..Hélas! ne condamnons personne. L'histoire des usages d'un peuple n'est gueres, à proprement parler, que l'histoire de ses contradictions. Qui sait si les nôtres, un jour, ne seront pas, pour les siecles à venir, un sujet de critique; si nos Neveux, quand ils liront que nous n'osons manger du canard un jour maigre, tandis que nous mangeons une macreuse & une poule d'eau, ne seront pas aussi étonnés que nous le sommes aujourd'hui quand nous voyons nos Ancêtres s'être abstenus, les mêmes jours, du bœuf & du cochon, & s'être nourris pourtant de légumes accommodés avec de la graisse & du lard.

Ces réflexions, pour quiconque les approfondira, en feront naître d'autres encore, qui toutes lui inspireront également le même esprit d'indulgence. Quelquefois, par exemple, nous sommes scandalisés, lorsque nous voyons certains Monasteres, qui par leur Regle sont astreints au maigre, faire néanmoins habituellement gras. Nous attribuons au relâchement ce changement de régime. En vain ceux qui sont accusés répondent que, par l'éloignement où ils sont des rivieres & des ports de mer, le changement est devenu indispensable; nous leur demandons comment vivaient donc leurs prédécesseurs, qui, également éloignés, n'étaient pas plus à portée de se procurer du poisson? Mais, pourraient répliquer les Religieux, c'est que nos prédécesseurs, sans le savoir, faisaient gras; & que ce qui, avec les préjugés du tems, leur était facile, ne l'est plus aujourd'hui où la discipline n'est plus la même.

DEUXIEME SECTION.

Potages.

On a donné anciennement le nom de potage à la soupe ordinaire, parce qu'alors on la servait toujours avec beaucoup de légumes & d'herbes *potagères*. Maintenant, par cette expression, devenue plus noble que l'autre, l'on désigne toutes les soupes quelleconques; & c'est en ce sens que je l'employerai dans l'article qu'on va lire.

Si vous vous en rapportez aux Anglais & à quelques autres Nations, elles vous répondront que la soupe est un aliment pernicieux pour la santé. Si vous parcourez nos camps, au contraire, si vous interrogez le peuple de nos villes & de nos campagnes, vous entendrez dire que *la soupe nourrit l'homme*, que *la soupe nourrit le soldat*. A la vérité celle du soldat ou du paysan étant composée de pain trempé avec beaucoup de racines & d'herbes potagéres, parce que c'est presque le seul aliment auquel ils sont réduits, elle doit être *nourrissante*; &, considéré ainsi, le proverbe français ne prouvefait rien en faveur de la foupe. Néanmoins je fuis perfuadé qu'il indique un préjugé favorable fur cette forte de mêts; & ce préjugé, je le fonde fur ce que l'aliment dont nous parlons remonte jufqu'aux tems les plus reculés de notre Hiftoire.

En effet, comme les Gaulois, au rapport d'Athénée, mangeaient bouillies une partie de leurs viandes, on peut croire, avec quelque vraifemblance, qu'ils employaient en foupe le bouillon qui avait fervi à les cuire. Ce n'eft là qu'une conjecture, il eft vrai; mais au refte, s'il n'y a point de preuves pofitives que l'ufage de la foupe fubfiftait alors, il y en a qu'il exiftait dès les commencemens de la Monarchie; puifque Grégoire de Tours dit que Chilpéric lui offrit un potage fait avec de la volaille.

Dans les poéfies du XIIe & du XIIIe fiècle, il eft mention de potages à la purée, au lard, aux légumes, & au gruau. J'ai déja remarqué ci-devant, qu'en Bretagne on ne mangeait que de ces derniers; & que la coutume était d'y ajouter des jaunes d'œufs, des épices, & du faffran.

Nos Provinces méridionales, qui ont des amandiers & des oliviers, faifaient des potages aux amandes, & à l'huile.

Le *Fabliau du Cuvier* parle de foupe au vin. Quand Duguefclin, défié par Guillaume de Blancbourg, alla combattre cet Anglais, il avala auparavant trois de ces foupes *en l'honneur des trois Perfonnes de la Sainte-Trinité*.

Il y en avait d'autres, du même genre, qui portaient différens noms, felon les différentes fortes d'affaifonnemens d'assaisonnemens qu'on y ajoutait. Telle était, entr'autres, la *soupe dorée*, dont voici la recette, tirée de Platine. Griller des tranches de pain; les jetter dans un coulis fait avec du sucre, avec du vin blanc, des jaunes d'œufs, & de l'eau-rose; quand elles sont bien imbibées, les frire, les jetter de nouveau dans l'eau-rose, & les saupoudrer de sucre & de saffran.

Les *tostées* (rôties) *à la poudre du Duc & au vin blanc*, dont il est mention dans le Roman de Saintré, étaient une friandise de cette espèce.

C'est au XIVe siècle qu'a commencé à se raffiner notre cuisine française. Mais c'est au siècle suivant qu'elle a commencé à devenir un art, & qu'elle a trouvé des écrivains. Nous en avons un, nommé Taillevant (a), Queux (Cuisinier) du Roi Charles VII, qui composa vers 1456 un traité sur cette matière. Son livre, quoiqu'écrit en stile de formules & en langage de cuisinier, quoique rempli de termes techniques devenus barbares, est néanmoins, par son objet, infiniment curieux. Il est vrai que la doctrine de Taillevant étant de nature à n'avoir pu être mise en pratique que par les gens riches, son

---

(a) Dans un Etat de la Maison du Roi Charles VI, pour l'année 1381, on trouve un Taillevant, qualifié *Ecuyer-de-Cuisine*. C'était probablement un des ancêtres du nôtre. Au reste, le livre de celui-ci est le plus ancien traité de cuisine qui ait été écrit en français; & peut-être même le plus ancien qui existe dans les langues modernes de l'Europe. J'en connais deux éditions, toutes deux très-fautives; mais au moins l'une sert à rectifier l'autre.

livre a l'inconvénient de ne nous instruire que sur les mœurs de cette seule classe d'hommes; mais, quand il s'agit de cuisine, ce n'est plus du peuple que l'on parle, c'est des différens ordres de citoyens, depuis l'homme de Cour jusqu'au Bourgeois aisé, inclusivement.

Un autre ouvrage qui peut fournir encore beaucoup de connaissances sur l'article dont je parle, est le Platine français; production postérieure d'un demi-siècle à celle de Taillevant, & que j'ai déja eu occasion de citer plusieurs fois. Ce sont ces deux écrits qui me fourniront une partie des choses que j'aurai à dire, tant en ce paragraphe qu'aux deux suivans.

On trouve dans Taillevant des soupes à l'ognon, aux fèves, à la moutarde: dans Platine, des soupes aux raves, au fenouil, au coing, aux racines de persil, aux amandes, au millet, aux herbes, aux pommes, au verjus, à la fleur de sureau, à la citrouille, & au chénevis. On y trouve des potages appellés zanzarelles; des potages jaunes faits avec du saffran; de verds, faits avec des jus d'herbes; de blancs, avec du lait d'amandes.

Peut-être sera-t-on surpris de rencontrer dans cette liste une soupe à la moutarde, & une autre au chénevis; mais on ne le sera plus, quand on saura qu'il n'y a ici que le nom de bisarre; que les deux potages dont il s'agit étaient des mêts fort composés, dans lesquels il entrait beaucoup d'ingrédiens, & entr'autres, de la moutarde; du chénevis, dont on leur donna le nom sans trop savoir pourquoi, puisque ce n'était pas l'assaisonnement dominant. La soupe à la moutarde était faite avec des œufs frits, de la purée, de la moutarde, du gingembre, des épices, & du sucre; le tout coulé ensemble, pris bouilli, & relevé d'une pointe de verjus. Pour la soupe au chénevis, elle était composée de moëlle, de chénevis, & d'amandes, pilés avec un peu de bouillon. Après avoir passé ce coulis par l'étamine, on le faisait cuire au feu; & l'on y ajoutait du sucre, du gingembre, du safran, des épices douces, & de l'eau-rose.

Mais de tous les potages, celui qui a eu le plus de faveur, & qui l'a conservée le plus long-tems, est le potage au riz. Il en est mention dans nos anciens Fabliers & Romanciers. Par les statuts de la réforme de S. Claude (ann. 1448), ce mets est accordé en carême aux Religieux trois fois la semaine (a). Au XVIe siècle, c'était, selon Champier & Beaujeu, le potage de distinction; & il n'y avait point de festin, même dans la classe des paysans, où on ne le servît. En gras, on l'apprêtait avec du bon bouillon; & en maigre avec du lait de vache, ou du lait d'amandes: mais, soit en gras, soit en maigre, on y ajoutait toujours, pour lui donner de la couleur & du goût, du sucre & du safran.

Comme cet aliment avait la réputation d'engrais-

_____

(a) Je cite souvent dans cet ouvrage, & je citerai souvent encore, les usages des Religieux; parce que cette classe d'hommes étant astreinte, par l'austérité de son état, à une nourriture grossière, elle nous peint quelle était en ce genre la vie du peuple.

fer, les femmes de la Cour & de la Ville, qui étaient trop maigres, en faisaient beaucoup d'usage. Mais c'est-là un préjugé populaire, continue Champier. « Les Médecins éclairés accusent le riz au contraire » d'être difficile à digérer, de fournir peu de nour- » riture, & de rendre le ventre paresseux ». En 1627, Nonnius remarquait encore que le peuple en France n'eût point été content d'un festin, s'il n'y eût vu du riz au lait, assaisonné avec du sucre.

Le riz actuellement n'est pas moins recherché qu'il l'était autrefois : cependant il a cessé d'être un mets pour le peuple, même dans ses repas de réjouissance.

J'ai dit ailleurs, en traitant des pâtes d'Italie, que les soupes aux macaronis, aux lasagnes, au vermichel, étaient connues au XVIe siècle.

La panade l'était aussi alors, selon Champier. Liébaut assure même qu'il y avait beaucoup de mères qui la préféraient à la bouillie pour nourrir leurs enfans; la regardant comme un aliment beaucoup moins indigeste.

La *Comédie des friands Marquis, ou des Côteaux*, parle d'un potage aux ognons farcis.

Boileau, dans sa *Satyre du festin*, nomme les bisques. Il y fait mention aussi d'un potage au jus de citron, avec du verjus & des jaunes d'œufs, & sur lequel était posé un chapon bouilli. Ces sortes de soupes, dit le commentateur du Poëte, s'appelaient *soupes à l'écu d'argent* ; parce que le Traiteur qui les avait inventées, avait un écu d'argent pour enseigne.

On peut compter aussi parmi les soupes, ou au moins parmi les bouillons, les restaurans dont Liébaut donne la recette, & qui étaient en usage alors pour les femmes en couche, pour certaines personnes exténuées, & pour les maladies de langueur. Il y en avait un, entr'autres, qu'on appellait, par excellence, le *restaurant divin*. Au reste, ce n'étaient pas, comme aujourd'hui, de bons consommés ; mais de la viande de boucherie, ou de la chair de volaille, hachée très-menue, & distillée ensuite dans un alambic avec de l'orge mondée, des roses sèches, de la canelle, de la coriandre, & des raisins de Damas.

Palissi (*Abus des Médecins*) s'éleva contre cet usage. *Prends une excellente volaille, dit-il, & fais-la cuire dans son bouillon ; tu trouveras en ce bouillon une grande odeur, si tu l'odores, & une grande saveur, si tu le goûtes ; tellement que tu jugeras que cela est bastant pour restaurer. Fais-le distiller au contraire, puis prend de l'eau, & en goustes ; & tu la trouveras insipide, sans goût ni odeur que du brûlé. Lors tu jugeras que ton restaurant n'est bon, & ne peut rendre bon suc au corps débile.*

Les restaurans ont donné naissance aux Restaurateurs. C'est un établissement qui a eu lieu à Paris vers 1765, & qui fut imaginé par un nommé Boulanger, lequel demeurait rue des poulies. Sur sa porte, il avait mis cette devise, qui était une application peu respectueuse d'un livre très-respectable : *Venite ad me omnes qui stomacho laboratis, & ego restaurabo vos.* Boulanger vendait des bouillons

Restaurateurs.

ou consommés. On trouvait même chez lui à manger quand on voulait. Il est vrai que n'étant point Traiteur, il ne pouvait servir de ragoûts; mais il donnait des volailles au gros sel, avec des œufs frais; & tout cela était servi proprement sur ces petites tables de marbre, connues dans les caffés. A son imitation, s'établirent bientôt d'autres Restaurateurs. Il s'en établit dans les Wauxhals, au Colisée, dans les lieux d'assemblée & de réjouissance publique. La nouveauté, la mode, & peut-être même leur cherté, les accréditèrent; car ce qu'ils fournissaient était plus cher que chez les Traiteurs ordinaires. Mais telle personne qui n'eût point osé aller s'asseoir à une table d'hôte pour y dîner, allait sans honte dîner chez un Restaurateur. Néanmoins, comme ce ne sont point les pratiques choisies, mais les pratiques nombreuses, qui font vivre un marchand, ceux-ci, trop multipliés, se nuisirent les uns aux autres. Pour pouvoir se soutenir, ils furent obligés de se faire Traiteurs. Aujourd'hui tous le sont; c'est-à-dire, qu'au lieu d'un titre, ils en ont deux; & voilà tout ce qu'a produit l'établissement primitif.

Usage de servir à table plusieurs soupes. Non-seulement les potages autrefois étaient la plupart, comme on a pu le voir, des mêts très-recherchés & fort coûteux; mais on en servait encore plusieurs à la fois. Ce faste alla même si loin, qu'en 1304 un Concile de Compiegne, voulant le réprimer, au moins chez les Ecclésiastiques, défendit à ceux-ci d'avoir dans leurs repas plus de deux plats & plus d'un potage. Néanmoins, s'il leur survenait un étranger, il leur était permis alors d'ajouter à leur ordinaire un entremêts. Il y avait même un cas où ils n'étaient plus astreints au réglement du Concile; c'était celui où ils auraient eu à recevoir chez eux un Roi, un Comte, Duc, ou Baron, en un mot, un personnage de haute qualité.

Il en fut de cette Ordonnance, comme de mille autres. L'auteur du *Modus & Ratio*, ouvrage fait en 1342, déplorant le luxe de son tems, nous peint la table d'un Archevêque, garnie de cinq ou six soupes différentes, toutes variées en couleur, toutes assaisonnées de sucre & sursemées de graines de grenades.

Postérieurement au livre du *Modus*, l'usage s'introduisit de semer sur la soupe, au lieu de graines de grenade, des herbes aromatiques, séchées & réduites en poudre; telles que marjolaine, sauge, thym, basilic, sarriette, hissope, baume-franc, &c. Liébaut, dans la distribution qu'il fait de sa *Maison rustique*, réserve même une planche du potager pour la culture de ces plantes destinées à saupoudrer les potages.

Tout ceci tenait au goût que de tout tems nos Pères avaient eu pour les saveurs aromatiques, comme je l'ai déja remarqué plusieurs fois. Ce goût s'accrut encore au XVIe siècle, par les rapports que les guerres ultramontaines leur donnèrent avec les Italiens. Alors il ne se borna point seulement aux potages; il influa sur la plupart des mêts. Un grand nombre de ces mêts eut sa fleur, sa semence, sa poudre d'herbe, &c, que l'usage lui consacra. Sur les œufs frits, par exemple, on semait de la fleur de sureau; sur les compotes d'hyver, c'était de la semence de fenouil (a); sur plusieurs ragoûts, des graines de grenade: on regarda même comme un ragoût fin, dit Champier, des branches de romarin, frites légérement, après avoir été blanchies avec de la farine & du sucre. Mais ces remarques appartiennent à l'article qui suivra celui qu'on va lire.

TROISIEME SECTION.

Des Sauces.

ON a vu dans les articles précédens combien nos Peres aimaient les assaisonnemens forts. Un goût si décidé avait influé sur leur cuisine. Elle n'était presque composée que de ragoûts ; & jusqu'aux piéces rôties, grillées, ou bouillies, qu'on servait sur leur table, rien n'y paraissait gueres qu'avec une sauce.

Etablissement des Sauciers. Quelques-unes de ces sauces, telles que la Caméline & la Jance, étant devenues d'un usage général, il y eut des gens qui s'aviserent d'en tenir

---

(a) Champier observe que ce goût pour le fenouil est un de ceux que nous devons à l'Italie. Quand on faisait griller un maquereau, on l'enveloppait de fenouil; ce qui, en le garantissant de la trop grande action du feu, lui donnait en même tems ce goût parfumé que l'on recherchait dans tout. Le fenouil doux est ce que nous nommons aujourd'hui anis de Paris.

chez eux de toutes faites, pour le service du public. On trouva cet établissement commode, parce qu'il évitait une peine. Les nouveaux Marchands eurent du succès; & ils prirent le nom de *Sauciers*, du nom de la marchandise dont ils faisaient commerce. Bientôt le besoin continuel qu'ils avaient de moutarde & de vinaigre pour leur profession, leur fit prendre le parti de fabriquer chez eux ces deux dernieres denrées. Ils en vendaient aussi, en même tems que des sauces; & en conséquence, à leur premier titre de *Sauciers*; ils joignirent celui de *Vinaigriers-Moutardiers*.

En 1394, on leur donna des Statuts. Cent vingt ans après, Louis XII, les érigea en Corps de métier. L'eau-de-vie alors, après avoir été pendant quelque tems regardée comme remede, commençait à devenir une boisson usuelle; ils s'étaient emparés de la distillation de cette liqueur. Le Monarque, en les érigeant en Communauté, leur conserva le privilege dont ils s'étaient saisi; &, dans les Lettres-patentes qu'il leur accorda, il les qualifia de *Sauciers*, *Moutardiers*, *Vinaigriers*, *Distillateurs en eau-de-vie & esprit-de-vin*, & *Buffetiers*.

C'était-là réunir trop de professions à la fois: aussi cet assemblage ne dura-t-il gueres. Parmi les Sauciers, les uns se consacrerent uniquement à la distillation de l'eau-de-vie & de l'esprit-de-vin; & ils firent une classe à part, qui elle-même devint une Communauté nouvelle en 1537, c'est-à-dire, vingt-trois ans après l'institution de la premiere.

Distillateurs.

Traiteurs. Les autres imaginerent de se faire Traiteurs, & d'entreprendre, pour le public, des repas & des festins. Ceux-ci ne furent réunis en Communauté que sur la fin du siècle, en 1599. On leur donna le titre de *Maîtres-Queux-Cuisiniers & Porte-chapes* (a).

Vinaigriers. Quant à ceux de l'ancien Corps qui n'avaient point embrassé l'une des deux professions nouvelles, ils continuerent de vendre du vinaigre, de la moutarde, & des sauces. Mais ces sauces, par le raffinement qu'aquit l'art de la cuisine, ayant peu-à-peu passé de mode, ils se trouverent réduits à la vente des deux premiers objets ; ce qui leur fit donner le nom simple de Vinaigriers, qu'ils portent encore.

(a) Ce nom de Porte-chapes leur vient de ce que, pour porter en ville les mêts qu'ils avaient apprêtés chez eux, ils les couvraient, comme ils font encore aujourd'hui, avec un chapiteau de fer-blanc qu'ils nommaient *chape*. Louis XIV, en 1663, donna aux Cuisiniers-Traiteurs, de nouveaux statuts, qui furent enregistrés au Parlement l'année suivante. Ils n'ont rien de remarquable que l'article suivant ; c'est le 31e, le voici. *Il y a toujours eu tant DE RESPECT pour les Ecuyers-de-Cuisine, Potagers, Hateurs & Enfans-de-Cuisine du Roi, des Reines, Princes, & Princesses, que lorsqu'ils se présenteront pour être admis en ladite Communauté, ils y seront reçus en faisant apparoir de leurs Lettres & certificats de leur emploi, sans qu'il soit besoin de formalité plus expresse.* L'article 29e porte encore que les Traiteurs établis dans les fauxbourgs & banlieue de Paris, ne pourront se dire Maîtres, que quand ils auront été examinés & approuvés des Jurés du Corps ; & cela, *afin que ladite Communauté demeure dans l'estime que l'on a conçue à son égard.*

On trouve dans Taillevant le nom de dix-sept Sauces anciennes. sauces différentes. Les voici.

Sauce { Caméline. Jance. Eau bénite. Saupiquet. Moſtéchan. Galantine. A l'aloſe. A madame. Au moût.

Sauce { D'ail au lait. Dodine. Froide. Poitevine. Rappée. Robert. Rouge. Verte (a).

Pluſieurs de celles-ci ſubſiſtaient avant Taillevant. Il eſt parlé de la ſauce verte dans les Poéſies des Troubadours ; & de la caméline, ainſi que de la jance, dans les Statuts donnés aux Sauciers en 1394. Quelques-unes des dix-ſept indiquées par le Queux de Charles VII, telles que la ſauce verte, la ſauce Robert &c, ſe ſont conſervées juſqu'à nous. On lit dans Rabelais que cette dernière était *néceſſaire au canard & au lapin rôtis, au porc frais, aux œufs pochés, à la merluche ſalée, & à mille autres viandes.*

Depuis Taillevant, on inventa quelques autres ſauces qui ne ſe trouvent point dans ſon ou-

---

(a) Champier fait mention d'une ſauce verte, compoſée avec du poivre, du gingembre, des cloux de gérofle, de la bénoite, & du blé verd ou de l'oſeille, pilés enſemble ; & par le moyen de laquelle on conſervait, pendant pluſieurs mois, les pieds de cochon.

vrage, & dont celui de Platine donne la recette; Ce font

 La percicienne.
 La poivrade jaune.
 La fauce mufcade.
 La fauce jaune.
 La fauce blanche.
 La fauce à la rofe.
  aux cerifes.
  aux cormes.
  aux prunes.
  au raifin.
  aux mûres.

Cette dernière fe nommait céleftine, quand, au lieu d'être faite avec des mûres ordinaires, elle l'était avec des mûres de haie.

Ce n'eft point mon intention de m'appefantir fur chacun des différens affaifonnemens dont on vient de lire les noms. Quand, par lui-même, un objet eft peu intéreffant, je fais quelles loix me prefcrit alors le goût. Cependant, comme ces fauces anciennes étaient la bafe de notre ancienne cuifine, & qu'elles nous la font connaître en grande partie, je crois qu'on me faura gré d'en faire connaître auffi quelques-unes.

Quiconque s'entremettra de vendre fauce appelée caméline, difent les Statuts des Sauciers, *que il la face de bonne canelle, bon gingembre, de bons cloux de girofle, de bonne graine de paradis, de bon pain, & de bon vinaigre.*

de la vie privée des Français. 221

Quiconque fera sauce appellée jance, que il la face de bonnes & vives amandes, de bon gingembre, de bon vin, & de bon verjus.

L'eau bénite, selon Taillevant, se faisait avec un demi-verre d'eau rose, autant de verjus, un peu de gingembre & de marjolaine; le tout bouilli ensemble, & passé par l'étamine.

Pour la sauce muscade, dont Platine fait mention, il fallait de la canelle, du sucre, des cloux de gérofle, de la graine de paradis, une noix muscade toute entière, & un peu de vinaigre. Celle-ci se servait chaude.

D'après ce qu'on vient de lire, on aura une idée de ce qui composait les autres. Dans toutes, c'était, comme ici, force aromates & force épices. Dans celles qui n'étaient pas ce qu'on appelle piquantes, on faisait entrer du sucre; parce que, selon le proverbe du tems, *sucre n'a jamais gâté sauce* (a) : mais plus souvent encore on y mêlait de l'eau-rose, parce qu'on aimait les parfums, & que le parfum de la rose était celui de tous, dont on faisait le plus de cas.

Usage de l'eau-rose.

L'eau-rose s'employait non-seulement dans les sauces, mais encore dans les ragoûts & certains desserts. Les cerneaux, par exemple, se mangeaient à l'eau-rose. Chez les Souverains & les Grands-Seigneurs, c'était avec de l'eau-rose qu'on se lavait

_____

(a) *Eo venere nostri mores*, disait Champier, *ut nihil, quod edatur a nitidioris vitæ hominibus, non aspergatur sacchari pollins.*

les mains avant & après le repas. Enfin Arnaud de Villeneuve blâmant les assaisonnemens trop multipliés qu'on employait de son tems (XIIIe siècle), conseille de manger les oiseaux rôtis, avec un peu de vin, du sel & de l'eau-rose.

Non-seulement nos Peres aimaient le goût de rose; mais ils recherchaient encore l'odeur & la vue de cette fleur ; & ils l'employaient, comme parure, dans toutes les occasions de joie & d'allégresse. Cette coutume au reste, tirait, selon moi, son origine d'une autre bien plus ancienne. Les Gaulois, pour montrer l'assurance avec laquelle ils marchaient au combat, & le mépris qu'ils avaient de la mort, ne portaient, dit Ælien, pour tout casque, dans un jour de bataille, qu'une couronne de fleurs. De cet usage probablement naquit chez leurs descendans cel* de porter un ornement pareil, aux jours de fête & de réjouissance. Fortunat, envoyant quelques fleurs à la bienheureuse Radegonde, lui dit:

Chapeaux de roses.

> *Et licet egregio videantur odore placere,*
> *Plus ornant proprias, te redimente, comas.*

Mais, de toutes les fleurs qui pouvaient servir à cette parure de volupté, la rose fut celle qui, pour l'agrément de son parfum, pour la beauté de sa forme & de sa couleur, obtint la préférence. Il n'y avait point de cérémonie d'éclat, point de nôces, point de festin, où l'on ne portât un chapel ou chapeau de roses; ainsi s'appellerent les couronnes. Le Roman de Perce-Forêt, décrivant une fête, a soin de remarquer que *avoist chascun & chascune un chapeau de roses sur son chief*. Lorsque le Conné-

de la vie privée des Français. 223

table servait à table le Roi, il avait à la main une verge blanche, & sur la tête une de ces couronnes. Les Religieuses, quand elles faisaient profession, les filles, quand elles se mariaient, en portaient une (a). Plusieurs des anciens Coutumiers de nos Provinces réglent même que lorsqu'un pere mariera sa fille, il pourra ne lui donner que le chapeau de roses, c'est-à-dire, la restraindre pour toute dot à la seule couronne de mariage.

Quant au choix de préférence qu'on donnait à la rose pour en former les chapels de nôces, il tenait à une opinion de convenance. L'habillement de l'épousée nouvelle étant tout blanc, en signe de la pureté virginale qu'elle apportait à son mari (b), on avait cru sans doute qu'il fallait quelque ornement d'une couleur tranchante pour relever cette grande blancheur si uniforme. *Fecit afferri vestem nuptiis præparatam, & coronam sponsæ nitoribus imponendam*, dit la vie de S. Gal.

La dévotion adopta aussi l'usage des couronnes de roses dans certaines cérémonies religieuses, telles que les processions; & personne n'ignore que cette

___

(a) Ne dit-on pas encore familiérement, en parlant d'une femme ou d'une fille qui a fait quelque grande perte, qu'*elle a perdu la plus belle rose de son chapeau*.

(b) Pour les hommes, on représenta leur chasteté par un chapel de branches vertes. Quand Monstrelet décrit la cérémonie du batême d'un fils du Duc de Bourgogne, que le neveu de l'Empereur tenait sur les fonds batismaux, en 1430, il dit que le partein étoit nue tête lui & ses gens, malgré le froid; & avoit chascun un chapel verd sur son chief, en signifiant qu'il estoit chaste.

coutume subsiste encore, sinon pour la même nature de fleur, au moins pour la couronne elle-même. S. Louis en faisait porter une à ses enfans, tous les vendredis de l'année, en mémoire de la couronne d'épines que porta Notre Seigneur. C'est Nangis qui nous apprend ce fait.

En un mot, les chapels dont il s'agit, étaient d'un usage si général, qu'à Paris ce fut une profession particuliere d'en faire & d'en vendre. Ces sortes de marchands s'appellaient *Chapeliers*; nom que porterent ensuite, & que portent encore ceux qui fabriquent ou vendent les chapeaux de feutre. Dans les Statuts qui ont été donnés en 1736 aux marchandes de fleurs artificielles, celles-ci sont de même qualifiées *Chapelieres en fleurs*.

Présentation des roses au Parlement.

Vers la fin du XIVe siècle s'établit au Parlement une coutume assez singuliere. Lorsqu'un Pair Laïc avait un procès à ce Tribunal, & que son rôle était appellé, il présentait des roses aux Magistrats. S'il se trouvait qu'il y eût à la fois plusieurs Pairs, du même district, qui plaidassent, celui dont la Pairie était la plus ancienne avait le droit de présenter les siennes le premier (a). Le Duc d'Alençon, fils du

(a) Cependant en 1541, Louis de Bourbon, Prince du Sang, & Duc de Montpensier, ayant eu un procès en même tems que François de Cleves, Duc de Nevers, le Parlement décida que le premier passerait avant l'autre, pour présenter des roses; quoique sa Pairie ne datât que de l'an 1536, & celle du second, de 1505. Mais on crut devoir cet égard à la qualité de Prince du Sang. Le Parlement avait, pour la cérémonie dont nous parlons, son

Roi

Roi Henri II, se soumet à cette espece d'hommage. En 1585, Henri, Roi de Navarre, depuis Roi de France sous le nom de Henri IV, le rendit aussi. Mais il fut le dernier. Les troubles de la Ligue ayant interrompu les fonctions du Parlement, & obligé de le transférer à Tours, on ne songea plus à la vaine cérémonie des roses ; & elle s'abolit.

Au reste, elle a eu lieu, non-seulement à Paris, mais encore dans quelques autres Parlemens, pour les Pairies & pour certaines grandes terres qui étaient situées dans le ressort de ceux-ci.

Dans plusieurs villes, il n'était pas permis à tout le monde d'élever des rosiers chez soi. C'était-là un privilege particulier. A Paris, le *Rosier de la Cour*, & les marchands de *chapels*, en jouissaient ; mais ils étaient tenus à présenter chacun, tous les ans, au Voyer de la ville trois chapeaux de fleurs, la veille des Rois ; &, vers l'Ascension, un pannier de roses pour sa provision d'eau.

Tout ce qu'on vient de lire sur l'estime & sur l'emploi que nos Peres faisaient de la rose, donne l'explication d'un fait qui, au premier coup d'œil, paraît bisarre ; ce sont ces redevances de boisseaux de roses, qu'on trouve si souvent parmi les anciens droits seigneuriaux. Les gens riches consommaient beaucoup d'eau-rose pour leurs ragoûts ; pour leurs

---

fournisseur de roses. Il portait le titre de *Rosier de la Cour* ; & se fournissait au village qui, du nom de ces fleurs dont les habitans faisaient leur principal commerce, s'appellait Fontenay-aux-roses.

desserts, & leurs sauces; & en conséquence, ils exigeaient de leurs vassaux, quand ils en avaient, beaucoup de ces fleurs.

Sauces pour le rôti & la friture. Quant aux sauces, j'ai déja dit que la coutume était d'en servir une avec le poisson frit, avec la volaille, le gibier, & la viande de boucherie, rôtis ou grillés. Chaque piéce avait ordinairement la sienne propre; & souvent même, telle en avait deux ou trois, plus recherchées les unes que les autres. L'*eau-bénite*, par exemple, & la sauce muscade, dont j'ai parlé plus haut, se servaient, la premiere avec le brochet frit; la seconde avec le chapon, le liévre, & le lapin rôtis. Selon Arnaud de Villeneuve, celle du chevreau, du veau, & du mouton, était la sauce verte. Pour le bœuf & le cochon rôtis, on en faisait une avec le jus de la viande, du pain grillé, du verjus, & du poivre.

Le goût des sauces pour la friture & le rôti, s'est maintenu fort long-tems. On en voit encore des exemples dans le dernier siècle. La *Comédie des Côteaux ou des friands Marquis* (ann. 1659) parle d'une *sauce gommée*, avec des dindons du pré S. Gervais. Pour les cuisses de dindon mises sur le gril le lendemain, il y avait, selon Gontier, la sauce Robert, ou la sauce au pauvre homme. Celle-ci se faisait avec des échalotes, du sel, de l'huile, & du vinaigre rosat.

On peut ranger aussi dans la classe des sauces le blanc-manger, l'aillée, & certains autres brouets, ou coulis épais, dont Taillevant enseigne la composition.

de la vie privée des Français.

L'aillée, composée d'ail, d'amandes, & de mie de pain, pilés ensemble & détrempés avec un peu de bouillon, avait la consistance de moutarde, & se gardait de même. Du tems de Champier, il y en avait une autre, fort usitée à Bordeaux & à Toulouse; & dans laquelle il n'entrait que de l'ail, pilé avec des noix. J'ai déja remarqué ci-dessus combien nos Provinces méridionales aimaient l'ail. Cependant, l'auteur observe qu'elles mêlaient des noix avec leur aillée, pour l'adoucir un peu, parce qu'autrement le goût en eût été trop fort.

Aillée.

Le blanc-manger est très-ancien. Il en est mention dans Arnaud de Villeneuve, sous le nom d'*alba comestio*; & ce nom lui fut donné probablement, à cause de sa couleur. Il n'y a pas encore soixante ans qu'on le regardait comme le premier de tous les ragoûts; & quand on voulait essayer un Cuisinier, on lui donnait un blanc-manger à faire. Du tems de Taillevant, il se faisait avec du lait d'amandes, des blancs de chapons, du sucre, du gingembre, & de la mie de pain; le tout pilé ensemble, passé ensuite au tamis, épaissi sur le feu, & aromatisé d'eau-rose. Comme on le servait avec le chapon, il est vraisemblable que c'est ce que le *Roman du petit Jehan de Saintré* appelle *coulis de chapon au sucre*.

Blanc-manger.

Quelquefois on ajoutait à cette composition, des jaunes d'œufs & du safran; mais alors elle perdait, avec sa couleur blanche, le nom de blanc-manger, & prenait celui de génestine.

En lisant l'histoire de tous ces assaisonnemens, si

parfumés, si aromatisés, si chers, mes lecteurs se rappelleront les réflexions qu'ils ont déja faites dans l'article précédent, à propos des potages. Sans doute ils se demanderont de nouveau à eux-mêmes, sur quoi sont donc fondés ces éloges, peu réfléchis, dont nos Prédicateurs, nos Moralistes, nos Satyriques mêmes, se plaisent à exalter sans cesse les tems passés, pour inculper la perversité du nôtre. Que devient maintenant cette vie simple, cette fruzalité prétendue de nos Pères, qu'on oppose sans cesse à la corruption & au débordement de nos mœurs? Oh, que tous ces vains déclamateurs connaissent bien peu & l'Histoire & les hommes! Ouvrez nos annales, depuis le premier Roi barbare qui nous conquit, jusqu'au bon Roi qui nous gouverne, vous y verrez sans interruption régner un luxe, tantôt plus grossier ou plus raffiné, tantôt plus borné, ou plus étendu, selon que l'Etat aquérait ou perdait en puissance; mais, relativement aux mœurs, toujours le même. Ouvrez les annales des autres peuples : vous y rencontrerez les mêmes résultats que chez nous; c'est-à-dire, quelques particuliers distingués, qui de tems en tems donnent à leurs contemporains l'exemple de la tempérance & de la modération, tandis que la Nation elle-même a besoin d'être contenue par des loix somptuaires : tant il est naturel à l'homme, dans tous les climats & dans tous les tems, d'aimer son bien-être & son plaisir!

Si vous en croyez nos vieillards, ce n'est que d'hier presque qu'a commencé le luxe de nos habillemens & de nos tables. A les entendre, ils l'ont vu naître. J'aurai lieu d'examiner dans la suite, si la première partie de ce reproche est fondée; quant à la seconde, il me suffira de dire que tous les âges de la Monarchie offrent des écrivains qui ont déclamé contre la recherche trop voluptueuse de leurs contemporains dans les alimens. Mais, sans remonter plus haut que la fin du XIVe siècle, Froissard se plaignait déjà qu'alors l'art fût parvenu à dénaturer tellement tous les objets qui servent à la nourriture, que dans un repas il n'était plus possible de les reconnaître. Décrivant un festin donné de son tems, il nous dit qu'il y avait *grant planté de mestz si estranges & si desguisez qu'on ne les pouvait deviser.* L'Etoile fait la même remarque, lorsqu'il parle du festin que donna en 1597 le Connétable de Montmorenci, à l'occasion du batême de son fils, tenu par le Roi sur les fonts batismaux. *Tous les poissons*, dit-il, *estoient fort dextrement desguisez en viande de chair, qui estoient monstres marins pour la pluspart, qu'on avoit fait venir exprès de tous les costez.*

En lisant Taillevant, on voit avec surprise qu'il régnait entre les Cuisiniers de son siècle, une sorte d'émulation burlesque, & que déja ils se piquaient à l'envi d'imaginer des choses bisarres & difficiles. Tels étaient, entr'autres, du beurre frit ou rôti; des œufs à la broche (*a*); & autres inventions pa-

___

(*a*) Avant de frire le beurre, ou de le mettre à la broche, on le rendait solide, en le pêtrissant avec des jaunes d'œufs, de la farine, du sucre & de la mie de pain.

reilles, qui prouvent que la cuisine alors n'était pas aussi frugale qu'on l'imagine.

Enfin, une dernière remarque qui multipliera les réflexions qu'on pourrait faire sur cette prétendue simplicité antique, c'est que ces mêmes Cuisiniers qui, aux ragoûts qu'ils avaient reçus de leurs pères, en ajoutaient journellement d'autres qu'ils imaginaient eux-mêmes, recherchaient cependant, & adoptaient encore, ceux des Nations voisines. Ainsi l'on trouve dans Taillevant un *brouet d'Allemagne*, & un *chaudeau flamand*. Ainsi l'on voit dans Platine des *œufs à la florentine*, des *perdrix à la catalane*, &c. &c. Et le traducteur fait même, à propos de ce dernier ragoût, une observation naïve; c'est que le Français, à la vérité, n'aime pas les Catalans; mais que cette sorte d'antipathie néanmoins ne l'empêche pas d'aimer & d'adopter tout ce qu'il trouve de bon chez eux.

Les longues guerres que la Nation eut à soutenir en Italie sous Charles VIII, sous Louis XII, & François I, lui apprirent à connaître plusieurs ragoûts & assaisonnemens Italiens, qu'elle adopta également ensuite. De ce nombre sont les Lasagnes, les macaronis, & les autres pâtes dont l'usage se répandit chez nous au XVIe siecle, ainsi que je l'ai déja dit. Tels sont les œufs à la florentine,

---

Pour les œufs à la broche, on les vidait par les deux bouts; on les remplissait ensuite d'une farce, & on passait, d'un bout à l'autre, une brochette qui servait à les rôtir.

de la vie privée des Français. 231

& quelques autres ragoûts que je pourrais citer. D'eux enfin nous vint ce goût pour certaines semences ou herbes aromatiques, dont on saupoudra la plupart des mêts. Mais j'ai eu lieu de traiter ce dernier article dans la section précédente.

QUATRIEME SECTION.

Ragoûts, Rôti, Grillade, Friture, Salade.

Les mêmes raisons qui m'ont interdit des détails trop étendus, lorsque j'ai eu à traiter les sauces anciennes des Français, me prescriront la même circonspection encore, à présent qu'il s'agit de leurs ragoûts. J'ai eu soin d'ailleurs, dans le cours de cet ouvrage, d'en faire connaître un certain nombre, lorsqu'il m'a fallu parler de la volaille, du gibier, de la viande de boucherie, &c. Pour le moment, je n'en citerai que deux, qui à la vérité ont passé de mode, mais dont les noms sont restés dans le Dictionnaire de la langue. L'un est le *pot-pourri*, composé de veau, de bœuf, de mouton, de lard, & de légumes; l'autre est la *galimafrée*, qui était une fricassée de volaille, assaisonnée avec du vin, du verjus, & des épices, & liée avec la sauce caméline.

Ceux qui voudront en savoir davantage sur la matière dont il s'agit, peuvent consulter les deux traités de cuisine que j'ai cités précédemment, & sur-tout Gontier qui, à chaque article de poisson, de légume, d'oiseau, &c, dont il parle, rapporte la manière dont on l'accommodait. Au reste, ce que j'ai rapporté ci-dessus des différentes sauces dont usaient nos Peres, peut donner une idée de ce qu'étaient leurs ragoûts. Je dirai seulement un mot sur la manière dont ils apprêtaient le poisson & les œufs, parce que jusqu'à présent j'en ai dit peu de choses.

Le poisson exigeant, par sa fadeur naturelle, plus d'assaisonnement que toute autre nourriture, il a eu dans tous les tems besoin d'apprêt. Les Gaulois, dit Possidonius, le mangeaient au sel & au vinaigre, sans y ajouter d'huile, parce qu'elle était trop rare chez eux. Au commencement de la troisième Race, on le hachait avec des œufs; & l'on en composait une farce assaisonnée, que l'on nommait *carpie*, ou *charpie*, en latin *carpia*. Vers le XIe siècle, la façon de l'apprêter la plus estimée, était la friture. Une vie de S. Arnoud, Evêque de Soissons, racontant un danger qu'il courut, & auquel il échappa miraculeusement, lorsqu'il n'était encore qu'Abbé du Monastère de S. Médard, dit que ses Moines, pour se défaire de lui, lui servirent un plat de poisson frit, empoisonné. Or l'Auteur parle de ce plat comme d'un régal; & il ajoute que c'était pour un jour de grande solemnité, *erat enim dies celeberrimus*. Au tems de Taillevant, on ajoutait à la friture une sauce aux épices, & aromatisée; telle que la sauce muscade, ou autre, selon la nature du poisson. Dans le siècle suivant, on supprima la sauce; & l'on y substitua, selon

Friture.

Champier, le jus d'un citron ou d'une bigarrade, comme nous faisons encore aujourd'hui pour la sole.

On ne connaissait alors, dit le même auteur, que trois manières d'apprêter le poisson ; l'une en friture, l'autre sur le gril, la troisième au bleu. Servi en friture, ou grillé, on le mangeait avec du jus de citron, ainsi qu'on vient de lire. Quand il était au bleu, on lui faisait une sauce particulière. Au reste, Champier observe que cette dernière façon était récente ; qu'on la devait aux Allemands ; & qu'elle s'employait surtout pour les carpes qui, cuites ainsi tout-entières avec leurs écailles, ne perdaient rien de leur suc. On voulait aussi que les poissons au bleu eussent la chair ferme; car, lorsqu'elle était molle, on n'en faisait aucun cas.

Au dernier siècle, pour accommoder les maquereaux, dit Gontier, on les enveloppait de fenouil; on les faisait griller, en les arrosant de beurre; & on les servait avec une sauce blanche, aromatisée d'épices & aiguisée d'un filet de vinaigre. C'est de nos jours qu'a été inventée la *maître-d'hôtel*.

Les œufs, qu'au rapport d'un de nos proverbes de cuisine nous pouvons accommoder aujourd'hui de cent & une manières différentes, n'en comptaient pas vingt, du tems de Platine. Encore ces vingt, pour la plupart, diffèrent-elles des nôtres. Les œufs brouillés, par exemple, se faisaient avec du beurre, de l'eau, du fromage, & des herbes aromatiques; puis on les rendait verds avec du jus de bourache ou de persil : car on estimait beaucoup cette couleur dans les ragoûts. Les œufs pochés, que nos Cuisiniers servent avec un peu de jus de viande, & sur lesquels ils sement quelques grains de poivre, se servaient avec du jus d'orange & de l'eau-rose; & on les saupoudrait de sucre & d'épices douces. Enfin, il y avait plus de différence encore pour les œufs qu'aujourd'hui nous appellons *à la trippe*, & qu'alors on nommait *coupés*. Il y entrait tant de choses, on leur faisait une sauce si difficile, que toute la ressemblance qu'ils avaient avec les nôtres, était d'être durs & hachés en morceaux.

Rôti. Sur le rôti, je remarquerai que quand on avait à mettre en broche, ou de grosses pièces, ou des viandes d'une nature ferme & compacte, on avait soin auparavant de les faire bouillir un peu pour les attendrir.

Quant aux volailles, aux oiseaux de menu gibier, la coutume était de les emplir d'une farce. Quelques momens avant de les tirer de la broche, on les panait; puis on les servait avec une sauce, ainsi que je l'ai déja dit.

Pour faire connaître quelles étaient ces farces, il suffira d'en rapporter une. Je choisis celle de l'oison; & je la tire de Ch. Etienne. Elle était composée de viande hachée, d'herbes aromatiques, de raisins secs, & quelquefois, en outre, de châtaignes, & de prunes de damas (a). Le peuple, le

___

(a) Au XIIIe siècle, on ne remplissait que de sauge le ventre de l'oie, ainsi que celui du cochon de lait.

payfan n'étant point en état de s'en donner de pareilles, il garniffait de châtaignes les poulets, les oies, & les cochons de lait qu'il mangeait.

Pour paner les oifeaux rôtis, on ne fe fervait point, comme nous, de pain émietté, mais de fucre, ou de certaines poudres aromatiques, imbibés de jus d'orange & d'eau-rofe. Il y avait plufieurs de ces poudres; & on les employait quelquefois pour d'autres alimens. Parmi les objets de nourriture que du Fouilloux (a) regarde comme propres aux haltes de chaffe, il compte les longes de veau, froides, & *couvertes de poudre blanche*. La poudre la plus célèbre était celle qu'on nommait, pour fon excellence, *poudre du Duc*. On a vu ci-deffus qu'il y avait des rôties au vin, où elle était ufitée. Arnaud de Villeneuve en enfeigne une autre, de fa compofition, qu'il nomme poudre d'épices, qu'il compofe de fucre, de gingembre, cardamome, canelle & fafran, pulvérifés; & qui peut fervir, dit-il, pour affaifonner les mêts. Peut-être la poudre du Duc n'était-elle autre chofe que celle-ci, à laquelle on aura changé ou ajouté par la fuite quelque ingrédient.

Champier attribue aux Fauconniers l'invention des grillades. En effet, il eft aifé de concevoir que des Chaffeurs, tels que ceux-ci, expofés à éprouver quelquefois la faim, ont dû, dans ces momens, chercher à l'affouvir de la manière la plus prompte

Grillades.

―――――――――――

(a) Auteur d'un *Traité de Vénerie* qu'il dédia à Charles IX.

& la plus facile : & l'on conçoit encore qu'il était bien plus expéditif pour eux, d'éventrer & de mettre sur le gril, à l'instant, une perdrix ou une caille qu'ils venaient de prendre, que de la fricasser ou de la faire rôtir. Un motif pareil a fait adopter le même moyen par ces valets d'armée, que nous nommons *Tartares* : & de-là vient la dénomination de *poulets*, ou de *pigeons, à la tartare*, dont nous nous servons pour exprimer des pigeons ou des poulets grillés. Au reste, Champier nous apprend que les grillades étaient fort à la mode sur la table des Princes ; & que quelquefois même on cuisait ainsi le veau & le mouton, lorsqu'on n'avait pas le tems de les accommoder autrement.

Salades.
Fortunat, dans la vie qu'il nous a laissée de Ste Radegonde, raconte que, pendant tout le carême, excepté le Dimanche, la pieuse Reine ne mangeait que des racines & des herbes potageres; *encore*, dit-il, *ne se permettait-elle pas de les assaisonner avec de l'huile & du sel*. C'est-là une véritable salade : & au reste, il est si naturel à l'homme de manger les herbages de ses jardins, il est si simple encore de corriger leur fadeur naturelle, par l'assaisonnement de l'huile, du vinaigre & du sel, qu'un pareil aliment a dû être de tout tems en usage.

Je ne doute nullement qu'il n'y en ait eu plusieurs du même genre. Taillevant, il est vrai, n'en parle point; mais Platine en cite un assez grand nombre, dont plusieurs ont passé de mode aujourd'hui. Telle est, par exemple, la salade de porreaux, mis sous la cendre, qu'on mangeait avec du sel & du miel ; celle de bourache, de mente & de persil, qu'on mangeait avec du sel & de l'huile sans vinaigre ; celle d'ognons cuits, assaisonnée de vin doux ; enfin celle qu'on appellait *de plusieurs herbes*, qui s'assaisonnait comme les nôtres, mais qui était composée de laitues, de fenouil, de persil, cerfeuil, mente, baume, origan, bourache, ascarolle, fleurs de sureau. L'auteur observe que, pour manger cette derniere, il fallait être muni de bonnes dents.

Mais la plus extraordinaire de toutes était celle qu'on faisait avec du persil, de la mente, des pattes, des crêtes, des têtes, & des foies de volaille, cuits ; & qu'on assaisonnait avec du poivre, du vinaigre, & de la canelle.

Selon Ch. Etienne, *de re hortensi*, (ann. 1539), on mangeait en salade le fenouil lorsqu'il était tendre (*a*) ; la mélongene ou la pomme d'amour, cuite de la même maniere que les champignons (*b*) ; la carotte, cuite dans le vin, ou sous les cendres ; enfin la raiponse : mais celle-ci, sur-tout en carême, était un mêts réservé pour les riches.

Le même auteur met au nombre des salades, les asperges, parce qu'on les mangeait au vinaigre & à l'huile. Au reste, il paraît qu'on les aimait cro-

---

(*a*) De Serres (an. 1600) ajoute qu'on le faisait blanchir ; & alors, dit-il, c'est une *salade exquise*.

(*b*) La pomme-d'amour, ainsi apprêtée, passait pour un excellent aphrodisiaque.

quantes, & que l'on se contentait de les tremper un instant dans l'eau chaude; car, selon lui, quand on voulait exprimer la promptitude avec laquelle quelqu'un avait fait une chose quelleconque, on disait proverbialement qu'il n'y avait pas mis plus de tems qu'une asperge à cuire.

Je crois sans peine Champier, lorsqu'il écrit qu'une des salades les plus estimées de son tems était l'orange & le citron, coupés par tranches & saupoudrés de sucre. Je le crois encore, lorsqu'il m'apprend qu'on en faisait une avec les sommités de la mauve, du houblon, & de la brionne; une autre avec des ognons & des concombres, confits pendant plusieurs heures dans le vinaigre; une autre enfin, usitée en Lorraine, & qui consistait en cresson de fontaine qu'on assaisonnait avec le court-bouillon dans lequel on avait fait cuire du poisson. Mais dois-je le croire, quand il m'assure qu'on mangeait, comme telle, l'ortie encore jeune?

La Quintinie, au dernier siècle, regardait la mâche comme une salade *sauvage & rustique, qu'on fait rarement paroître en bonne compagnie.*

Fournitures de salade.

C'est dans le même siècle qu'a commencé à devenir fréquent l'usage des fournitures; parce la laitue étant devenue alors la salade la plus usitée, il fallut relever son insipidité naturelle par quelques herbes aromatiques. Le même la Quintinie compte au nombre de ces fournitures, le baume, l'estragon, la passepiere, pimprenelle, civette, fenouil, cerfeuil, basilic, roquette, corne-de-cerf, cresson-alénois, pourpier, & trippe-madame.

Indépendamment de ce qu'on faisait en ce genre pour contenter le goût, on cherchait aussi à satisfaire les yeux. Pour cela, on semait, dit-il, sur la superficie des salades, quelques fleurs de buglose, de bourache, ou de violette, qui, en les enjolivant par leurs couleurs, provoquaient l'appétit. C'est-là probablement ce qui a donné lieu à l'usage où nous sommes de couvrir quelques-unes des nôtres par des compartimens de différentes couleurs; ceux-ci en violettes, ceux-là en anchois; les uns en persil haché, les autres en jaunes d'œufs, durcis, & coupés fort menus.

Outre ces fournitures, qui se servaient crues comme la salade elle-même, il y en avait d'autres qu'on y employait confites au vinaigre. Au tems de de Serres, c'étaient des laitues pommées, des câpres, des aserolles, du fenouil, du pourpier, des choux-cabus, & des côtes de poirée.

Sur les côtes maritimes, on confisait de même la criste-marine, ou perce-pierre. J'en ai parlé ailleurs. Palissi, (*Traité des sels divers*, ann. 1580), dit que dans les roches des petites îles qui bordent la Saintonge, on en recueillait de très-bonne pour cet usage. Celle-ci, fraîche, était même excellente en salade; & les Parisiens l'estimaient tant, qu'ils avaient essayé, dit-il, d'en transplanter chez eux l'espèce; mais elle y avait dégénéré.

CINQUIEME SECTION.

Pâtisseries.

Je comprends sous ce nom général 1°. les pâtés chauds, & tourtes d'entrées; 2°. les pâtés froids, les gâteaux, les pâtisseries sucrées, en un mot toutes celles qui se servent en entremêts; 3°. enfin les pâtisseries séches, ou croquantes, qu'on mange au dessert ou à la collation, comme gauffres, & échaudés, &c.

L'art de la pâtisserie n'est, ainsi que je l'ai dit ailleurs, qu'une suite des progrès de l'art de la boulangerie. Quand on sut faire du pain passablement bon, bientôt sans doute on voulut faire aussi des gâteaux, des brioches, c'est-à-dire, des pains plus délicats, dans lesquels on mêla, pour les rendre tels, des œufs, du miel, du beurre, & autres assaisonnemens semblables. En creusant, en élargissant cette pâte, il fut aisé d'y mêler de la crême, des légumes, des fruits. Un couvercle de pâte ajouté; & l'on pouvait y enfermer de la viande.

Pâtés de viande. Quoique, suivant la marche naturelle des choses, les pâtisseries grasses paraissent devoir être une invention postérieure aux deux autres, c'est cependant celle que mes lectures m'ont prouvé être la plus ancienne. Peut-être même serait-il vrai de dire que c'est une invention nationale. Au moins ne trouve-t-on ni chez les Grecs, ni chez les Latins, aucune expression qui signifie un pâté de chair. Celle qui pourrait le désigner davantage, est l'*artocreas* de

Perse; mais on convient généralement que par là le Satyrique n'entend qu'un hachis de viande & de pain; comme le prouvent les deux mots grecs dont est composé celui d'artocreas.

Quoi qu'il en soit, le goût pour l'espece de pâtisserie dont il s'agit est un des plus anciens, ainsi que l'un des plus étendus, qu'ait eus la Nation. On en trouve des exemples jusques chez les Moines. Souvent même les vassaux qui dépendaient d'eux étaient assujétis à leur fournir, tous les ans, à certains termes, un certain nombre de pâtés. Quand S. Ansegise, Abbé de Fontenelle, donna au commencement du IXe siecle une Constitution à son Monastere, il y régla le nombre de ceux que les villages & les fermes, relevant de l'Abbaye, seraient tenus de lui donner annuellement: c'étaient trente-huit pâtés d'oies, & quatre-vingt-quinze de poulets, à la Nativité; & autant à Pâques (a).

Une pareille redevance féodale prouve, ce me semble, que l'art, ainsi que l'usage de la pâtisserie, étaient très-répandus; elle prouve que la pâtisserie dont il s'agit, quoique la plus difficile de toutes, était une des choses familieres aux femmes de ménage; & que, jusques dans les villages, les fermieres savaient la faire, comme elles savaient & savent encore faire le pain.

_____

(a) On se rappelle ce qui a été dit ci-dessus, que les Religieux, pendant long-tems, avaient regardé les volatiles comme alimens maigre, & que, quand le Concile d'Aix-la-Chapelle les leur interdit en 817, il leur permit d'en manger pendant quatre jours à Pâques, & autant à Noël.

Dans un état des biens & des revenus du Monaſtere de S. Riquier, dreſſé au même ſiècle par l'Abbé Héric, il eſt parlé de douze fours bannaux, appartenant à l'Abbaye ; leſquels rapportaient par an, entr'autres choſes, trois cens flans chacun.

Quelquefois cependant, au lieu d'exiger des vaſſaux qui dépendaient du Monaſtere la pâtiſſerie en nature, on exigeait d'eux ſeulement ce qui entrait dans la pâtiſſerie elle-même. C'eſt ainſi, par exemple, que Charles-le-Chauve, par une charte de l'an 862, en faveur de l'Abbaye de S. Denis, oblige certaines fermes à fournir annuellement à cette Abbaye cinq *modius* de froment, onze cens œufs, & ſeize *modius* de miel ; & ce tribut, il ſtipule expreſſément que c'eſt pour la pâtiſſerie que le Monaſtere fera, certains jours de l'année.

Un des plaiſirs ordinaires des veillées, dans certains tems, était d'y manger de la pâtiſſerie. Chaque payſane en régalait à ſon tour l'aſſemblée ; elle apportait tout ce qui était néceſſaire, y travaillait pendant que les autres s'occupaient de leur ouvrage ; & l'on finiſſait la ſoirée par ce petit feſtin, au mérite duquel l'appétit commun & la joie du lieu ajoutaient encore. Le *Roman de Jean d'Avenes*, Poëme manuſcrit du XVᵉ ſiècle, nous repréſente avec des couleurs fort agréables, une de ces veillées. « C'eſt-là, dit-il, que les femmes & les filles vien-
» nent travailler. L'une carde, l'autre devide ; celle-
» ci file, celle-là peigne du lin : & pendant ce tems
» elles chantent, ou parlent de leurs amours. Si
» quelque fillette, en filant, laiſſe tomber ſon fa-

» feau, & qu'un garçon puisse le ramasser avant
» elle, il a le droit de l'embrasser. Le premier & le
» dernier jour de la semaine, elles apportent du
» beurre, du fromage, de la farine, & des œufs.
» Elles font, sur le feu, des ratons, des tartes,
» gâteaux, pains ferrés, & autres friandises sem-
» blables. Chacun mange; après quoi, on danse au
» son de la cornemuse; puis on fait des contes; on
» joue à souffler au charbon, &c. »

Les Cabaretiers qui donnaient à manger chez eux, fournissaient ordinairement de la pâtisserie. S. Louis, en 1270, donna des Statuts à ces sortes de Pâtissiers; &, ce qui nous surprendra dans un Monarque si religieux, c'est qu'il leur permit de travailler, tous les jours de l'année, excepté le dimanche; tandis qu'il y avait une trentaine de fêtes, où, comme je l'ai remarqué ci-devant, il avait interdit tout travail aux Boulangers. Etablissement des Pâtissiers.

On ne fit cependant une Communauté particulière des Pâtissiers qu'en 1567.

Leur enseigne alors était une lanterne, qu'ils allumaient, le soir, pour éclairer leur boutique; comme font encore aujourd'hui les Chaircuitiers: mais leur lanterne était fermée, transparente, & ornée, sur toute sa circonférence, de figures grotesques & bisarres. Ces figures les avaient fait nommer *lanternes vives*. C'était un des ornemens que, dans l'origine, on avait employé sur la scène pour la représentation des Farces, Misteres, & Sotties qui pendant long-tems formerent notre Theâtre. On les en exclut par la suite; & les Pâtissiers, je ne Lanterne des Pâtissiers.

fais trop pourquoi, s'en emparerent. Ceux-ci en conserverent l'usage jusqu'au dernier siècle. Régnier (*Satire XI*), faisant une peinture burlesque de certaine vieille, dit qu'elle

> Ressembloit, transparente, une lanterne vive
> Dont quelque Pâticier amuse les enfans;
> Où des oisons bridés, guenuches, éléfans,
> Chiens, chats, lievres, renards, & mainte étrange bête
> Courent l'un après l'autre.

Pâtisseries domestiques. Pendant long-tems, les artisans dont il s'agit ne vendirent gueres que des pâtés ou tourtes à la viande: les meres de famille continuerent de fabriquer elles-mêmes les autres pâtisseries. C'était-là un talent dont on se piquait dans les Châteaux, ainsi que dans les villes & dans les villages. Il faisait partie de l'éducation des jeunes demoiselles; il fallait être bien grande dame pour s'en dispenser; & nous avons encore beaucoup de Provinces où l'ancienne maniere de penser & d'agir subsiste toujours.

Pâtés chauds & froids. Quant aux pâtisseries de viande, il n'est pas surprenant qu'une Nation chez laquelle les épices étaient si fort en usage, ainsi qu'on l'a vu plus haut, aimât un mêts qui réunissait la saveur des ragoûts avec l'économie. Taillevant & Platine citent un grand nombre de pâtés, usités de leurs tems: cet article est même un des plus considérables de leur ouvrage. Ils en ont de froids, de chauds, tant en viande de boucherie, en menu & gros gibier, qu'en volaille & en poisson. Quoique ces pâtés ne fussent pas tout-à-fait ce que sont aujourd'hui les nôtres; cependant la différence entre les uns & les autres n'est point assez grande pour mériter que je m'y arrête. Le seul qui m'ait paru digne de remarque, est celui de bête fauve, dont on trouve les procédés dans Platine. D'abord, la chair de l'animal était cuite dans l'eau avec sel & vinaigre, puis lardée. Outre cette premiere barde, on lui en faisait une seconde avec du poivre, de la canelle, & du lard gras, pilés ensemble & réduits en forme de pommade. Dans cette enveloppe de graisse épicée, on enfonçait des clous de gérofle, de maniere à la couvrir entierement; & enfin on mettait le tout en pâte.

C'est probablement quelque accommodage pareil qui a donné lieu au vieux proverbe, *être comme coq en pâte*; pour exprimer quelqu'un à qui rien ne manque, & qui se trouve mollement au milieu de toutes ses aises.

Des différentes sortes de pâtés en usage autrefois, ce sont ceux de viande froide qui ont le mieux conservé leur faveur auprès de nous. Plusieurs de nos villes se sont même fait en ce genre une réputation & une sorte de commerce. Pithiviers a ses pâtés de mauviettes; Périgueux ceux de perdrix, aux truffes; Amiens, ceux de dindons & de canards; Angers & Cân, de poulardes; Versailles, de foies gras; Strasbourg & Toulouse, de foies d'oies; Rouen, de veau de rivière, &c. De nos jours, un Patissier de Paris, nommé Jacquet, y a inventé les pâtés de jambon.

Au dernier siècle, on faisait dans cette ville, avec des abattis de pigeons, une sorte de pâtés communs, qu'on appellait *pâtés de requête*; mais ils étaient si poivrés, dit Gontier, que le peuple seul s'en accommodait.

Petits pâtés. Anciennement les petits pâtés ordinaires se faisaient avec du bœuf haché & des raisins secs. Aujourd'hui, l'on y emploie du veau, & un grain de verjus, quand c'est la saison.

A Paris, ils se colportaient & se criaient dans les rues. L'Hopital, lorsqu'il fut Chancelier, en défendit la vente. Le motif qu'il allègue dans son Ordonnance, est qu'un pareil commerce favorisait d'un côté la gourmandise, & de l'autre la paresse. Certes, si l'Hopital n'avait eu à présenter à la postérité d'autres titres que celui-ci, je doute que son nom eût été placé parmi ceux des Grands-hommes de la Nation.

Dans la Faculté de Médecine, lorsqu'un Licencié prenait le bonnet doctoral, à la fin de l'acte qui précédait sa réception il donnait aux anciens Docteurs un déjeûner, lequel consistait en petits pâtés. Par la suite, ce déjeûner fut changé en une rétribution de dix sous, pour chaque Docteur qui assistait à l'acte; mais l'acte retint toujours son premier nom de *pastillaria*, & il le porte encore aujourd'hui.

Rissoles. Au XIIIe siècle, les rissoles se faisaient simplement avec de la graisse ou du beurre; ce n'était qu'une sorte de galette ou d'échaudé, mais passé par la poêle & *rissolé*. Bientôt on y joignit de la viande hachée, comme nous faisons encore maintenant; & alors ils ne différèrent des petits pâtés ordinaires qu'en ce qu'ils eurent une autre forme.

Dans les statuts qui furent donnés aux Pâtissiers en 1440, il leur est défendu d'employer, en rissoles, de la viande de porc ladre. Dans les statuts de 1566, il est ordonné que la chair qu'ils emploieront, soit du veau, du mouton, & de la tranche de bœuf. Cependant, outre ces rissoles grasses, on continua d'en faire qui furent maigres, & dans lesquelles il n'entrait rien de gras. Les statuts de 1566 en parlent. *Le Roi faisait colation*, dit la Duchesse de Montpensier dans ses Mémoires; *la Reine lui envoya demander des rissoles, & moi aussi.*

Tourtes.

Dans la basse latinité, le mot *torta* signifiait une grosse miche, ronde, de pain ordinaire. Postérieurement, on nomma ainsi le pain noir, à l'usage des paysans & des gens du peuple. « Le pain qui nous « sert de nourriture est de la tourte, disent les Sta- « tuts des Chartreux; car jamais nous ne mangeons « de pain blanc ». L'expression s'est conservée dans plusieurs de nos Provinces. En Bretagne, par exemple, on appelle tourte, la miche pesant quarante-quatre livres; demie-tourte, celle qui en pese vingt-deux; & quart de tourte, la miche de douze.

Tarte.

Quoique les pâtés chauds fussent faits de fleur de farine, cependant comme ils étaient ronds, ainsi que la tourte de pain, on les nomma également tourte ou tarte, soit qu'ils fussent en légumes, soit qu'ils fussent en viande ou en poisson. Mais dans le XVᵉ siècle on les distingua; & c'est Taillevant qui en fait la remarque. Toute pâtisserie qui renfermait de la chair ou du poisson, se nomma pâté; & l'on réserva le nom de tarte à celle qui contenait du laitage, des fruits, des herbes ou des confitures. Nous autres, nous avons renoncé à cette division; & nous disons également tourte de pigeons, tourte d'épinars, de confitures, de franchipane, &c.

Dans un compte de l'an 1333, pour la Maison de Humbert, Dauphin de Viennois, il est mention de tourtes à la parmésane : dans Taillevant, de tarte couverte; de tarte jacopine; bourbonnaise; à deux visages; aux poires; aux pommes : dans Platine, de tarte blanche; tarte commune; tarte aux raves; au coing; à la courge; à la fleur de sureau; au riz; au gruau d'avoine; aux roses; aux châtaignes; au millet; aux cerises; aux dattes; aux herbes du mois de mai : dans Charles Etienne, d'une tarte à l'italienne, qui était faite aux herbes fines; (peut-être celle-ci est-elle la même que la dernière de Platine) : enfin dans un ouvrage du même tems, que je citerai plus bas, de tarte d'Angleterre, tarte de crême, de moëlle de bœuf, de pommes hachées bien en broc, de pruneaux, de vin blanc; de tarte angouloufée, tarte ancienne, tarte fanaide, de tourte de godiveau, tourte d'assiettes, de béatilles.

Ordinairement, au tems des fruits, dit Champier, on faisait entrer dans la composition des tourtes, plusieurs fruits de différentes espèces. Par exemple, on les composait partiellement de fraises, d'abricots, de prunes, d'herbages, de crême, de verjus, &c; & en les rendant ainsi, jaunes, vertes, blanches, & rouges, par compartimens, l'on formait des dessins agréables à l'œil.

L'auteur nous apprend qu'un Cardinal de son tems, homme de la plus grande distinction, mais qu'il ne nomme pas, avait inventé des tourtes aux néfles, assaisonnées avec de l'hippocras.

L'Etoile, voulant nous peindre les profusions insensées, les dépenses extravagantes de d'O, rapporte que ce Surintendant des finances *surpassa en prodigalités & en excès les Rois & les Princes ; & que, jusqu'à ses soupers, il faisoit servir des tourtes, composées de musc & d'ambre, qui revenoient à vingt-cinq écus.* Mais ces recherches de gourmandise n'entraient point dans les mœurs de la Nation ; elles étaient particulières à un homme qui, après être parvenu à sa place par un million de bassesses, y dissipa par un luxe insolent les trésors de l'Etat qu'il opprimait ; tandis que d'un autre côté il laissait son Prince dans le plus grand besoin.

On connaissait alors parmi nous une autre sorte de tourte, délicate, mais moins chère. Elle se nommait tarte de massepain, & se faisait, au rapport de de Serres, avec des amandes pilées, aromatisées d'eau-rose, & assaisonnées de moitié de leur poids en sucre. Quand elle était à moitié cuite, on la tirait du four pour la glacer avec du sucre & du blanc d'œuf ; après quoi on achevait de la cuire en entier.

L'usage de glacer les tourtes se maintint dans le dernier siècle ; mais leur forme changea. Au centre de leur circonférence on éleva une sorte de rocher, qui était composé de différentes confitures ; & tout au tour on implantait, sur la pâtisserie, des dragées, des pistaches, des zestes de citron confits. Cette éminence en confitures tenait à une mode qui subfiftait alors, comme je le dirai ailleurs, & qui confiftait à fervir en pyramide les viandes & les fruits de deffert. Quant à l'ufage de piquer, dans la pâtifferie, des dragées & des zeftes, on fait qu'il fubfifte encore pour certains pains-d'épices.

La Picardie était renommée pour fes tartes, & fur-tout pour fes tartes à la crême; c'eft le témoignage que lui rendent plufieurs Auteurs des deux derniers fiècles. Dans les affemblées de société, la coutume était que celui chez lequel on fe réuniffait donnât aux divers membres de la coterie une colation avec des rafraîchiffemens. Or le principal mêts de ces colations était une tarte : ce qui fit nommer les affemblées, *tartarins*; nom qu'elles portent encore actuellement.

Flans.
Les flans étaient ufités dès les premiers tems de la Monarchie; & on les regardait comme un plat digne de la table des Rois, puifqu'au rapport de Fortunat, c'était une des pieufes adreffes qu'employait la fainte Reine Radegonde pour fe mortifier. Sous prétexte qu'elle les aimait mieux en pâte de fégle ou d'avoine, elle commandait qu'on les lui fît ainfi; mais, quand on les lui fervait, elle ne mangeait que la pâte groffière dont ils étaient enveloppés, & laiffait la crême délicate qu'ils contenaient.

Ce mêts a été quelquefois une des redevances que la féodalité, ou le droit de bannalité, exigèrent. On a lu ci-deffus que le Monaftère de S. Riquier poffédait au IXe fiècle douze fours bannaux, qui, tous les ans, lui rapportaient chacun trente flans, dix sous, & trois cens pains. Ces pains, sans doute, étaient fournis en paiement par ceux des vassaux qui venaient cuire aux fours; mais, puisque chaque four en produisait trois cens, il s'ensuit qu'on cuisait du pain dans tous les douze, & qu'il n'y en avait aucun, dans ce nombre, qui fût réservé spécialement pour la pâtisserie. Néanmoins, par la suite, les bannalités en eurent quelques-uns qui furent uniquement consacrés à ce dernier usage. Il existe une charte donnée en 1316 par Robert, Evêque d'Amiens, à la Commune de Montreuil; par laquelle le Prélat permet aux Montreuillois d'établir dans leur ville deux fours bannaux, *pour y cuire tartes, flancs, & autres pâtisseries*. Un pareil établissement semblait une chose nécessaire, puisque la chaleur, requise pour la cuisson du pain, n'est pas celle qu'exigent des pâtes plus légères; mais il l'était sur-tout pour une Province dont les habitans faisaient de la pâtisserie un de leurs principaux alimens.

Parmi les choses renommées en France au XIIIe siècle, la liste des *Proverbes*, déjà citée plusieurs fois, compte les pâtés de Paris, les flans de Chartres (a), & les tartes de Dourlens.

Les gohieres & les popelins, usités du tems de Liébaut, n'étaient qu'une espèce particulière de flans. Il entrait de la crême dans les gohieres, & du fromage dans les popelins.

<small>Gohieres, & popelins.</small>

(a) Dans les atteliers des monnaies, on appella *flans* les pièces de métal, taillées & arrondies, avant qu'elles fussent frappées.

Gâteaux. Il est mention de *gasteaux feuillés*, c'est-à-dire, *feuilletés*, dans une autre charte du même Robert, Evêque d'Amiens, datée de l'an 1311: & puisque ceux-ci, qui sont d'une composition plus compliquée, étaient déjà connus alors, il est plus que probable que les gâteaux simples existaient déjà précédemment.

De tous les genres de pâtisserie, cette dernière a été la plus usitée, parce qu'elle était la plus aisée à faire & la moins coûteuse; n'étant composée que de farine & de beurre, auxquels on ajoutait quelques jaunes d'œufs. Quoique la plupart des autres fussent plus délicates, & plus faites par conséquent pour les jours de fête & de réjouissance, c'était un **Gâteau des Rois.** gâteau cependant qu'on employait pour la petite agape de la veille des Rois; c'était dans un gâteau qu'on enfermait cette fève à laquelle était destinée la souveraineté du festin. En un mot, point de famille en France où l'on ne mangeât un gâteau ce jour-là; point de famille où les pères, les gendres, les mères, & les enfans ne se rassemblassent pour célébrer ensemble cette sorte d'orgie bruyante, mais amicale; la seule peut-être où tous les âges réunis trouvaient le moyen de s'amuser également; la seule qui fût exempte de médisance, de libertinage, d'ivresse & d'intempérance; la seule enfin que la morale n'ait pu improuver, parce qu'elle contribuait à resserrer la concorde & l'union des familles: fête heureuse, qui, établie par la simplicité des mœurs, maintenait les mœurs à son tour, & qu'à ce titre tout bon citoyen doit voir avec regret s'abolir inde la vie privée des Français. 253

sensiblement par la froide dignité de nos mœurs actuelles.

Pour les personnes qui, n'étant point dans l'habitude de faire & de cuire leur pain, l'achetaient chez le Boulanger, c'était celui-ci qui leur fournissait, ce jour-là, le gâteau des Rois. A Paris même, chacun de ces artisans était dans l'usage d'en envoyer un à ses pratiques: mais, au commencement du siècle où nous vivons, les Pâtissiers s'avisèrent de réclamer contre une coutume qui empiétait sur leurs droits; ils intentèrent procès aux Boulangers; & le Parlement, sur leur requête, rendit en 1713, & en 1717, un Arrêt qui défendit à ceux-ci de faire à l'avenir & de donner aucune sorte de pâtisserie, d'employer du beurre & des œufs dans leur pâte, & même de dorer leur pain avec des œufs. La défense au reste n'a guères eu d'effet que pour la Capitale. L'ancien usage subsiste toujours dans la plupart des Provinces.

Celui de tirer le gâteau s'observait à la table des Rois mêmes; & nous le voyons avoir lieu jusqu'au dernier siècle. C'est ce que témoigne Mad. de Motteville dans ses *Mémoires* sous l'an 1648. *Ce soir*, dit-elle, *pour divertir le Roi, la Reine nous fit l'honneur de nous faire apporter un gâteau à Mad. de Brégny, à ma sœur, & à moi, que nous séparâmes avec elle. Nous bûmes à sa santé avec de l'hippocras qu'elle nous fit apporter.*

Divertissemens de la fête des rois à la Cour.

Anne d'Autriche, qui était dévote, faisait même observer, en cette circonstance, une coutume usitée dans les familles bourgeoises pieuses, de couper, pour l'enfant Jesus & pour la Vierge, une part qu'on distribuait ensuite aux pauvres. L'auteur en offre encore la preuve. *Pour divertir le Roi*, ajoute-t-elle, (ann. 1649), *la Reine voulut séparer un gâteau, & nous fit l'honneur de nous y faire prendre part avec le Roi & elle. Nous fîmes la Reine de la féve, parce que la féve s'étoit trouvée dans la part de la Vierge. Elle commanda qu'on nous apportât une bouteille d'hippocras, dont nous bûmes devant elle; & nous la forçâmes d'en boire un peu. Nous voulûmes satisfaire aux obligations des extravagantes folies de ce jour; & nous criâmes*, la Reine boit.

Louis XIV aimait beaucoup cette sorte de divertissement; cependant on a remarqué que toujours il sut y mettre la décence & la dignité dont, pendant toute sa vie, il ne manqua jamais d'entourer ses actions publiques. On en jugera par celui de l'année 1684, dont la description se trouve rapportée dans le *Mercure galant* (Janvier), de la même année.

La salle avait cinq tables; une pour les Princes & Seigneurs, & quatre pour les Dames. La première de celles-ci était tenue par le Roi; la seconde par le Dauphin. On tira la féve à toutes les cinq. A la table des hommes, elle tomba au Grand-Ecuyer, qui fut Roi : aux quatre tables des femmes, la Reine fut une Dame. Alors le nouveau Roi & les Reines nouvelles, chacun dans leur petit Etat, se choisirent des Ministres, & nommèrent des Ambassadrices ou des Ambassadeurs pour aller féliciter les Puissances voisines, & leur proposer des alliances & des traités. Louis XIV accompagna l'Ambassadrice députée par la Reine. Il porta la parole pour elle ; &, après un compliment gracieux au Grand-Ecuyer, il lui demanda sa protection, que celui-ci lui promit, en ajoutant que s'il n'avait point une fortune faite, il méritait qu'on la lui fît. La députation se rendit ensuite aux autres tables ; & successivement les Députés de celles-ci vinrent de même à celle de Sa Majesté. Quelques-uns même d'entr'eux, hommes & femmes, mirent dans leurs discours & dans leurs propositions d'alliance tant de finesse & d'esprit, des allusions si heureuses, des plaisanteries si adroites, que ce fut pour l'assemblée un véritable divertissement. En un mot, le Roi s'en amusa tellement, qu'il voulut le recommencer encore la semaine suivante.

Cette fois-ci, ce fut à lui qu'échut la fève du gâteau de sa table, & par lui en conséquence que commencerent les complimens de félicitation. Il les reçut avec cette noblesse affable qui lui était propre. Une Princesse, l'une de ses filles naturelles, connue dans l'histoire de ce tems-là par quelques étourderies, ayant envoyé lui demander sa protection pour tous les événemens fâcheux qui pourraient lui arriver pendant sa vie ; je la lui promets, répondit-il, pourvu qu'elle ne se les attire pas : réponse qui fit dire à un courtisan que ce Roi-là ne parlait pas en Roi de la fève. A la table des hommes, on fit un personnage de carnaval, qu'on promena par la salle en chantant une chanson burlesque. Enfin, la fête se termina par la lecture d'un factum bisarre que venait de publier certain Seigneur de village, homme scrupuleux & dévot, qui se plaignait de l'immodestie de ses paysanes, & qui leur avait intenté un procès, parce qu'elles portaient des manches si courtes, qu'on voyait leurs bras. Ce Mémoire fit beaucoup rire, & il excita, parmi les convives, une joie qui dura toute la soirée.

Dans les siècles antérieurs, les Souverains & les Grands-Seigneurs se faisaient quelquefois un Roi de table, dont ils s'amusaient pendant le repas. L'auteur de la vie de Louis III, Duc de Bourbon (mort en 1419) voulant montrer quelle était la piété du Prince, remarque que, ce jour-là, il faisait son Roi d'*un enfant en l'aage de huict ans, le plus povre que l'on trouvast en toute la ville.* Il le revêtait des habits Royaux, & lui donnait ses propres Officiers pour le servir. Le lendemain, l'enfant mangeait encore à la table du Duc; mais *alors venoit son Maistre-d'hostel, qui faisoit la queste pour le povre Roi. Le Duc Loys de Bourbon lui donnoit communément quarante livres pour le tenir à l'escolle; & tous les Chevaliers de la Cour, chacun un franc; & les Escuyers, chascun demi-franc. Si montoit la somme aucune fois près de cent francs, que l'on bailloit au père ou à la mère pour les enfans à enseigner à l'escolle sans autre œuvre; dont maints d'iceux en vivoient à grant honneur. Et cette belle coustume tint le vaillant Duc Loys de Bourbon, tant come il vesquit.*

Au reste, les gâteaux à féve n'étaient pas affectés exclusivement pour la seule fête des Rois. On en faisait de tels dans les autres jours de l'année où l'on voulait procurer aux repas la joie & la gaieté qui étaient propres à celui-ci. Un de nos Poëtes du XIIIe siècle

XIII siècle, décrivant une partie de plaisir qu'il avait faite avec plusieurs amis chez un Seigneur généreux & riche, raconte que la Dame Châtelaine leur pêtrit aussi-tôt un gâteau qu'elle servit au souper. Il ajoute que ce fut à elle que le hazard donna la feve, & remarque qu'elle en fut très-joyeuse.

Si nous fist un gastel à feve, &c.

C'était un gâteau qu'offraient à l'église les femmes nouvellement accouchées, lorsqu'elles allaient se faire relever. Enfin, c'était un gâteau qui formait le plat principal de la colation qu'on donnait à la suite du batême d'un enfant; & sur ce point, Paris, jusques vers la fin du siècle dernier, ne différait point des autres villes du Royaume. *S'il n'y avoit que vingt-cinq lieues d'ici à Lyon,* écrivait Patin à Spon, son ami, dont la femme était enceinte, *j'irois dire la vie de Sainte Marguerite, & prendre une part du gâteau du baptême de cet enfant qui viendra.*

En beaucoup d'endroits, il y avait des redevances seigneuriales qu'on payait avec un gâteau. Il y en avait même de telles dans les domaines du Roi. Je n'en citerai qu'un exemple. Il est tiré du *Trésor des merveilles de Fontainebleau.* On lit dans cet ouvrage que, tous les ans, le premier jour de mai, les Officiers de la forêt s'assemblaient à un endroit nommé la *table du Roi*; & que là tous les Usagers venaient prêter hommage & payer leurs redevances. Or, parmi les personnes qui payaient, on comptait tous les nouveaux mariés de l'année, tous les habitans de certains quartiers de la ville, & tous ceux d'une paroisse entière, lesquels ne devaient tous qu'un gâteau.

On verra plus bas qu'au XVIe siècle il y avait plusieurs sortes de gâteaux; gâteaux baveux, gâteaux feuilletés, gâteaux jolis, gâteaux joyeux, gâteaux italiens. Au XVIIe on connaissait, selon Gontier, les gâteaux d'amandes, les gâteaux mollets, les gâteaux fraisés, les gâteaux vérolés, les gâteaux de Milan, les gâteaux de Beauce.

Quoiqu'on désignât par le nom général de gâteau toute pâtisserie seche composée de beurre & d'œufs, quelques Provinces cependant avaient les leurs propres, auxquels elles avaient donné un nom particulier. Tels étaient, par exemple, en Artois, les gâteaux-razis. D'autres au contraire étaient communs à plusieurs Provinces; & dans ce nombre on peut

Fouasses. compter les *fouasses*, ou *fougasses*, usitées en Normandie, en Picardie, en Poitou, & dont il est si souvent mention dans Rabelais. L'histoire d'Amiens par le P. Daire rapporte qu'en 1465, quand Juvénal des Ursins, Chancelier de France, passa par cette ville, les Chanoines de la Cathédrale, pour lui faire honneur, réglerent dans une assemblée capitulaire que, pendant tout le tems de son séjour, le Chapitre lui fournirait journellement *six petits pains & quatre fouasses*.

J'ai dit ailleurs, en parlant du pain biscuit, qu'à l'époque où se répandit en France la maladie infâme que l'Europe a reçue de l'Amérique, on fit à Paris

Bis-cuits. des gâteaux secs, qu'on nomma bis-cuits, & qui

furent ordonnés par les Médecins dans le traitement de ce mal honteux.

Outre ceux-ci, qui n'étaient propres qu'à certains malades, on en connaissait d'autres qui étaient secs de même, & qui servaient au dessert.

Champier nous apprend que, parmi ces derniers, les plus estimés étaient ceux qu'on tirait d'Italie, & qui étaient faits à l'anis.

Il est parlé de flamiches & de galettes chez nos Poëtes du XIII.e siècle. Ces dernières se vendaient dans les rues de Paris; & l'un des cris usités alors dans la Capitale était *galettes chaudes*. Flamiches, & galettes.

Au tems de Charles Etienne, le pain-d'épices de Rheims avait déja de la réputation. On voit par Champier que celui de Paris était aussi fort renommé. Il n'entrait que du miel dans les pains-d'épices. Pain-d'épices.

Rheims avait encore, sur la fin du dernier siècle, une autre sorte de pains-d'épices, qu'on nommait croquets. Parmi les diverses poésies de Chaulieu, on lit une piéce très-jolie, par laquelle il envoyait à une femme de qualité des croquets de Rheims. Croquets.

Joinville raconte que quand il fut fait prisonnier avec S. Louis par les Sarrasins, les vainqueurs lui présenterent des *bégnets de fromage rôtis au soleil*. L'auteur ne parlant point de ce mêts comme d'un ragoût étranger, & ne paraissant étonné que de la manière dont on le faisait cuire, nous pouvons en conclure que les bégnets étaient déja connus en France de son tems. Platine nous apprend que du sien on en connaissait plusieurs sortes différentes; Bégnets.

bégnets amers, bégnets venteux, (c'est probablement ce que nous appellons des pets); bégnets au riz, aux pommes, au caillé, aux amandes, aux figues, à la sauge, au blanc d'œufs, à la feuille de laurier, à la fleur de sureau. Liébaut en enseigne une autre espèce encore, composée de lait & de jaunes d'œufs.

En Saintonge, dit Palissi (*Traité des sels divers*), on en faisait qui avaient la propriété de chasser les vers. Les vers dans cette Province, ainsi que dans l'Agenais, la Gascogne, le Querci, & les environs de Toulouse, étaient une maladie fort commune aux enfans, & fort dangereuse pour eux. Elle en emportait beaucoup; & lui-même en perdit six, avant de connaître le remede. Ce remede était des bégnets, dont la farine se détrempait avec une décoction d'absinte, & qui étaient frits ensuite dans du beurre ou dans du sain de porc.

Massepains. Selon Liébaut, les massepains étaient composés d'avelines, d'amandes, de pistaches, de pignons, & de sucre rosat, auxquels on joignait un peu de farine. Ce devait être une pâtisserie chere : aussi était-elle de mise sur la table des Grands & des Rois. L'Etoile décrivant une *collation magnifique à trois services*, donnée à Paris, année 1596, dit que *les confitures seiches & massepans y estoient si peu espargnez que les Dames & Damoiselles estoient contraintes de s'en décharger sur les Pages & les laquais, auxquels on les bailloit tous entiers.*

Menudez & Fidieux. Gontier (*de sanitate tuendâ*; an. 1668) fait mention de deux sortes de massepains, nommés l'un menudez, l'autre fidiaux. Ils se faisaient avec de la farine, des blancs d'œufs, & de l'eau-rose.

Si l'on s'en rapporte à Le Duchat dans ses notes sur Rabelais, le nom de darioles vient de ce que cette espèce de tartelette était *riolée*, c'est-à-dire, coupée en différens sens par des bandes de pâte. On en fabriquait de deux sortes au tems de Taillevant ; les unes au fromage, les autres à la crème.

Darioles.

Les talemouses, au rapport du même auteur, se faisaient avec du fromage ; on les dorait avec des jaunes d'œufs ; puis on les saupoudrait de sucre. Elles ne sont plus d'usage à Paris, quoiqu'on les y estimât beaucoup autrefois ; mais les Pâtissiers de S. Denis continuent toujours d'en faire ; & c'est une des choses qu'ils offrent aux voyageurs qui passent par leur ville.

Talemouses.

Dans les tourteaux & les petits-choux, il entrait, selon Liébaut, du beurre, du fromage, & des jaunes d'œufs.

Tourteaux & petits-choux.

Il est parlé de ratons & de cassemuseaux dans une ancienne Ordonnance du Prévôt de Paris, en faveur des Pâtissiers de cette ville. C'est une des choses que l'Ordonnance leur permet de vendre. Le cassemuseau était dur & croquant. Probablement, il devait sa dénomination à sa dureté ; comme si, en le jettant au visage de quelqu'un, il eût été capable de lui casser les dents. Le raton était redevable de la sienne à sa forme ; laquelle représentait un petit rat. Cette friandise était fort estimée ; ainsi que celle du petit-choux, cité quelques lignes plus haut ; & de-là vinrent ces termes de *petit-choux*, de

Ratons & cassemuseaux.

raton ou *petit-rat*, qui sont encore aujourd'hui en usage, & qui s'employent vis-à-vis de quelqu'un qu'on aime, & que l'on caresse familiérement.

Échaudés. Les échaudés ont été nommés ainsi, parce que, pour les faire lever, on les jette dans l'eau chaude. Il en est mention dans une charte de l'Eglise Cathédrale de Paris, ann. 1202; *Panes qui dicuntur eschaudati*. Ces échaudés étaient beaucoup plus gros que les nôtres; puisque la veuve Emeline ayant renoncé en 1231 à un droit de chair & de poisson sur le Monastere de S. Denis, les Religieux, en retour, lui accorderent celui de venir prendre dans leur boulangerie, tous les jours de fête, une miche de pain & un échaudé; *unam michiam in pistrino suo, & unum eschaudetum in festis*. S. Louis qui, comme je l'ai remarqué ailleurs, avait interdit tout travail aux Boulangers les jours de dimanche & de fête, leur avait permis cependant de cuire, ces jours-là, des échaudés pour les pauvres.

Au tems de Liebaut, les échaudés n'étaient composés que de beurre & de sel; il n'y entrait point de jaunes d'œufs. On en employa au dernier siécle.

Flageols & gobets. Les flageols & les gobets, dont parle Gontier, (ann. 1668), étaient faits, comme les échaudés, avec des jaunes d'œufs, de la farine, & du beurre.

Gauffres. L'usage des gauffres remonte au moins au XIIIe siécle; car on en trouve le nom dans les Poëtes manuscrits de ce tems-là. C'était alors une des choses qu'on vendait au peuple dans les rues. Aux jours de fêtes, les marchands de gauffres s'établissaient à la porte des Eglises avec tout ce qui était nécessaire pour faire & pour cuire cette denrée. Ils la vendaient toute chaude. Charles IX, en 1566, leur défendit d'étaler, les jours de Pâques, de Noël, de l'Assomption, de la Purification, de la Toussaint, de S. Michel, & de la Fête-Dieu; &, comme souvent plusieurs d'entr'eux se plaçaient à la fois dans le même endroit, ce qui occasionnait des querelles & des batteries, il régla qu'ils seraient obligés d'être distans l'un de l'autre, pour le moins, de deux toises. Le dernier réglement avait déja été fait cent soixante ans auparavant par Charles VI.

« Les gauffres sont un ragoût fort prisé de nos
» paysans, écrivait Champier au XVIe siècle. Pour
» eux, au reste, il ne consiste qu'en une pâte li-
» quide, formée d'eau, de farine, & de sel. Ils la
» versent dans un fer creux, à deux mâchoires,
» qu'ils ont frotté auparavant avec un peu d'huile
» de noix, & qu'ils mettent ensuite sur le feu
» pour cuire la pâte. Ces sortes de gauffres sont
» très-épaisses. Celles que font faire chez eux les
» gens riches, sont plus petites, plus minces, &
» sur-tout plus délicates ; étant composées de jaunes
» d'œufs, de sucre, & de fine fleur de farine,
» délayés dans du vin blanc. On les sert à table
» comme entremêts. Quant à leur forme, on leur
» a donné celle de rayons. Au reste, François I, les
» aimait beaucoup; & il avait même, pour cet
» usage, des gauffriers en argent ».

Liébaut rapporte que l'espèce de gauffres délicates dont nous venons de parler, s'appelait à Paris *métier*. Métier.

Les pâtisseries qu'on nommait étriers, celles qu'on Etriers & bridaveaux.

nommait bridaveaux, ne différaient des gauffres que par la forme. Du reste, elles étaient, dit le même auteur, composées des mêmes ingrédiens.

Cornuaux, &c. Gontier (ann. 1668), cite encore plusieurs pâtisseries usitées de son tems, cornuaux, feuillages, craquelains, merveilles, crêpes, pâtes royales, farces au fromage, poutartes, & feuillantines; mais il ne nous apprend pas de quoi elles étaient composées.

Oublies. Les Grecs, selon Athénée, donnaient le nom d'*Obelias* à certains pains, cuits entre deux fers, & qu'ils mangeaient chauds. Telle fut vraisemblablement l'origine de la dénomination d'*oublies*, d'*oblies*, d'*oblées*, par laquelle on désigna une feuille mince de pâtisserie qui se cuisait & se mangeait comme le pain obélias des Grecs. Elle se faisait chez les Pâtissiers, qui en prirent même le titre d'*Oublayeurs*; *Oublieux.* titre qu'on leur conserva, lorsqu'en 1270, on leur donna des Statuts. Comme alors la coutume générale était de souper de très-bonne heure, les Oublieux, vers le soir, se répandaient par les rues, chargés des diverses marchandises qui composaient leur commerce; & ils les annonçaient à hauts cris, afin d'avertir de leur passage les personnes qui voulaient s'en régaler à souper. Un de nos Poëtes du XIIIe siècle, compte parmi les plaisirs de la soirée, celui d'appeller l'Oublieux. Quant aux sortes de pâtisseries que criaient & colportaient ces coureurs, j'en ai trouvé la liste dans une piece du même tems, intitulée *cris de Paris*. La voici : " Oublies chaudes, " galettes chaudes, tartes chaudes, rissoles, échau-

» dés, flans chauds, gâteaux aux fèves, pains
» fiméniaux ».

Bientôt les Oublieux renoncerent au débit de ces différentes denrées; & je n'ai pu ni en découvrir ni en deviner la raison. Ils conserverent seulement celui des oublies; mais ils continuerent de courir les rues, comme auparavant. Cependant, l'heure du souper, qui d'abord était à cinq ou six heures, ayant peu-à-peu reculé, ils prirent aussi l'habitude de marcher plus tard dans la nuit: & de-là vint le nom d'*Oublieux*, qu'on donna par plaisanterie, dans le dernier siècle & vers le commencement de la Fronde, aux Grands & aux autres intriguans qui, mécontens du gouvernement de Mazarin, parcouraient, la nuit, en cachette les différens quartiers de Paris, pour former des ennemis au Ministre.

Les Oublieux ont subsisté jusques dans ce siècle-ci. Mais, quand Cartouche forma cette troupe d'assassins qui, pendant un tems, remplit Paris de meurtres, quelques-uns de ces scélérats s'étant déguisés en marchands d'oublies pour commettre plus facilement leurs crimes, la Police défendit aux Oublieux les courses nocturnes. Ce réglement en diminua beaucoup le nombre. Ceux d'entre eux qui continuerent leur métier, vendirent de jour, parcourant les quartiers & les promenades que fréquentait le peuple. Mais ils sont devenus, depuis, moins nombreux encore; & c'est maintenant une chose assez rare d'en rencontrer un. Ils ont été remplacés par des femmes qui vendent une pâtisserie de même nature, ouverte de même en cornet, mais beaucoup plus grande, & qu'elles nomment *plaisir des dames.*

Hosties. On avait donné aussi autrefois le nom d'oubl:es aux hosties qui sont employées à dire la Messe; apparemment, parce que la manière de les faire est la même. *Eulogias quas vocamus oblias, seu hostias,* dit la Chronique de Geoffroi, Prieur du Vigeois.

Pains-oublies. Dans certaines églises, & à certains jours de l'année, on distribuait des oublies en présent aux Clercs & aux Chanoines. Dans les Couvens, on en servait aux Moines au réfectoire. Mais celles-ci étaient une sorte de pain délicat, ou de gâteau. Souvent les Seigneurs laïcs en exigeaient de leurs Vassaux, comme une redevance. Cette redevance, dans les anciennes chartes qui en font mention, est appellée *droit d'oubliage* ou *d'oublies*; & le tribut qui en est l'objet, *pain-oubliau.*

Supplications & Estérets. J'ignore quelle sorte de pâtisserie formaient les estérets & les supplications. Sans doute, elle était du genre des oublies; car les statuts donnés aux Oublieux en 1406, portent que personne ne pourra exercer ce métier à Paris, s'il ne sait faire par jour *cinq cens de grandes oublies, trois cens de supplications, & deux cens d'estérets.*

Nieules. Si l'on s'en rapportait sur la nature des nieules, à un passage des *anciennes coutumes de Cluni,* on déciderait que ce n'était de même qu'un nom différent donné aux oublies. *Ab hominibus romanâ linguâ, Nebulæ, a nostratibus appellantur oblatæ.* Cependant, ces deux sortes de pâtisseries sont formellement distinguées dans la *Devise des Lécheurs* (des

de la vie privée des Français. 267

gourmands), dans le Roman de Florès & de Blanchefleur, & dans plusieurs autres piéces manuscrites du XIIe & du XIIIe siècle. Peut-être après tout ne différaient-elles que par la forme.

Quoi qu'il en soit, celle dont il s'agit a cela de remarquable qu'elle a été employée, non-seulement dans les repas & les festins, comme les autres ; mais encore dans certaines cérémonies ecclésiastiques, superstitieuses. Le jour de la Pentecôte, lorsqu'on entonnait le *Veni creator* pour la Messe, des gens placés à la voûte de l'église faisaient descendre, sur le peuple, des étouppes enflammées, & jettaient en même tems des feuilles de chêne & des nieules.

Nieules jettées au peuple pendant le service divin.

Quant aux étouppes flamboyantes, il est aisé de concevoir qu'on voulait figurer ainsi aux yeux des Fideles, ce miracle qu'opéra l'Esprit-Saint, quand, sous la forme de langues de feu, il vint régénérer les Apôtres. Mais que représentaient les feuilles de chêne & les nieules ?

Ce n'est pas tout. Au *Gloria in excelsis*, on lâchait, dans l'église, des oiseaux qui avaient aussi des nieules attachées aux jambes. Encore une fois, quel rapport y avait-t-il entre l'Esprit-Saint, & une friandise en pâtisserie qui, distribuée d'une manière aussi tumultueuse, ne pouvait que causer beaucoup de trouble & de scandale, & interrompre le Service Divin. Telle était pourtant la cérémonie religieuse qui était en usage, ce jour-là, dans beaucoup d'églises cathédrales du Royaume, & principalement à Rouen. Il est vrai que plusieurs autres églises avaient admis quelques différences. A Lisieux, par exemple, les nieules se jettaient avec des fleurs au *Kyrie eleyson*. Mais par-tout, je ne sais pourquoi, on jettait des nieules.

Cette superstition a été abolie successivement dans les différens Diocèses; plutôt ou plus tard, selon qu'ils ont eu des Evêques plus ou moins éclairés. Dans celui d'Amiens, elle n'a disparu, selon le P. Daire, qu'en 1715; mais il y a encore des villes en Flandres où elle subsiste.

Procession des Marchands de nieules.

A Paris, les marchands de nieules en pratiquaient une autre aussi bizarre. Ces artisans s'étaient formés en confrairie sous l'invocation de S. Michel; &, le jour de la fête du Saint, ils faisaient par la ville une sorte de cavalcade, habillés, les uns en anges pour représenter leur patron & sa troupe, les autres en diables. Ceux-ci avaient des tambours; & ils étaient suivis par des prêtres qui portaient des pains bénis. L'Abbé Lebeuf (*Histoire du Diocèse de Paris*), rapporte que cette procession ridicule fut défendue en 1636 par une ordonnance de l'Archevêque.

Formes & noms obscènes, donnés à certaines pâtisseries.

Ces abus, au reste, n'intéressaient que la sainteté de la Religion, & la dignité de son culte; au lieu que je pourrais en citer un autre qui révolte la pudeur, la décence, & les mœurs. Croira-t-on qu'il a existé en France un tems où l'on a donné aux menues pâtisseries de table les formes les plus obscènes, & les noms les plus infâmes. Croira-t-on que cet incroyable excès de dépravation a duré plus de deux siècles; &, que s'il est ignoré aujourd'hui, c'est parce que les écrivains du tems n'en ont rien dit. Vous les voyez tonner contre des cheveux courts, contre des manches larges, contre des souliers pointus; comme s'il s'agissait de la destruction totale du Christianisme : & presque aucun d'eux ne s'élève contre un scandale dont les nations les plus corrompues rougiraient. Quelques-uns de ces noms sales se trouvent dans Taillevant: mais, ce qui nous paraîtra bien extraordinaire, c'est qu'il en parle sans aucun étonnement; comme un autre parlerait d'une chose toute ordinaire; comme lui-même enfin il parle des rissoles ou des gauffres.

J'avoue que notre langue, si décente aujourd'hui, ne l'était guères, il y a six siècles; & que ces expressions dégoûtantes, qui maintenant nous révoltent, étaient admises alors, puisque nos anciens Poëtes les emploient lorsqu'ils font parler des filles pudiques, des femmes vertueuses, des pères instruisant leurs enfans. Les mots, par eux-mêmes, ne signifient rien; ils ne rendent que les idées qu'on y attache. Tel terme, après avoir été long-tems honnête, peut devenir tout-à-coup indécent; &, chaque jour, nous en voyons des exemples. Aussi sont-ce moins les noms de ces pâtisseries qu'il faut blâmer, que les formes qu'on leur donnait. Si ceux-là peuvent être excusés, le motif qui avait fait imaginer celles-ci ne le sera jamais.

Oh, que j'aime l'honnêteté de Champier, lorsqu'il traite ce sujet! Son indignation éclate malgré lui; il ne peut la retenir; &, en rapportant cette invention luxurieuse du vice, il réclame au moins en faveur de la vertu. Après avoir décrit les différentes pâtisseries usitées de son tems, il dit, *quædam pudenda muliebria, aliæ virilia (si diis placet) representant. Sunt quos c..... saccharatos appellitent. Adeo degeneravere boni mores, ut etiam Christianis obscæna & pudenda in cibis placeant.* Et voilà quels étaient ces siècles qu'on se plaît tant à nous exalter; ces siècles auxquels on nous renvoie sans cesse, lorsqu'on nous reproche la perversité de nos mœurs.

SEPTIEME SECTION.

Desserts.

CE qui regarde les pâtisseries de dessert, les fruits cruds, & les fruits secs, ayant été traité dans les articles précédens, il ne me reste à examiner dans celui-ci, que ce qui est l'ouvrage du Confiseur, c'est-à-dire les sucreries renfermées sous le nom général de dragées & de confitures.

Epices. Les unes & les autres ont été long-tems comprises sous celui d'épices; expression dont, au premier coup d'œil, il est difficile d'appercevoir l'origine.

Dans la basse latinité, on se servait du mot *species*, pour désigner les différentes *espèces* de fruits que produit la terre. Dans Grégoire de Tours, par exemple, il signifie du blé, du vin, de l'huile. Cependant, quand on parla d'aromates, on distingua ceux-ci par l'épithète *aromaticæ*, qu'on ajouta au mot *species*. Par la suite, l'expression latine ayant passé dans la langue française, on appella ces dernières productions, *épices aromatiques*, &, par abréviation, *épices*.

On a vu ci-dessus quelle était la passion qu'avaient nos Pères pour les assaisonnemens forts. Ce goût, au reste, n'était point en eux un appétit déréglé de la Nature ; c'était un principe d'Hygiene, un système réfléchi. Accoutumés à des nourritures d'une digestion difficile, ils croyaient que leur estomach avait besoin d'être aidé dans ses fonctions par des stimulans qui lui donnassent du ton. D'après ces idées, non-seulement ils firent entrer beaucoup d'aromates dans leur nourriture ; mais ils imaginerent même d'employer le sucre pour les confire, ou pour les envelopper ; & de les manger ainsi, soit au dessert comme digestifs, soit dans la journée comme corroborans. *Après les viandes,* disent *les triomphes de la noble Dame, on sert chez les riches, pour faire la digestion, de l'anis, du fenouil & de la coriandre, confits au sucre* (a). L'auteur de *l'île des Hermaphrodites* fait la même remarque, lorsqu'il nous peint les mœurs de la Cour de Henri III. Après le dessert, dit-il, *les uns prenoient un peu d'anis confit, les autres du cotignac ; mais il falloit qu'il fût musqué. Autrement il n'eût point eu d'effet en leur estomach, qui n'avoit point de chaleur s'il n'étoit parfumé.* Il y eut des dragées faites avec du genièvre, & qu'on appellait *dragées*

Employées pour favoriser la digestion.

_____

(a) Aujourd'hui encore, dans leurs voyages de mer, les Hollandais, par le même motif, mangent, après le repas, des cloux de girofle confits.

de S. Roch, parce qu'on les croyait propres à préserver du mauvais air & de la peste. Quant au peuple, à qui ses facultés ne permettaient pas ces superfluités dispendieuses, fidèle aux mêmes principes, il mangeait les mêmes substances en nature & sans préparation.

Ce sont ces aromates confits, que l'on nomma proprement épices, & dont le nom se trouve si souvent répété dans nos anciennes histoires. Ce sont eux qui formaient presque entiérement les desserts; car les fruits étant répétés froids par leur nature, la plupart, comme je le dirai ailleurs, se mangeaient au commencement du repas.

On servait les épices avec ces différentes sortes de vins artificiels, dont j'aurai occasion de traiter au li, & qui composaient alors les seules liqueurs que l'on connût. Ces deux objets terminaient le repas; & de-là vint cette façon de parler, si commune chez les Ecrivains du tems, *après le vin & les épices;* pour dire, *après la table.* L'usage au reste était si général, qu'il s'observait jusques dans les festins des Bourgeois & des Corps ecclésiastiques; & Pasquier nous le représente comme pratiqué encore à Paris, de son tems, dans ceux de la Faculté de Théologie.

Drageoir. Mais il régnait à la table du Roi, & à celle des Grands-Seigneurs, une autre coutume, laquelle n'existait point aux banquets des particuliers. Outre les épices qui composaient le dessert, & qui étaient destinées pour les convives, il y en avait d'autres, plus choisies encore, qu'on servait dans une boête particulière

particulière, divisée par compartimens. Cette boëte était d'or, d'argent, ou de vermeil; & se nommait *drageoir*, du nom des dragées, l'une des principales choses qu'elle contenait. Ordinairement c'était un Ecuyer, quelquefois un homme de distinction, qui avait l'honneur de présenter le drageoir; & il ne le présentait qu'à son maître, à moins que celui-ci, voulant honorer particuliérement un de ses convives, ne le lui envoyât. *On apporta vins & épices*, écrit Froissart; *& servit du drageoir, devant le Roi de France tant seulement, le Comte d'Harcourt.*

A l'entrée que Charlotte de Savoie, femme de Louis XI, fit dans Paris, la Ville, dit Comines, lui présenta, entre autres choses, *plusieurs drageouers, tous plains d'épiceries de chambre & belles confitures.*

Il y avait aussi de petits drageoirs qu'on portait en poche pour avoir, dans le jour, de quoi se parfumer la bouche ou se fortifier l'estomach. D'Aubigné remarque que le Duc de Guise s'étant trouvé mal un moment avant d'être assassiné par ordre du Roi Henri III, on lui apporta des prunes de Brignoles confites; & que, *comme il serroit le reste dans son drageoir*, on le manda de la part du Roi.

Drageoir de poche.

Henri lui-même en portait comme les Seigneurs de sa Cour. L'auteur de l'*île des Hermaphrodites*, ouvrage satyrique composé contre ce Prince, nous décrivant les détails de sa toilette, dit : *On lui apporta une boëte quarrée, où il y avoit de certains morceaux de sucre d'une composition, à ce qu'on disoit, fort excellente pour donner quelque vigueur;*

desquels, avec une cuillere d'argent, il se fit mettre quelque quantité dans une petite boëtelette, d'argent doré, fort mignonement élabourée, qu'on lui avoit apportée, & dans laquelle il y avoit une petite cuillere, de même étoffe, pour les pouvoir prendre plus aisément; & fit mettre ladite boëte dans la poche où il avoit mis son mouchoir.

Nos bonbonnières modernes ne sont que les drageoirs anciens, sous un autre nom.

<small>Epices n'étaient pas censées rompre le jeûne.</small>

Tout le monde usait d'épices dans le cours de la journée, parce que tout le monde avait sur leur vertu & sur leurs effets les mêmes préjugés. Au reste, pour apprécier jusqu'où étaient portées sur ce point les préventions, il suffira de dire que les Casuistes du tems agiterent la question s'il est permis d'user d'épices, hors des repas, les jours de jeûne; & que la plupart prononcerent pour l'affirmative. Voici la décision de S. Thomas d'Aquin; c'est la seule que je rapporterai. *Electuaria, etiamsi aliquo modo nutriant, non tamen principaliter assumuntur ad nutrimentum, sed ad digestionem ciborum. Unde non solvunt jejunium, sicut nec aliarum medicinarum assumptio; nisi forte aliquis, in fraudem, electuaria in magnâ quantitate assumat, per modum cibi.*

<small>Epices données en offrande.</small>

D'après l'estime qu'on faisait des épices, le Lecteur ne sera point surpris qu'elles aient été regardées comme un présent honorable. C'était un de ceux que les Corps municipaux croyaient pouvoir offrir aux personnes de la plus haute distinction dans les cérémonies d'éclat, aux Gouverneurs des

Provinces, aux Rois mêmes, lorsqu'ils faisaient leur entrée dans les villes. Quand Henri IV fit la sienne dans Paris en 1594, l'Etoile rapporte que *Messieurs de la Ville lui présenterent de l'hypocras, de la dragée, & des flambeaux.*

Ce don était encore usité vers la fin du dernier siècle; cependant on commençait dès-lors à en substituer d'autres du même genre. *Je reçus force harangues de toutes les villes, & les présens de celle de Trévoux*, dit Mademoiselle dans ses *Mémoires; c'étoient des citrons doux, au lieu de confitures. Cela est moins commun, & plus agréable.*

A la nouvelle année, aux mariages, aux fêtes de parens, on donnait des épices; & les boëtes de dragées & de confitures seches que ceux qui sont parreins distribuent encore aujourd'hui, lorsqu'ils tiennent un enfant sur les fonts batismaux, sont un vestige de l'ancienne coutume.

Quand on avait gagné un procès, on allait, par reconnaissance, offrir des épices à ses Juges. Ceux-ci, quoiqu'alors les Ordonnances eussent réglé que la justice se rendrait gratuitement, se crurent permis de les accepter; parce qu'en effet un présent aussi modique n'était pas fait pour allarmer la probité. Néanmoins, comme par-tout l'homme est le même, bientôt l'avarice & l'avidité changerent en abus ce tribut de gratitude. Pour y remédier, S. Louis défendit aux Juges de recevoir, dans la semaine, plus de la valeur de dix sous en épices. Philippe-le-Bel, plus severe encore, leur défendit d'en accepter au-delà de ce qu'ils pouvaient con-

Epices des Juges.

sommer journellement dans leur maison, sans gaspillage. Des réglemens pareils étaient louables assurément par les intentions de droiture & de justice qu'ils supposent ; mais, si quelqu'un trouvait son intérêt à ne pas les suivre, comment l'y forcer?

Au lieu de tous ces paquets de bonbons, dont la multiplicité embarrassait, & dont on ne pouvait se défaire qu'avec perte, les Magistrats trouverent plus commode de recevoir de l'argent. Pendant quelques tems néanmoins il leur fallut, pour être autorisés à cette nouveauté, une permission particulière. Le plaideur qui avait gagné son procès présentait au Parlement une requête, par laquelle il demandait à s'aquitter de cette manière. Le tribunal délibérait ensuite sur la requête ; mais le Rapporteur ne pouvait rien recevoir que quand elle avait été admise. Ce fut ainsi qu'en 1369, un Sire de Tournon obtint de donner vingt francs d'or à ses deux Rapporteurs.

Tous ces abus nouveaux en produisirent un autre, plus grand encore. Accoutumés à des rétributions, les Juges oublierent que, dans l'origine, elles avaient été libres ; ils en vinrent à croire qu'elles leur étaient dues ; &, en 1402, ils rendirent un Arrêt qui les déclara telles. Les plaideurs, de leur côté, ne seconderent que trop cette avidité naissante ; car, au lieu d'attendre la décision du procès pour payer les épices, ils n'eurent pas honte de les apporter d'avance, c'est-à-dire, de se présenter chez leurs Juges comme corrupteurs. Ce qui paraîtra moins croyable encore, c'est que bientôt les Magistrats firent une loi de cette nouvelle coutume; & de-là cette formule si célèbre, qu'on lit en marge dans les anciens regîtres du Parlement: *non deliberetur donec solvantur species*. Il n'est pas de mon sujet de dire ce que la sagesse du Gouvernement, ce que celle du Tribunal lui-même a imaginé en différens tems pour corriger ou modifier ces abus. De pareils détails feraient étrangers ici; mais je remarquerai que les honoraires des Juges subsistent encore, & qu'ils ont conservé leur nom primitif d'épices.

Nos Rois, parmi les Officiers domestiques de leur Maison, en avaient un qui portait le titre d'*Epicier*, parce qu'il était chargé de la confection des épices.

<small>Art de confire les fruits.</small>

S'il nous était parvenu sur l'Office quelque traité ancien, comme il nous en est parvenu sur la cuisine, nous saurions aujourd'hui jusqu'où nos Pères avaient poussé autrefois l'art en ce genre. Mais je n'ai trouvé que de ces notions vagues & incertaines qui n'apprennent rien, & qui cependant jettent dans une indécision pire que l'inscience. A la vérité, Arnaud de Villeneuve, auteur du XIIIe siècle, m'a offert quelques détails sur la matière dont il s'agit; mais ces détails, à l'exception de celui où l'auteur enseigne à clarifier le sucre avec des blancs d'œufs, sont ceux d'un Médecin; ils ne donnent sur l'art aucunes lumières. On voit seulement dans Villeneuve, que l'on confisait au sucre certaines graines ou fruits secs, tels qu'avelines, gingembre, anis, coriandre, &c. Il parle de noix vertes confites; de sucre de roses; d'une pâte, nommée pâte-de-Roi, ou pignolat; & enfin d'une sorte de nougat, qu'on appellait mazapan, ou massepain, & qui se faisait avec des amandes, des pistaches, & du sucre.

De Serres pouvait donc avoir raison quand il écrivait (ann. 1600) : *de tems immémorial, on a fait en France des confitures ; mais ces confitures différoient de celles que nous faisons aujourd'hui. C'est des Espagnols & des Portugais que avons appris la façon des nôtres ; &, pendant bien des années, cette façon a été un secret.*

On croira sans peine que les deux Nations qui, dans l'Occident de l'Europe, ont été les premières à planter des cannes à sucre, ont dû être les premières aussi à trouver l'art de cuire cette substance & de l'employer pour confire certains fruits. Mais, si c'est à ces deux peuples que nous en sommes redevables, néanmoins il n'est pas resté en France aussi long-tems secret que le prétend de Serres ; ou, ce qui est la même chose, sa publicité remonte plus haut que ne le croyait l'auteur. On en trouve la preuve dans le *de medicamentorum simplicium delectu* (ann. 1562) par Jaques Sylvius, ou du Bois, Médecin. Du Bois y parle des diverses confitures en usage de son tems ; & j'ai vu avec surprise que non-seulement on connaissait alors les différentes cuissons du sucre qu'emploient aujourd'hui nos Confiseurs pour les différens objets auxquels il est nécessaire ; mais encore que ces expressions, *sucre clarifié, sucre perlé, sucre à la plume*, & autres dont ils se servent, subsistaient déja.

Les fruits qu'on employait pour confire étaient, selon du Bois, pommes, cerises, cormes, cornouilles, dattes, abricots, coings, pêches précoces, noix vertes, & poires musquées. Tous se confisaient entiers; excepté le coing qu'on partageait en quatre. Il y avait aussi, pour la noix verte, un procédé préliminaire, qui n'existait point pour les autres fruits. D'abord on la laissait tremper pendant quatre jours dans une eau pure, qu'on avait soin de changer de six heures en six heures. Après cela on la jettait dans l'eau chaude pour l'attendrir; puis, après l'avoir fait sécher & l'avoir lardée, selon le goût du tems, de cloux de gérofle & autres épices, on la confisait à l'ordinaire. Quand on voulait des noix glacées, en les retirant de l'eau chaude, on les jettait de nouveau dans l'eau froide; on les pelait, on les faisait sécher, on les lardait d'épices, enfin on les couvrait de sucre clarifié. (Ces fruits piqués étaient encore d'usage, il y a une quarantaine d'années).

Les confitures séches ne se travaillaient qu'au sucre uniquement. Cependant, comme l'âpreté du gain introduit insensiblement de la fraude par-tout, les Confiseurs, pour épargner le sucre, avaient imaginé de les commencer au miel. Cette friponnerie, dit de Serres, eut lieu pendant bien des années; & c'était même un des misteres secrets du métier.

Pour sécher les fruits confits, on se servait d'étuve; *Etuves.* & cette étuve, de laquelle de Serres donne la description, était pareille aux nôtres, c'est-à-dire, une armoire en fer, haute & étroite, dont les layettes, faites de fil d'archal ou de roseaux fendus, se tiraient à coulisse. On l'échauffait au moyen d'un four, tel que celui des Boulangers, sur lequel elle était construite. Ceux qui ne voulaient pas faire la dépense d'un four, échauffaient la leur avec un peu de braise.

<small>Figurer en pâte de sucre.</small> Il y a plus de trois siècles qu'on savait déja figurer en pâte de sucre différens objets, propres à tromper l'œil ou à l'amuser agréablement. La colation que la ville de Paris donna en 1571 à Elisabeth d'Autriche, femme de Charles IX, consistait même uniquement en objets de ce genre, si on en croit Bouquet. *Outre le nombre infiny de toutes sortes de confitures seiches & liquides, diversité de dragées, cotignac, massepans, biscuits, & autres singularitez qui y estoient, n'y a, dit-il, sorte de fruit qui puisse se trouver au monde en quelque saison qui soit, qui ne fust là, avec un plat de toutes viandes & poisson: le tout en sucre, si bien ressemblant le naturel que plusieurs y furent trompez: même les plats & escuelles esquels ils estoient, estoient faits de sucre.* Au passage de Marie-de-Médicis, par Avignon, lors de son arrivée en France, le Vice-Légat lui donna, dit l'auteur de la *Chronologie septennaire*, une colation *de trois tables dressées, couvertes de plusieurs sortes de poissons, bestes, & oiseaux, tous faits de sucre; & cinquante statues en succre, grandes de deux palmes ou environ, représentans au naturel plusieurs Dieux, Déesses, & Empereurs. Il y avoit aussi trois cens paniers, pleins de toutes sortes de fruits faits en*

sucre près du naturel, qui furent donnez, après la colation achevée, aux Dames & Demoiselles qui s'y trouverent.

Cette même année 1600, de Serres écrivait qu'on faisait, en pâte de sucre, des cervelats, des jambons, des *rubans d'Angleterre*.

Quand la Reine Charlotte de Savoie, femme de Louis XI, fit en 1467, son entrée dans Paris, les Bourgeois, dit Comines, lui présenterent *un beau cerf, fait de confitures, qui avoit les armes d'icelle noble Royne pendues au col*. Enfin, au banquet que Taillevant en 1455 ordonna pour le Comte du Maine, & dont il nous a laissé une description, le second dessert, c'est-à-dire, celui des épices, représentait des objets de même nature. On y voyait, entre autres choses, des cerfs & des cignes, au col desquels pendaient les armes du Comte, & celles de M.lles de Chateaubrun & de Villequier, pour qui se donnait la fête.

Armoiries en sucre & en marmelades.

Quoiqu'il me fût aisé de citer beaucoup d'exemples en ce genre, on comprend néanmoins qu'une pareille magnificence n'appartenait qu'aux Grands-Seigneurs, ou aux gens fort riches ; aussi ne la cité-je que pour montrer où en était alors en France, l'art des pâtes & des sucreries. Quant à la coutume de blasonner ainsi les armoiries de quelqu'un qu'on voulait honorer, elle était l'effet d'un préjugé du tems.

Dans l'origine de la Chevalerie, il n'y avait, pour tous ceux des Chevaliers qui combattaient à un tournois, qu'une seule & même armure. Tous

Origine des Armoiries.

étant, de la tête aux pieds, également cachés sous cette enveloppe de fer, l'œil ne pouvait en reconnaître aucun; & les prouesses d'un brave étaient perdues pour sa gloire. Le moyen par lequel ils remédierent à ce désavantage est assez ingénieux; & ce fut ainsi que naquirent les Armoiries. Chacun d'eux adopta, & plaça sur sa cotte-d'armes extérieure, en broderie ou en peinture, un oiseau, un animal, en un mot une marque distinctive quelconque. Par là on put observer dans la mêlée un combattant, & suivre de l'œil les différentes actions de courage par lesquelles il se distinguait.

Il était naturel que ceux qui avaient adopté pour un combat ces signes nouveaux, les portassent dans un autre tournois encore, & qu'ils les conservassent même le reste de leur vie. Les enfans, par respect pour ce qui avait illustré leurs parens, s'en honorerent. Chaque famille noble se forma ainsi une sorte d'hiéroglyphe particulier, qui, à quelques légères différences près, devint commun à toutes les personnes dont elle était composée. Elle en fit un sceau avec lequel elle rendit authentiques tous ses actes publics & privés. Sur les tombeaux, elle en orna l'effigie de ses morts. Dans les fêtes publiques & les cérémonies d'éclat, elle le porta sur ses habits. Il fut même un tems ou une femme de qualité n'eût osé paraître sans une robe chamarrée des armoiries de son mari & des siennes. En un mot, l'orgueil, qui avait trouvé le moyen de s'isoler ainsi des classes roturieres par un signe extérieur & apparent, y attacha tant d'estime, qu'une des galanteries des festins, était d'y représenter d'une manière quelleconque les armoiries d'un personnage qu'on cherchait à honorer. On vient d'en voir quelques exemples ; j'aurai lieu d'en citer d'autres, lorsque je traiterai ce qui regarde les divertissemens des repas.

Cette mode subsistait encore en 1600 ; mais alors, à ce que nous apprend de Serres, les Ecussons des festins se faisaient avec des bandes de massepain filé : de même à-peu-près que les Pâtissiers aujourd'hui font des croquantes. Quant aux émaux, dont le massepain ne pouvait représenter les couleurs, on employait, pour les imiter, différentes sortes de confitures. L'or se figurait avec des marmelades de pommes ou d'abricots ; le gueule avec des fruits rouges, comme cerises ou framboises ; le sinople avec du verjus, des abricots verds : & ainsi des autres. *Massepain.*

Le massepain servait aussi à former d'autres figures. Filé, on en faisait des chiffres, des lacs-d'amour, &c ; mis en moule, des fruits, des asperges, des culs-d'artichaux, &c.

De toutes les sucreries qui ont été d'usage autrefois, celle-ci est l'une des plus anciennes, & l'une de celles qui a subsisté le plus long-tems : car on sait qu'elle est toujours admise sur nos tables ; quoique communément, quand elle est en petits pains arrondis, & faite avec des amandes amères, on l'appelle macarons. *Macarons.*

On a vu ci-dessus qu'au XIIIe siècle, le massepain était composé de pistaches, d'amandes, & de sucre.

Sur la fin du XVI°, les Provençaux, selon de Serres, faisaient le leur avec des blancs-d'œufs & du miel blanc, battus ensemble, puis épaissis sur le feu. On y jettait alors des amandes douces, pelées & fricassées ; enfin, on étendait le tout sur une table de marbre pour en former un pain. A la couleur & au miel près, c'est-là ce que nous nommons du nouguat.

Nouguat.

Parmi les divertissemens, d'usage à Toulouse pendant les jours gras, était celui des amoureux de donner à leur maîtresse ce qu'ils appellaient *massepain*. Mad. du Noyer en parle dans ses *lettres historiques & galantes*, écrites vers la fin du dernier siècle. *Le massepain*, dit-elle, *est une boëte grande comme un coffre, toute pleine de confitures, couverte d'une étoffe d'or, dont on peut faire une juppe, & nouée avec des rubans d'or. On a soin d'en mettre ce qu'il faut pour une garniture. On promene tous les jours ce massepain, ou sur un cheval, ou dans une chaise de poste ; &, après qu'on l'a fait admirer, & qu'on a jetté à droite & à gauche quantité de vers à la louange de celle à qui on le destine, on le lui fait donner par des gens masqués qui choisissent, pour le lui présenter, l'endroit où il y a plus de monde.*

Fénestra.

Le lundi de Pâques, il régnait dans la même ville, selon le même auteur, une autre usage semblable à celui-ci. *Toutes les Dames se rendent en carosse au cours, parées de leur mieux. Les Messieurs y font de belles cavalcades autour des carosses. Enfin on voit arriver quantité d'hommes à pied, déguisés, les uns en garçons pâtissiers, les autres en bergers, qui por-*

tent chacun un féneſtra ſur ſa tête. Le féneſtra eſt un grand gâteau, d'une pâte fort excellente, tout piqué d'écorces de citron & d'autres confitures. Tous les féneſtras ſont ſur une planche, couverts de petits rubans & de colifichets; & c'eſt tout ce qu'un homme peut porter. On les jette, en danſant, dans les caroſſes des Dames; & l'on fait que les deux bouts du gâteau ſortent par les portières. Ce préſent ne tire pas à conſéquence comme le maſſepain: ainſi on en donne aux femmes tout comme aux filles.

Il n'y a pas plus de quarante ans qu'on a perfectionné l'art de confire les fruits à l'eau-de-vie. Juſqu'alors on ne ſavait que mettre dans un bocal certaine quantité de fruits, y jetter parties égales d'eau-de-vie & de ſucre fondu, boucher le vaſe, & l'expoſer au ſoleil. Mais bientôt l'eau-de-vie, ſe détachant du ſucre, attaquait les fruits, les décoloroit, les durciſſait, & leur communiquait ſon goût âcre. On a imaginé de les blanchir auparavant, de les confire dans le ſucre, & de ne les jetter dans l'eau-de-vie qu'après cette préparation préliminaire.

Fruits à l'eau-de-vie.

Chambier fait mention de compotes, tant à l'eau qu'au vin; & je remarquerai qu'en général on préférait alors, dans la plupart des ſauces, le vin à l'eau. La ſauce aux cerneaux ſe faiſait avec du vin & du ſel. Pluſieurs perſonnes même, ajoute l'auteur, avant de manger des raiſins ſecs, les faiſaient tremper, pendant quelque tems, dans du vin chaud, & les ſaupoudraient de ſucre. Les neffles, ſelon de Serres, s'apprêtaient de même. Après leur avoir ôté

Compotes, & fruits confits au ſyrop.

les aîles & la queue, on les cuisait dans du vin ; on y ajoutait du sucre pour former un syrop, & on les servait, saupoudrées de sucre nouveau.

Cependant, pour les compotes de marrons, & pour celles de pignons, dit Champier, on employait l'eau-rose. Aujourd'hui que l'eau-rose a passé de mode, nous mettons dans nos compotes de la fleur d'orange.

Le même de Serres fait mention de compotes d'amandes vertes, & d'abricots verds ; de compotes de noix, de noisettes, & d'avelines, confites vertes avec leur coque ; enfin de verjus, de mûres, framboises, cerises, & muscat, confits au syrop.

Sous Henri III, la confiture la plus estimée à la Cour, selon l'auteur de l'*île des Hermaphrodites*, était la marmelade. De Serres enseigne à faire des marmelades d'abricots, de pêches, de pommes, & d'autres fruits semblables.

Marmelades.

« Les gelées de cerises & de cornouilles sont » bonnes, dit-il ; mais, quand on parle de gelée » par excellence, on entend celle de coing ».

Gelées.

L'une des plus anciennes confitures qu'aient connues nos Pères, est celle des pâtes. Il en est question dans Arnaud de Villeneuve, ainsi que je l'ai déjà remarqué. Probablement même on pourrait en reculer plus loin l'époque : mais je n'ai trouvé sur cette antériorité aucun témoignage. Ma méthode, quand je parle d'un usage quelconque, est de citer l'auteur le plus ancien chez lequel je l'ai rencontré ; non que je prétende par-là en fixer l'origine au tems où celui-ci écrivait, ni même donner cet au-

Pâtes.

teur comme le premier de ceux qui en parlent. Mais je raconte seulement ce que j'ai découvert; & cette réflexion, que j'ai déjà faite, je prie mes lecteurs de l'appliquer à la plupart des articles de cet ouvrage.

Au reste, la plus renommée des pâtes, au XIIIe siècle, était le gingembre confit, nommé gingembrat, ou, pour son excellence, *pâte de Roi*. Le gingembrat & le pignolat sont mentionnés dans une Ordonnance de Philippe-le-Bel, an. 1313. Comme le pignolat était fait avec l'amande du pin, qu'on nomme pignon, il avait pris son nom de ce fruit. Les pignons étaient encore d'usage sur la fin du dernier siècle. Le Loyer, dans ses poésies (an. 1676), les compte au nombre des choses qu'il faut donner aux maris froids;

> Que sur la fin du dessert, on leur porte
> L'hypocras rouge, ou bien un puissant vin,
> La truffe noire, avec le fruit du pain.

Cependant le préjugé n'a pas toujours été le même sur la vertu aphrodisiaque des pignons. Antérieurement on leur avait attribué la qualité contraire; & Eustache Deschamps, Poëte mort en 1420, leur donne même l'épithète de *refroidissant*.

Les pignons ne sont plus de mode aujourd'hui.

Au tems de de Serres, on faisait des pâtes de pêches; & ce procédé, dit-il, nous avait été enseigné par les Génois. Celles d'abricots se servaient découpées, soit avec un couteau, soit avec un emporte-pièce. Quelquefois on leur donnait une figure quelleconque, en les pressant dans un moule; &

alors on les nommait *ramage de Gênes*. Il y en avait de poires, de prunes, d'abricots, de noix, &c. Les Bourguignons s'en faisaient une avec les prunes de moyeu, connues dans leur Province. Enfin, continue l'auteur, les pâtes qu'on estimait le moins étaient celles de pommes; & celle qu'on prisait davantage, la framboise, *recherchée pour son odeur agréable*.

Au dernier siècle, Clermont & Riom s'étaient fait une réputation dans l'art de confire les abricots; & cette réputation devint bientôt pour ces deux villes une branche de commerce fort lucrative. Elle était d'autant mieux fondée que les différens Confiseurs du Royaume, même ceux de Paris, avaient toujours tenté envain de les égaler dans cette sorte de confiture; & qu'ils n'avaient jamais pu y parvenir. C'est la remarque que faisait encore en 1698, l'Intendant d'Auvergne, dans le Mémoire qu'il dressa, par ordre du Roi, pour l'instruction du Duc de Bourgogne. Les pâtes d'Auvergne ont conservé jusqu'à nous une partie de leur ancienne renommée; mais l'art de les apprêter n'est plus concentré, comme il l'était alors, dans cette seule Province.

Cotignac. On a vu ci-dessus que le cotignac était l'une des confitures qu'en 1571, la ville de Paris avait servies à la Reine. Le cas qu'on en faisait alors, s'est maintenu jusqu'à notre siècle. En 1709, la Marquise de Maintenon, l'épouse secrette de Louis XIV, écrivait au Duc de Noailles, qui lui avait envoyé du cotignac : *vos boëtes auroient admirablement figuré* aux nôces de Mlle. de Normanville, si je n'avois le bon-sens de jetter le festin sur M. de Chamillard.

De Serres remarque que, de son tems, (an. 1600) le cotignac le plus recherché était celui d'Orléans. Il enseigne même à en faire à la manière des Orléanais.

Au commencement de ce siècle-ci, on estimait le cotignac de Mâcon. *Le seul agrément de cette ville*, dit M. du Noyer dans ses Lettres, *est qu'on y boit de très-bon vin. Moi je me retranchai à manger du cotignac. J'avois vu sur les tablettes des Allemands voyageurs, de ma connoissance, entre autres annotations: étant à Mâcon manger du cotignac. Ainsi je profitai de l'avis, & j'en mangeai tout mon saoul.*

Selon de Serres, les zestes de citron, de limon, & d'orange se confisaient au sec dans une étuve. On employait le même procédé pour les poires de moyenne grosseur, telles que la blanquette & le petit rousselet. Puis on les servait par paquets de trois ou quatre, liées ensemble. Quant à celles qui sont plus petites, comme muscadille, on en composait un bouquet de sept: ce qui les faisait nommer du *sept-en-gueule*, parce qu'on pouvait les mettre toutes sept à la fois dans la bouche.

Confitures séches.

Au dernier siècle, il n'y avait en poires, dit le *Jardinier françois* (ann. 1651.,) que cinq especes dont on fit des confitures séches; c'était les trois nommées ci-dessus; puis le gros muscat, & l'orange. En prunes, on ne confisait ainsi que le perdrigon, l'impériale, la diaprée, la brignole, l'ileverts, la-sainte-catherine, la prune d'abricot, & la prune-de-roi. La pomme, étant naturellement molle & sujette à se résoudre en marmelade, ne s'employait point en confiture sèche, mais en compote & en pâte.

Ceux au reste qui voudront connaître plus en détail la manière dont se confisaient alors les différens fruits, pourront consulter le *de Sanitate tuendâ* de Gontier (ann. 1668). L'auteur y donne la recette de toutes les confitures sèches ou liquides qui se faisaient de son tems.

Casse confise. Sur la fin du même siècle, les Juifs établis dans nos îles d'Amérique y avaient imaginé de confire les siliques & les fleurs du cassier. Cette confiture, dit Labat, était *fort agréable, & purgeoit doucement, ou du moins tenoit le ventre libre.* Aussi en envoyaient-ils beaucoup en France & dans le reste de l'Europe. Mais, lorsque par un ordre de la Cour ils furent chassés des colonies, ils emporterent leur secret avec eux; &, depuis ce tems, dit l'auteur, les Colons avaient essayé envain de le deviner.

Conserve. Parmi les conserves qui étaient de mode dans les deux derniers siècles, on peut compter celles de roses, de violettes, de fleurs d'orange, de fleurs de jasmin, & autres pareilles; mais il y en avait quelques-unes dont aujourd'hui nous ne faisons plus d'usage. Tels sont la racine d'Enula-campana, les troncs de laitue, le fenouil vert. La première, dit Ch. Etienne, était réputée un excellent préservatif contre le mauvais air. La seconde, au rapport de de Serres, était si estimée qu'on l'appellait pour son excellence, *bouche d'ange*. Pour le fenouil, on en formait des curedents qu'on plantait dans les autres fruits confits. C'était là une galanterie du tems. Chacun des convives pouvait en prendre un pour se nettoyer la bouche.

Du Bois, ce Médecin cité plus haut, parle de pastilles, faites avec de la poudre d'iris, du sucre, du musc, & de l'eau-rose. Pastilles.

Outre les confitures au sucre, dont on vient de lire les noms, il y en avait d'autres, de qualité inférieure, que plusieurs personnes préféraient parce qu'elles étaient moins cheres. Les meilleures, parmi celles-ci, étaient les confitures au miel; ensuite venaient celles au moût de vin; puis celles au vin cuit. Ces dernieres, selon de Serres, étaient les moins estimées. On ne les présentait qu'aux *gens de moyenne étoffe*. Confitures au moût, & au miel.

La raisinée, *inconnue des Anciens*, dit le même auteur, se faisait avec des raisins noirs. Après les avoir égrainés, puis écrasés avec les mains, on les mettait sur le feu dans un chauderon, en y joignant un peu d'eau & de sel. Enfin, quand ils étaient consommés des deux tiers, on les passait comme de la purée. Raisinée.

Sur la fin du dernier siècle, les confitures qu'on faisait à Metz & à Verdun, avaient une grande réputation. Le Mémoire de M. Turgot, l'un de ceux qui furent fournis au Duc de Bourgogne par les divers Intendans du Royaume, dit qu'*elles se transportaient par toute la France & dans toute l'Europe*. L'auteur ajoute que les anis de Verdun, Confitures de Metz & de Verdun.

jouissoient aussi de la plus grande renommée.

Je crois ne pouvoir mieux terminer tout ce qu'on a lu jusqu'ici sur les alimens apprêtés, qu'en réunissant & rapprochant ensemble quelques détails sur ces divers objets. Je les trouve dans un ouvrage du XVIe siècle, fort curieux, & intitulé *Mémoire pour faire un écriteau pour un banquet*. C'est une liste de mêts que pouvaient employer les personnes qui avaient intention de donner un festin. L'auteur leur fournit cinq menus différens, dans lesquels il accumule pêle-mêle, & sans distinction, tous les ragoûts, entremêts, &c, les plus recherchés, qui étaient alors d'usage. Je vais les transcrire, en mettant cependant quelque ordre dans ma matière. Ils prouveront que les personnes qui regrettent tant la simplicité des tems antiques, ont plus de zèle que d'érudition.

RAGOUTS.

Bécasse à laquesat.
Cailles au laurier.
Chapons pélerins.
Chevreuil au fromage de Milan.
Chevreuil farci.
Tête de chevreuil.
Civet de cerf aux navets.
Fromentée à la venaison salée.
Lapin à la grenade.
Langues de mouton à la vinaigrette.
Lion de blanc chapon.
Marsouin contrefait.

Oiseaux farcis.
Oisons à la malvoisie.
Oisons au fromage de Milan.
Pâns revêtus.

Perdrix {
. . . à la tonnelette.
. . . à l'orange.
. . . aux câpres.
}

Pieds {
. . . à la sauce d'enfer.
. . . à l'esturgeon.
}

Poussins au vinaigre.
Ramier en poivrade.
Sanglier aux marrons.
Sarcelles confites.
Saucisses de veau.
Soleil de blanc chapon.
Tanches à la lombarde.
Venaison aux navets.

Gelée {
ambrée.
blanche, piquée.
commune.
déchiquetée.
en pointes de diamant.
moulue.
ondée.
}

Andouilles de . . .
Angelots de . . . .
Ecus de . . . . . .
Ecussons de . . . .
} Gelée.

Fleur-de-lys en . . .
Fontaine en . . . . } Gelée.
Oriflan de . . . . .

ROTI.

Alouettes,
Bécasses,
Butor,
Cailles,
Chapons,
Chevreuil,
Cigne,
Faisan.
Héron,
Lapin,
Lapereau,
Levreaut,
Longe de bœuf,
Oison,
Perdrix.
Pigeonneaux,
Pluvier,
Poulet,
Sanglier,
Sarcelle,
Tourterelle,

SALADES.

Salade blanche,
Salade verte.

Salade
{
de citron.
d'entremêts.
de grenade.
de houblon.
de laitues.
d'olives.
de perce-pierre.
de poires de bon-crétien.
de pourpier confit.
}

ENTREMÊTS.

Cervelats.
Hure de Sanglier.
Jambon de Mayence.

Pâté
{
à la tonnelette.
d'alouettes.
d'artichauds.
de bécasse au bec doré.
de chapon.
de coings.
de langues de bœuf.
de marrons.
de pieds de bœuf.
de pieds de mouton.
de pommes.
de poulets.
de sarcelles.
de venaison.
}

Petits-choux tout chauds.
Ratons au fromage.

Riſſoles.
Aſperges.
Concombres confits.
Blanc-manger.
Neige en romarin.
Crême fromentée.
Crême de mêles.
Baudrier de pommes.
Pommes au gatelin.
Bégnets.
Etrier de pruneaux.

Tarte
{ ancienne.
angouloufée.
d'Angleterre.
de crême.
fanaide.
de moëlle de bœuf.
de pommes hachées bien en broc.
de pruneaux.
de vin blanc. }

Gateau
{ baveux.
feuilleté.
joli.
joyeux.
Italien. }

CHAPITRE QUATRIEME.

DES BOISSONS.

PREMIERE SECTION.

De la Bierre, & autres boissons dont l'eau était la base.

Quoique la Nature paraisse n'avoir destiné à tous les animaux que l'eau pour boisson, par-tout néanmoins, dans tous les pays comme dans tous les tems, l'homme, né sensuel, a trouvé le moyen de s'en procurer d'autres plus capables de flatter son palais & de réparer ses forces. Tantôt il a infusé certaines plantes aromatiques, ou quelques-unes des substances alimentaires que lui offrait spontanément la Nature; tantôt il a extrait la seve savoureuse de certains arbres, ou exprimé le suc des fruits qu'il avait plantés. Cependant, les boissons que lui ont procurées les fruits ne furent probablement que les dernières qui se présenterent à son génie inventif. Elles exigent, pour être réduites en art, tant d'expériences & des instrumens si compliqués, qu'il a dû d'abord chercher à s'en composer d'autres plus faciles.

Plutarque avance que tous les peuples barbares, avant d'avoir connu les liqueurs vineuses, ont commencé par boire du miel détrempé dans l'eau. L'ob-

Hydromeli

servation de Plutarque paraît vraisemblable; & en effet, de tous les breuvages qu'une nation peut inventer, celui-ci est le plus simple, sur-tout quand le pays qu'elle habite contient de vastes forêts qui lui fournissent du miel en abondance. Malgré cette double raison pourtant, il ne paraît point que les Gaulois l'aient connue : au moins les Auteurs anciens qui nous ont appris que le vin & la bierre étaient usités dans la Gaule, ne disent-ils pas qu'on y fît usage de l'hydromel. Cependant, les gens riches, chez les Gaulois, assaisonnaient leur bierre avec du miel, comme je le dirai à l'instant. Or est-il probable qu'ils se fussent avisés d'employer du miel dans leur bierre, sans avoir songé à en faire entrer dans leur eau ?

Quoi qu'il en soit, si les Gaulois ne connurent pas l'hydromel, on peut avancer avec vraisemblance qu'il fut introduit chez leurs Neveux par ces différentes nations barbares que le droit de conquête établit dans nos Provinces; car on sait que c'était la boisson favorite des peuples du Nord. Les Moines avaient coutume d'en user, les jours de travail. L'Abbé Théodemar écrivant à Charlemagne, lui raconte qu'en été sa coutume est d'accorder quelques fruits à ses Religieux, & que, quand ils sont occupés à couper les foins, il leur donne une potion au miel.

J'ignore quelles étaient les doses précises qu'on employait alors pour l'hydromel. Je trouve seulement qu'au XIIIe siècle, on mettait une partie de miel sur douze parties d'eau; mais alors aussi on joignait à l'hydromel, pour lui ôter sa fadeur & lui donner du piquant, quelques poudres d'herbes aromatiques, soit celles que produisent nos climats, soit celles qui naissent dans l'Asie.

L'hydromel ainsi préparé se nommait borgérase, borgérafre, ou bogéraste. On l'estimait beaucoup. Dans un festin que l'auteur de l'ancien *Roman de Florès & de Blanchefleur* fait donner à son héros, on sert de la borgérase. Chez les Moines, on en usait, comme d'un régal, les jours de grandes fêtes. Les *coutumes de l'Ordre de Cluni* l'appellent *potus dulcissimus*.

<small>Borgérase.</small>

En effet, les Religieux ayant, comme les Laïcs, leurs jours de fête & de réjouissance, il était naturel qu'ils employassent aussi alors les boissons agréables dont en pareil cas se régalaient ceux-ci. Mais ils en connaissaient d'autres qui leur étaient particulières, & qu'on leur donnait comme rafraîchissement, les jours de travail. Nous lisons dans la vie de S. Samson, Evêque de Dol, que le Monastère d'où le Saint fut tiré avant d'être promu à l'Episcopat, en avait une de ce genre, laquelle n'était, à proprement parler, qu'un jus d'herbes, & dont on usait, tous les jours, après avoir chanté Tierce. Le Légendaire a soin de remarquer qu'on la servait pour la santé.

Quand on avait mis les rayons des ruches sous la presse, afin d'en exprimer le miel qu'ils contenaient, on jettait le marc dans l'eau ; & l'on avait ainsi une sorte de piquette d'hydromel, qui se

<small>Bochet.</small>

nommait bochet ou bouchet, & qui était à l'usage des valets & des paysans.

Alixone. Je ne sais ce que c'était que l'alixone dont il est parlé dans le testament d'Aldéric, Evêque du Mans. Ce prélat, mort en 837, y legue annuellement aux Chanoines de son église une certaine quantité de blé, quatre muids de vin, & un muids de *cette boisson, nommée vulgairement alixone*.

Bierre. L'une des plus anciennes boissons, & (ce qu'on trouvera plus surprenant) celle de toutes peut-être qui a été la plus usitée dans l'Europe, est la bierre. On en attribue l'invention aux habitans de Péluse, qui ne pouvant cultiver dans leurs terres que des grains, parce que tous les ans elles étaient inondées par le Nil, trouverent l'art de se faire avec ces grains mêmes une boisson ; &, selon l'expression de Pline, forcerent l'eau de leur fleuve à les enivrer. Un pareil bienfait fut reçu par le reste de l'Egypte avec tant de reconnaissance qu'on en fit honneur au Dieu Osiris. C'est ainsi que, chez les peuples septentrionaux de l'Europe, un motif semblable fit attribuer à Odin l'invention de l'hydromel; & que, chez les Grecs, Bacchus passa pour l'inventeur de l'art du vin.

Les Egyptiens avaient deux sortes de bierre ; l'une appellée zythus ; l'autre qu'ils nommaient *curmi* ou *carmi*. Bélon (*Observations sur les singularités trouvées en Grece & en Asie*) prétend que le curmi se faisait avec le grain entier ; & que le zythus était, comme la *posca* des Latins, une sorte d'orgeat fait avec la farine des mêmes grains, qu'on gardait en pâte, & qu'on délayait pour le besoin.

Si l'on s'en rapporte au témoignage des Auteurs anciens, les Gaulois ne connaissaient que deux sortes de boissons, le vin & la bierre. L'usage qu'ils faisaient de celle-ci est attesté par Diodore de Sicile, par Athénée, par Théophraste, & par Pline ; mais la bierre fut-elle chez eux une invention nationale, ou un bienfait étranger ? Voilà ce que les quatre Historiens ne disent pas.

Sortes de bierres usitées chez les Gaulois.

Diodore & Théophraste assurent que les Gaulois appellaient la leur zythus. Si ce fait était vrai, on pourrait en conclure qu'ils avaient reçu des Egyptiens & le nom & la chose, & que l'un & l'autre probablement leur avait été communiqué par la colonie phocéenne de Marseille. Cependant Pline avance que la bierre, en Gaulois, s'appellait *cerevisia*, & le grain qu'on y employait, *brance*. En effet, cette double expression s'est conservée chez nous d'âge en âge. L'une a formé le mot *brasseur*, qui subsiste toujours ; & l'autre, celui de *cervoise*, qui subsistait encore il n'y a pas long-tems.

D'un autre côté, si l'on s'en rapporte à Athénée, la bierre dont usaient dans la Gaule les gens riches, était apprêtée avec du miel ; mais celle que buvait le peuple n'avait point cet assaisonnement ; aussi était-elle distinguée, dit-il, par le nom de *corma*.

Il résulte du témoignage d'Athénée que nos Ancêtres avaient, comme les Egyptiens, deux espèces de bierre ; & qu'ils les devaient vraisemblablement toutes deux à ceux-ci, comme je l'ai remarqué il n'y a qu'un inſtant. L'une aura gardé ſon nom étranger de zythus; l'autre ſe ſera nommée corma, au lieu de curmi; & toutes deux, peut-être auront été renfermées ſous la dénomination générale de *cereviſia*, donnée par les Gaulois. Telle eſt la conjecture qu'on peut imaginer pour concilier les témoignages contradictoires de nos quatre Auteurs : car ils ſe contrediſent tous quatre; & au reſte, ce n'eſt pas la premiere fois que j'ai éprouvé de ces contrariétés déſolantes, lorſqu'il s'eſt agi de nos premiers Ayeux.

Nous regretterons quelquefois que l'Antiquité ne nous ait pas fourni plus d'écrivains qui aient parlé d'eux, ou des écrivains qui ſe ſoient étendus davantage ſur ce qui les regarde. Pour moi qui me ſuis convaincu que, ſi par haſard il exiſte un point d'antiquités gauloiſes, ſur lequel quatre Anciens aient écrit, il exiſtera en même tems quatre témoignages différens & contradictoires; je ſuis perſuadé de bonne foi, que déſirer plus de renſeignemens ſur ces matières, ce ſerait demander à la fois plus de contradictions. Eh, quoi! l'on voit ſouvent nos Hiſtoriens modernes ne pouvoir s'accorder, lorſqu'ils ont à raconter un événement arrivé de leur tems & dans leur patrie; & l'on veut que des Grecs, que des Romains, ne ſe ſoient pas trompés, lorſqu'ils ont entrepris de faire connaître les loix, les coutumes, & les arts d'un peuple avec lequel ils n'avaient que de faibles rapports, & qu'ils n'ont connu que ſuperficiellement.

Encore une fois, reſpectons l'Antiquité; liſons;

admirons les Ecrivains célèbres qu'elle nous a transmis; étudions-les pour apprendre à nous former sur eux; mais apprenons aussi à nous défier d'eux quelquefois, & croyons sur-tout que quand ils peignent les nations qui leur sont étrangères, ils peuvent se tromper. Si César, si Antoine, ou Labiénus, eussent entrepris l'histoire morale des Gaulois, de pareils témoignages, je l'avoue, auraient des droits sur notre confiance. Il serait difficile de refuser sa foi à des hommes éclairés, qui auraient passé dix années entières au sein des différentes nations qu'ils chercheraient à nous faire connaître. Mais les Généraux de César ne nous ont rien laissé sur cet objet; & lui-même, qui n'écrivait que pour exciter l'admiration des Romains, s'est bien plus occupé de raconter ses manœuvres & ses exploits militaires, que de nous transmettre les mœurs des vaincus.

L'ordre insensé que Domitien donna de faire arracher toutes les vignes dans les Gaules, dut y rendre général l'usage de la bierre. Envain Probus, par la suite, permit aux Gaulois de replanter des vignes; l'infusion de grains se maintint toujours. Environ quatre-vingt ans après Probus, nous voyons Julien s'en plaindre, & faire contr'elle une épigramme. Apparemment que Julien avait eu la curiosité d'en goûter, ou qu'affectant déjà cette austérité de mœurs qui le distingua depuis, lorsqu'il fut élevé à l'Empire, il voulut donner à ses troupes l'exemple de la sobriété : car alors il habitait Paris, & Paris avait des vignobles dont lui-même vante la qualité. Peut-être aussi les vignes étant assez rares, & le vin par conséquent fort cher, les Parisiens étaient-ils dans l'habitude de commencer leur repas par de la bierre, & de le finir avec du vin. Cette coutume subsiste encore actuellement en Flandres; & l'on verra, quelques lignes plus bas, un Concile faire pour les Moines un réglement qui la suppose. A l'article du cidre, je citerai un exemple qui prouve qu'à la table de Thierri, Roi de Bourgogne, on servait à la fois du vin & du cidre; qui osera nier que, même parmi nos Rois, quelques-uns aient pu boire, dans un même repas, de la bierre & du vin. Charlemagne, dans son capitulaire *de villis*, ordonne que, parmi tous les ouvriers & artisans nécessaires dont il veut que ses métairies soient fournies, il y en ait qui sachent faire la bierre. Enfin, quand Richard, Roi d'Angleterre, vint en France épouser la fille de Charles VI, le beau-père & le gendre se firent des présens d'argenterie, dit Juvénal des Ursins. Or ceux du Monarque anglais étaient *un vaisseau à mettre eaue, garni de pierres précieuses; & un très-beau vaisseau A BOIRE CERVOISE*. Si nos Rois n'eussent pas admis cette boisson dans leurs repas, Richard eût-il offert un pareil vase?

[marginal note: Bierre usitée à la table des Rois.]

Au reste, quel que soit le motif qui ait mis Julien en colère contre cette dernière boisson, voici le sens de son épigramme, qu'assurément je n'aurais garde de transcrire, si elle n'était la production d'un Empereur, homme de lettres. « Qui es-tu, dit-il » à la bierre ? Non, tu n'es pas le vrai fils de Bac-» chus. L'haleine du fils de Jupiter sent le nectar; » & la tienne est celle du bouc ». Ces paroles, *tu n'es pas le vrai fils de Bacchus*, font allusion, si je ne me trompe, à une opinion populaire qui, selon Diodore, régnait parmi les Grecs, & que le Prince, élevé dans Athènes, avait probablement connue pendant sa jeunesse; savoir, que Bacchus était l'inventeur de la bierre, ainsi qu'il était l'inventeur du vin : car c'est une chose remarquable que la Grèce, la Gaule, l'Italie, & l'Espagne, ces contrées de l'Europe les plus belles & favorisées des plus excellens vins, fissent néanmoins usage en même tems d'une liqueur telle que la bierre.

Chez nous, il n'y avait que le peuple qui en composât sa boisson ordinaire. Les gens un peu aisés y joignaient celle du vin, comme je viens de le remarquer à l'instant. Cette coutume s'introduisit jusques dans les Monastères; elle y devint presque une sorte de loi; & le Concile d'Aix-la-Chapelle, pour prévenir les abus auxquels elle pourrait donner lieu par la suite, régla même, en 817, la quantité de l'une & de l'autre liqueur qu'on pourrait donner par jour aux personnes des deux sexes. Les détails dans lesquels entre le Concile, m'ont paru mériter d'être cités ici.

Coutume de boire de la bierre avec du vin.

Dans une Maison qui est riche, & dont le pays est abondant en vignobles, chaque Chanoine-régulier aura journellement cinq livres pesant de vin; & la Chanoinesse trois. Si les vignobles sont rares, il aura trois livres de vin avec trois de bierre; & elle, deux de bierre & deux de vin. S'il n'y a point de vignes, on donnera au premier cinq livres de bierre, & une de vin; & à l'autre, une de vin, & trois de bierre.

Le Concile suit une autre proportion pour les Maisons médiocrement riches. Le Régulier alors, s'il habite un pays où le vin est commun, en aura quatre livres par jour; si le vin est rare, il n'en recevra que deux livres avec trois de bierre; si le pays n'a point de vignobles, on lui donnera quatre livres de bierre & une de vin.

Enfin, dans le cas où la Maison serait pauvre, & le vin à bon marché, le Concile en assigne deux livres au Religieux; mais, s'il ne croissait point de vignes dans la contrée, celui-ci alors n'aurait qu'une livre de vin avec trois de bierre.

Brasseries chez les Moines.

Je ne doute pas que ce ne soit l'observation de ce réglement qui fit établir des brasseries chez les Religieux, dont les Monastères étaient situés dans des Provinces à cidre. Tout le monde sait au moins que dans la plupart des Couvens de Picardie, de Normandie, de Bretagne, &c, un peu anciens, on montre encore aujourd'hui l'endroit où était la brasserie des Moines: car par-tout où les Moines buvaient de la bierre, ils la brassaient eux-mêmes. Ils avaient, dans leur enclos, les fourneaux, les cuves, & jusqu'aux moulins nécessaires pour le grain. Il existe une charte de Henri I (ann. 1042), en faveur du Monastère de S. Salve à Montreuil-sur-mer, par laquelle le Monarque accorde aux Religieux deux de ces moulins, *cervisia usibus deservientes*.

Cependant, à mesure que les vignes se multipliaient dans nos Provinces à vignobles, l'usage de la bierre, au moins pour les Laïcs, s'y abolit insensiblement. Il y en eut même quelques-unes qui finirent par la méconnaître entièrement; parce que la liberté de planter des vignes n'étant point restrainte alors, comme elle l'a été depuis, le vin devint assez commun pour que le peuple même pût en boire. Paris, par exemple, qui, sous Julien, ne connaissait guères que la bierre pour boisson, avait encore quelques Brasseurs au XIIIe siècle, puisqu'en 1264, Gilles Boileve, donna des Statuts à ces artisans. Mais des tems plus heureux les rendirent inutiles, ou les éteignirent peu-à-peu. Ils n'y reparurent qu'en 1428, quelques années après la mort de Charles VI; & ce fut une suite de la misère affreuse qu'occasionna dans cette ville le Règne malheureux de ce Prince. Le *Journal de Paris*, composé sous ce même Règne, & sous celui de Charles VII, en fait la remarque; & la consommation de la nouvelle boisson fut même telle, ajoute l'auteur, qu'elle produisit, en droits, deux tiers plus que le vin. Parmi les Mémoires fournis au Duc de Bourgogne en 1698, par les divers Intendans du Royaume, sur l'état de la France, le Mémoire de l'Intendant de Paris remarquait que le même motif de misère avait considérablement diminué le commerce des vins dans sa Généralité; que le commerce de la bierre au contraire, s'y était accru en proportion; & que, dans la seule année 1689, les Brasseurs avaient consommé 80,000 setiers d'orge, sans compter le blé employé pour la bierre blanche.

[marginal note:] Brasseries établies dans les villes de pays d'vignobles, par la misere des tems.

Nous-mêmes n'avons-nous pas vu les désastres de la dernière guerre produire quelques effets semblables. Des villes où jusqu'alors on n'avait connu que le vin, apprirent à user de bierre; & moi-même j'en sais telle en Champagne, où, dans une seule année, quatre brasseries s'établirent à la fois.

<small>Défendues dans les tems de disette.</small>

Néanmoins, comme ces établissemens consomment beaucoup de grains, le Gouvernement, dans les années de disette, a cru quelquefois devoir les suspendre. C'est ce qui est arrivé en 1415 & en 1482. Alors une Ordonnance du Prévôt de Paris défendit de faire de la bierre. Un Arrêt du Conseil renouvella la même défense en 1693; & deux autres du Parlement, en 1709, & 1740.

<small>Grains avec lesquels se faisait la bierre.</small>

La véritable cervoise se faisait avec de l'orge, dit Pline. Dans la suite pourtant on employa d'autres grains; &, malgré ce changement, elle conserva toujours son même nom: car ceux de zythus & de corma avaient disparu; supposé qu'ils aient jamais eu lieu. Une charte de Charles-le-Chauve en faveur du Monastère de Saint-Denis, (ann. 862), accorde annuellement aux Moines quatre-vingt-dix modius d'épeautre, *pour faire de la cervoise*. Dans la vie de S. Colomban par le Moine Jonas, on lit: *cervisia quæ ex frumenti vel hordei succo excoquitur*. Dans celle d'Udalric, Religieux de Cluni au XIe siècle, on lit de même, *potus qui ex aqua, & hordei, sive avenæ permistione confectus, vulgo cervisia dicitur*. Enfin Guillaume Breton dit dans sa Philippide:

. . . . . . Thetidi miscetur avena,
Ut vice fit vini.

Pendant long-tems, toute boisson faite avec un blé quelconque, germé, soit orge, soit avoine ou froment, porta donc indifféremment le nom de cervoise: ou plutôt il paraît que, pendant fort long-tems, on n'eut point de principes certains sur la sorte de grain qui pouvait la rendre meilleure. Par les Statuts que Boileve donna en 1264 aux Brasseurs, il règle qu'ils ne pourront la faire qu'avec de l'orge, du méteil, & de la dragée (a). Du tems de Liébaut, les Brasseurs de Picardie composaient la leur avec moitié orge & moitié froment; & ceux de Paris, avec trois parties d'orge & une d'avoine. Enfin, nous trouvons dans de Serres (an. 1600) que, parmi ces derniers, les uns employaient de l'orge, & les autres de l'avoine ou du froment; mais ceux qui se servaient de froment ou d'avoine, y joignaient de la fleur ou de la semence de houblon. Aujourd'hui les Brasseurs de la Capitale ne se servent absolument que d'orge; quoiqu'ailleurs on dmette tous les grains quelconques, soit seuls, soit mélangés ensemble.

Quant à la maniere dont la bierre se faisait, chaque Province presque a eu, sur cet objet, sa méthode particuliere. Selon le Mémoire qu'en 1698 l'Intendant de Flandres fournit au Duc de Bourgogne sur l'état de sa Généralité, ainsi que les autres In-

Procédés pour faire la bierre.

―――――――――――

(a) On appellait *dragées* ces menues graines, dont on nourrit les chevaux, comme vesce, lentilles, & autres semblables.

tendans du Royaume, les Flamands employaient, pour leur bierre, une sorte d'orge hâtif, nommé par eux surgeon. Après l'avoir fait germer à l'eau, puis sécher & moudre, ils y ajoutaient une huitième partie d'avoine courte, moulue sans être germée; & faisaient bouillir le tout dans une chaudiere pendant vingt-quatre heures. Ils entonnaient ensuite la liqueur dans des demi-muids, où elle fermentait par le moyen d'une certaine quantité de levain pour pâte. Quinze jours après, elle était en état d'être bue. Quant à sa force, elle dépendait de la quantité d'orge qu'on y avait mis.

Houblon. Il y a plusieurs siècles qu'on faisait entrer le houblon dans la confection de la bierre; cependant Champier croit que c'est une invention des modernes, puisqu'aucun Auteur ancien n'en fait mention. Cette plante au reste non-seulement communique à la liqueur une légere amertume qui la rend plus saine, plus coulante, & en diminue la fadeur; mais encore elle l'empêche d'aigrir, & lui aide à se conserver un peu plus. Malgré cela, nos bierres modernes ne sont point de garde. Celles de la Capitale *Art de conserver la bierre.* ne se conservent pas six mois. A peine celles qui sont les meilleures, & qu'on fait en Février ou en Mars, peuvent-elles aller jusqu'à un an. Comment donc s'y prenaient les Gaulois qui ne connaissaient point l'usage du houblon, & qui avaient trouvé néanmoins, au rapport de Pline, le moyen de conserver long-tems les leurs? Voilà donc un secret perdu pour nous; &, malgré cette supériorité que nous donnent des connaissances approfondies dans tous les arts, nous ne sommes point encore parvenus dans celui-ci au point où en étaient des Barbares.

Cependant, il paraît certain que leur bierre n'était qu'une simple infusion. Lorsque Pline en parle, il la représente faite avec des grains mouillés & macérés dans l'eau, *fruge madidâ*; & ni lui, ni aucun des Auteurs anciens qui ont fait mention de cette boisson, ne nous apprend qu'elle fût cuite.

D'un autre côté, le cidre, que Galien accusait de ne pouvoir se conserver, se garde chez nous quelques années; & l'on possédait déja ce secret, il y a plus de deux siècles, comme le témoigne Champier.

Ce qui est plus étonnant, c'est que ces Français qui avaient trouvé l'art de conserver leurs cidres, ne s'occupaient nullement de chercher, ou au moins n'avaient pas encore trouvé alors, l'art de conserver leurs vins. Le même Champier cite comme une chose merveilleuse, qu'en 1540, les vins d'un certain canton de Bourgogne s'étaient gardés six ans; & ce prodige, il l'attribue à la chaleur continue qui avait régné pendant tout l'été. Tout le monde sait qu'aujourd'hui, dans les années ordinaires, la plupart des vins de Bourgogne, ainsi que ceux de nos principales Provinces à vignobles, se gardent bien au-delà de ce terme. Ainsi, ce que nous aurions perdu pour une boisson, nous l'aurions donc trouvé pour une autre. Or je n'ai pas besoin de demander laquelle des deux découvertes est préférable.

Levure. Les Gaulois en avaient fait une autre, peut-être plus utile encore, & dont nous leur sommes redevables : celle de la levure pour la confection du pain. Au reste, j'ai parlé ci-dessus de cette derniere, lorsque j'ai traité ce qui regarde la boulangerie ; & je me crois dispensé d'y revenir. J'ajouterai seulement ici que, comme ce levain est le seul qu'employent les Boulangers & les Pâtissiers de la Capitale, comme en hyver il est rare & très-cher, & qu'en général il ne peut gueres se garder plus de huit jours, les Brasseurs ont tenté, pour le conserver, tous les moyens possibles, sans avoir pu jusqu'à présent y parvenir. Aussi, dans certains tems de l'année, en arrive-t-il des Provinces voisines ; malgré l'arrêt du Parlement qui le défendit, au dernier siècle, ainsi que je l'ai dit ailleurs.

Godale. Outre la cervoise, dont je viens de faire mention, l'on connaissait encore au XIIIe siècle la godale. Boyleve, dans ses Statuts, la distingue de la premiere ; mais il ne nous apprend pas en quoi elle différait. Si ce nom vient, comme on peut le croire, de l'allemand *goad ael*, qui signifie *bonne bierre*, la godale était une bierre plus forte que la cervoise ordinaire. En effet, Liébaut nous apprend que, de son tems, les Picards la nommaient *queute double* ; & Ch. Etienne écrit que les Flamands lui avaient de même donné le nom de double bierre. Il nous en est resté l'expression *godailler*, qu'on applique encore aujourd'hui aux buveurs crapuleux qui, peu jaloux des plaisirs de la société, se réunissent ensemble uniquement pour boire.

Le goût que nos Peres, depuis les Croisades, prirent pour les épices & pour les saveurs fortes, comme je l'ai déja remarqué tant de fois, se répandit aussi sur quelques-unes de leurs boissons. Ils ne voulurent plus que des bierres vigoureuses; & delà vint cette autre expression populaire, *comme de la petite bierre*, pour exprimer un homme sans mérite, ou quelque chose qui ne fait aucune sensation. Afin d'avoir la bierre telle qu'ils la désiraient, on y mettait jusqu'à du piment, de la poix-raisine, & des baies; choses, disent les Statuts de Boileve pour les Brasseurs, *qui ne sont mie bonnes, ne loyaux.* {Bierres mixtionnées.}

D'autres, selon Ch. Etienne, y jettaient de l'ivraie; au risque de la rendre dangereuse & ennivrante. « Les Anglais, ajoute le même auteur, mêlent dans » la leur, du sucre, de la canelle, & du gérofle; » & ils la font ensuite clarifier ». Schookius, (*de cervisiâ*, ann. 1661), nous apprend qu'à Minden en Allemagne, on la salait; & qu'en Flandres, outre le houblon, on y ajoutait encore des baies de laurier, de la gentiane, de la sauge, de la lavande, des fleurs d'ormin, & autres graines ou plantes semblables.

Cependant, on en fit aussi de douces & d'agréables, qu'on rendit telles avec du miel. On a vu ci-dessus que celle des Gaulois riches était ainsi apprêtée. Les Allemands n'en bûrent presque point d'autre; & elle devint même si commune chez eux, que deux Conciles, tenus, l'un à Vorms en 868, l'autre à Tribur en 895, la défendirent aux Pénitens, & ne la leur permirent que le Dimanche; parce qu'ils la regarderent comme une boisson trop voluptueuse. Chez nous, elle a été en usage, de siècle en siècle, jusqu'aux dernieres années du XVIe. Alors tous ces vins artificiels, qui avaient été de mode si long-tems, cessant d'être estimés, & les liqueurs à l'eau-de-vie prenant faveur, on voulut faire, de la bierre, une sorte de liqueur. Il y en eut à l'ambre, à la framboise, &c. Elles ont passé de mode aussi ; cependant la plupart des Brasseurs de Paris mettent encore dans la leur une livre de coriandre, par cuve de vingt-cinq muids.

Bierres les plus renommées.

Au XIIIe siècle, la bierre qui passait pour la meilleure, était celle de Cambrai : elle est citée dans la liste des *Proverbes*, parmi les choses qui avaient alors en France le plus de réputation. Au XVIe, la bierre d'Angleterre était, selon Ch. Etienne, réputée la premiere de toute l'Europe. Aujourd'hui encore elle est de beaucoup supérieure à celles de France ; & l'on conçoit qu'un peuple qui n'a point de vignes, & qui ne connaît point d'autre boisson, doit s'appliquer sans cesse à rendre cette boisson la plus parfaite qu'il pourra. C'est par une raison semblable que nos bierres de Flandres l'emportent sur celles des Provinces plus méridionales. La qualité d'ailleurs en est différente, & elle doit l'être. Le Flamand, qui ne boit que de la bierre, la voudra forte, nourrissante, & vineuse. Le Parisien au contraire, dont la boisson habituelle est du vin, & qui n'use de bierre que comme par régal, dans les jours de chaleur, demande qu'elle soit agréable & légere. Il a raison de la vouloir telle : celles de Flandres & d'Angleterre ne lui conviendraient pas.

De jour en jour d'ailleurs il perd le goût de cette boiſſon. En 1750, Paris comptait quarante Braſſeurs; leſquels annuellement faiſaient environ ſoixante & quinze mille muids de bierre *(a)*. Aujourd'hui ils n'en font, année commune, que 26000 muids; & ne ſont en tout que vingt-trois : encore, dans ce nombre, y en a-t-il plus de la moitié qui languiſſent dans leur profeſſion, & qui, au tems des pommes, s'occupent à faire du cidre *(b)*. Il eſt vrai que, depuis quelque tems, il s'eſt établi aux environs, & dans le pourtour de la Capitale, pluſieurs braſſeries.

DEUXIEME SECTION.

Cidre, Poiré, & autres boiſſons tirées des fruits.

QUOIQUE les Normands, il y a deux ſiècles, appellaſſent *pommé* la boiſſon qui ſe fait avec des pommes; quoiqu'à Paris, en Picardie, & dans d'autres Provinces, on entendît par cidre, celle qui ſe faiſait avec des pommes, ainſi que celle qui ſe faiſait avec des poires; cependant d'autres dénominations, comme l'on ſait, ont prévalu. On appelle cidre aujourd'hui la premiere de ces liqueurs; la ſeconde

---

(a) Le muids eſt de 300 pintes.
(b) Dans l'année 1780, où les pommes ont été abondantes, ils en ont fait 1300 muids.

se nomme poiré ; & c'est sous ces deux noms distinctifs que je vais en parler moi-même.

Toutes deux sont fort anciennes, puisqu'il en est mention dans Pline : *vinum fit è pyris malorum que omnibus generibus*. Cependant, comme l'Auteur ne dit pas qu'on les connût alors en Gaule, ainsi qu'il dit qu'on y connaissait la bierre, nous pouvons croire qu'on les y adopta plus tard.

<small>Qui des Normands ou des Biscayens a introduit le cidre en France.</small>

Si l'on s'en rapporte à quelques Ecrivains modernes, il n'y a pas quatre siècles que l'usage du cidre a été introduit en France. Nous le devons, selon eux, aux Biscayens, qui apprirent des Barbaresques d'Afrique à le fabriquer, & qui, à leur tour, l'enseignerent aux Normands. Ce qui est certain, c'est qu'au XVIe siècle encore, selon le rapport de du Perron, quand les Normands manquaient de cidre, ils en tiraient de Biscaie.

Les Normands prétendent au contraire avoir été en France les inventeurs de cette boisson. Ils avouent à la vérité qu'au tems dont nous parlons, ils en faisaient & en consommaient beaucoup moins qu'aujourd'hui. Paulmier, Médecin de ce tems-là, auteur d'un Traité sur cette liqueur, & Normand de naissance, en fait la remarque. Il observe qu'un demi-siècle avant lui, le cidre était assez rare ; qu'à Rouen, & dans tout le pays de Caux, le peuple ne buvait que de la bierre ; enfin qu'il n'y avait, dans toute la Normandie, Château & Monastere où l'on ne trouvât un reste de brasserie. Il ajoute que le premier canton de cette Province où l'on ait connu le cidre, est le Cotentin : ce qui est

de la vie privée des Français.

prouvé, dit-il, par beaucoup de chartes anciennes, dans lesquelles une des corvées principales que le Seigneur exige de ses vassaux, est de cueillir ses pommes, & de faire son cidre.

De Serres attribue au Cotentin le même honneur que Paulmier, & il le fonde sur les mêmes titres; mais, pour que ces titres fussent concluans, il faudrait qu'on n'en trouvât de pareils que dans le canton de Coutances; & c'est ce que les deux Auteurs ne disent point. Loin de-là, je trouve moi, au contraire, que le pays d'Auge, dont ils ne parlent pas, pourrait se vanter de prétentions antérieures. Un auteur du XIIIe siècle, Guillaume Breton, dont il nous reste un Poëme sur Philippe-Auguste, nous représente cette contrée de la Normandie, comme faisant, du cidre, sa boisson ordinaire;

. . . . . *Sicera que tumentis*
Algia potatrix.

Au reste, pour terminer les querelles entre les Biscayens & les Normands, il suffira de dire que l'antiquité du cidre, en France, remonte bien au-delà du tems où ces deux peuples prétendent l'y avoir introduit; puisque, dès l'origine de la Monarchie, il était déja en usage. La preuve en existe dans une anecdote que nous offre la vie de S. Colomban.

Ce Saint, comme l'on sait, est un de ceux à qui l'Histoire reproche quelquefois une inflexibilité de caractère & des emportemens de conduite, peu conformes à cette humble douceur qu'ordonne l'Evangile. Déja il avait tenu à la Reine Brunehaut

Cidre bu à la table des Rois de la 1.re Race.

des discours pleins de hauteur & de mépris. Néanmoins Thierri, Roi de Bourgogne & petit-fils de cette Princesse, fermant les yeux sur les procédés violens de l'Abbé, essaya de le regagner par quelques prévenances flatteuses pour lui. Dans ce dessein, il lui envoya un dîner, dont tous les plats étaient choisis, & préparés avec autant de soin que s'ils eussent été destinés pour lui-même. « Mais, à cette » vue, Colomban entra dans une sainte colere, dit » l'historien Jonas ; il répondit que Dieu rejettait le » don des impies, renversa par terre la table avec » tout ce qu'elle portait, & *répandit le vin & le cidre* » *dont elle était chargée* ».

Il résulte de ce passage, comme je l'ai remarqué dans l'article précédent, qu'on buvait alors, à un même repas, & du vin & du cidre; mais il en résulte encore que cette dernière boisson était servie sur la table des Rois mêmes. Aussi Charlemagne, dans ce Capitulaire *de Villis* que j'ai déja cité, ordonne-t-il que toutes ses Métairies & Maisons de campagne soient fournies de gens qui sachent faire *de la bierre, du cidre, du poiré, & autres boissons d'usage*.

Boissons mousseuses.

On a vu ci-dessus Guillaume Breton, en parlant du pays d'Auge, donner au cidre l'épithete *tumens*. Cette expression ferait croire qu'on ne buvait, de son tems, que des cidres mousseux. On a eu, depuis, le même goût pour la bierre ; & plusieurs livres du dernier siècle enseignent même l'art de la rendre telle. Cet art consistait à jetter dans la bouteille, au moment qu'on la bouche, un morceau de sucre. Le sucre, en se fondant, y dépose les molécules d'air qu'il contient. Trop comprimées, elles tendent sans cesse, par l'élasticité qui leur est naturelle, à s'en dégager. Vient-on à déboucher le vase; alors elles se débandent tout-à-coup, soulèvent rapidement les parties de la liqueur dans laquelle elles sont enveloppées, & les entraînent avec effusion.

Au siècle dernier, quand le vin de Champagne commença à devenir de mode, on rechercha beaucoup celui qui moussait. En effet, tandis que les autres vins coulent & se boivent tranquillement, c'était un spectacle agréable de voir celui-ci s'annoncer tout-à-coup par une explosion fulminante, jaillir, bouillonner; &, après avoir menacé d'inonder tout au loin, évaporer paisiblement sa colere en écume. Bientôt vous le voyez échauffer les cerveaux, délier les langues, & produire tout autour de la table la gaieté, le rire, & la joie. Si jamais boisson fut destinée aux plaisirs de ce qu'on nomme société, ce fut celle-ci par-dessus toutes. On dirait que la Nature la fit spécialement pour les Français; comme si elle eût cru que le peuple aimable qui n'aime à se réunir dans un festin que pour y trouver plus d'enjouement encore que dans ses comités ordinaires, méritait qu'elle en formât pour lui une particulière. Cependant, depuis qu'on a su que les vins mousseux étaient des vins verds, qui se tirent en bouteille au printems, quand la révolution universelle opérée alors par la Nature les fait entrer en fermentation, on a cessé de les estimer autant; & les gourmets maintenant préferent ceux qui ne mouſſent point.

L'opinion a changé auſſi dans nos Provinces pour la bierre & le cidre mouſſeux; mais la manière dont ſe faiſait le cidre eſt reſtée la même.

<small>Procédés pour faire le cidre.</small> Dès qu'on avait cueilli les pommes, on les portait dans des auges circulaires, où elles étaient écraſées ſous une meule que faiſait mouvoir un homme ou un cheval. Réduites ainſi en pâte, on les jettait dans de grandes cuves. Elles y fermentaient. Après quoi on les portait au preſſoir; ayant ſoin de les placer entre des lits de paille pour les contenir. Tels étaient, ſelon Liébaut, les procédés qu'on employait au XVIe ſiècle; & tels ſont encore ceux qu'on emploie aujourd'hui.

<small>Cidres Normands.</small> La Province du Royaume qui poſſédait alors les eſpèces de cidres les meilleures & les plus variées, était la Normandie. Pendant long-tems l'uſage univerſel qu'on y faiſait de la bierre, comme je l'ai remarqué plus haut; le vin même qu'on y recueillait en dépit de la Nature, comme je le dirai ailleurs, y retarderent la culture dont nous parlons. Il eſt probable que les Normands s'y livrerent poſtérieurement aux Biſcayens. Au moins verra-t-on dans l'inſtant, que les premiers, il y a deux ſiècles, tiraient encore de Biſcaye des eſpèces particulières de pommes qu'ils n'avaient pas.

Il nous eſt parvenu un ouvrage qui nous enſeigne dans le plus grand détail où en était alors en ce genre la Normandie; c'eſt le *de vino pomaceo* par Paulmier, Auteur déja cité au commencement de cet article,

article, Normand de naissance, Médecin du Duc d'Anjou frere de Charles IX; & qui, après avoir gagné à Paris cinquante mille écus, se retira à Cân où il publia son ouvrage en 1588, année de sa mort (a).

Patin prétend qu'il y eut un peu de charlatanerie dans la manière dont fut aquise une fortune aussi considérable; *car vous savez comme moi*, dit-il dans une lettre à son ami Spon, *qu'un homme qui est à la fois Normand & Médecin a deux puissans moyens pour devenir charlatan.* Ce qui rend cette phrase plus plaisante, c'est qu'elle est écrite par quelqu'un qui était Médecin lui-même. Au reste, il nous peint Paulmier comme un *Normand dessalé, de bon appétit*; qui, pour s'accréditer dans sa profession, se vantait que ce Fernel, qu'on croyait avoir trouvé la pierre philosophale, lui avait communiqué beaucoup de beaux secrets; & qui, en conséquence, se faisait appeller le petit Fernel.

On m'a raconté de lui une plaisante fourberie, continue Patin. *De son temps, le cidre n'étoit pas chose fort connue à Paris, où tout le monde buvoit du vin à fort grand marché. Même du temps de Henri III, on croyoit que c'étoit une espèce de malédiction aux Normands, ou plutôt de punition, de ce qu'ils ne buvoient que du cidre. Ce Normand raffiné, voyant que le peuple ne connoissoit pas cette*

(a) Il fut traduit en français, l'année suivante; c'est de cette traduction que je me servirai dans ce que je vais extraire de lui.

liqueur, en faisoit venir par bouteilles en cette ville, dans lequel il faisoit tremper du séné; & ainsi en faisoit des apozèmes laxatifs, & de petites médecines, qu'il vendoit un écu pièce, comme un grand secret: & devint riche en peu de tems, sur l'opinion que le peuple avoit conçue que tout son fait ne consistoit qu'en secrets que Fernel lui avoit laissez. Sur quoi vous remarquerez aussi que le séné n'étoit pas encor en commun usage, comme il est devenu depuis vingt ans.

Quoi qu'il en soit de ces anecdotes, sur lesquelles la causticité, si connue, de Patin m'inspire toujours quelque défiance, il est certain que quand même Paumier aurait été un charlatan, ce qu'il a écrit sur le cidre n'en a pas moins d'authenticité. Or il nous apprend que tous ceux de Normandie ne se conservaient pas également. Quelques-uns se gardaient une année ou deux; d'autres allaient jusqu'à quatre. Plusieurs étaient tels qu'il fallait les boire après trois ou quatre mois.

Qualité des cidres de Normandie. Pour la qualité, les cidres du pays de Caux avaient la plupart un goût de terroir.

Les meilleurs de toute la Province étaient ceux du Cotentin; &, parmi ceux-ci, on mettait au premier rang les cidres de Beuzeville sur le Vé.

Ceux de la vallée d'Auge, moins doux, moins délicats, mais plus forts, avaient le défaut de ne prendre jamais une belle couleur, & de conserver toujours un œil louche: ce qui provenait des mauvaises espèces de pommes qu'employaient les habitans, & du peu de soin qu'ils prenaient de les trier quand ils les cueillaient. Leurs cidres d'ailleurs étaient sujets à s'aigrir dès la seconde année. Sur mer néanmoins ils pouvaient se garder jusqu'à trois ans. Aussi les Marins les préféraient-ils à ceux du Cotentin; d'autant plus qu'étant rafraîchissans, ils préservaient les Matelots de toutes ces maladies que leur procurent les salaisons.

François I, passant en 1532 par Morsalines, près la Hogue, y trouva le cidre si bon qu'il en fit acheter une certaine quantité, dont il but tant que la provision dura.

Comme il y avait des cidres qui différaient en qualité, il y en avait d'autres aussi qui différaient en couleur; &, parmi ces derniers, on trouvait toutes les nuances, depuis le rouge foncé jusqu'à l'orangé-clair. Les plus faibles de tous pour la couleur étaient certains cidres excellens du Cotentin, près de Carentan; lesquels se faisaient avec des pommes aigres-douces, telles que la pomme-poire, la passe-pomme, le chevalier.

Cidres différens en couleur.

Après ceux-ci, venaient le béquet, le couet, le guillot-roger, l'amer-doux, & le cu-noué (*a*), cidres de première qualité, que produisait encore le Cotentin, & qui étaient couleur d'ambre, ou d'un jaune clair & transparent.

La pomme sauvage de notre-dame, celle de gai, donnaient un cidre paillet; de même que le

―――――――――――――――――――――――

(*a*) Ch. Etienne vante la douceur, le parfum & la belle couleur de celui-ci.

renouet, ainsi nommé parce qu'il était un des premiers faits, & l'un des premiers qu'on pût boire.

Parmi les rouges, on comptait l'ameret & le muscadet. Ce dernier tirait son nom du goût & de l'odeur de *muscadelle* qui lui était propre ; l'autre, des pommes *amères* qui le composaient.

Enfin le plus foncé de tous était celui du Cotentin, qu'à cause de sa couleur on nommait écarlate. Il était, en effet, rouge comme du sang, quoique transparent & clair ; mais en même tems il était doux, & *aromatique comme s'il eût été sophistiqué de sucre & de canelle.*

Cidres aigres.

Outre ceux-ci, tous agréables à boire & doux, on connaissait une autre espèce de cidres, naturellement aigres, faits avec des pommes sures. Parmi ces derniers, quelques-uns, tels que ceux de pommes de bosc & de fou sauvage, devenaient fort bons, étant gardés. Il y en avait un qui s'employait dans les cuisines, en place de vinaigre. Au reste, le nombre des cidres aigres égalait celui des cidres doux ; de même que les espèces de pommes sures égalaient en quantité les espèces de pommes douces.

Pommes à cidre les meilleures.

Les plus estimées dans la multitude des sures, étaient le heurtival, le bullot, le freschin, le grandville, l'aigre-bel-heur, le fou-sauvage, & la pomme-de-suie.

Pour les douces, ou aigre-douces, chaque canton avait les siennes. Dans le Cotentin, on regardait comme les meilleures, le béquet, l'écarlate, le couet, l'ameret, le chevalier, le cu-noué, le menuet, la

de la vie privée des Français. 325

camiere, l'épice (a), le court-d'aleaume, la belle-fille, le doux-balon, le doux-auvêque, le doux-bel-heur, l'amer-doux-blanc, l'amer-doux-verd, & la pomme-poire.

Dans le Beſſin; c'était, pour Fourmigni, le pépin-percé; pour Aignerville, la germaine, ou guault; pour l'Abbaye de Longues, près Bayeux, le hérouet (b), la franche-mariette, la marin-onfroi, le gros-doux, le doux d'agorie, le blanchet, autrement blanc-doux, ou doux-de-la-lande; pour Cardonville, la pomme de hare, l'amer-doux-rouge, & la notre-dame-ſauvage.

Dans le pays d'Auge, c'était, pour Turgeville, la rouſſette ou ognonet, la bédengue, le boullemont; pour le Ponteau-de-mer, le muſcadet; pour Tourville, la peau-de-vieille, la camiere; pour le Breuil, le renouvelet, le guillot-roger; pour Vateville, le ſapin, le ſauget blanc, le long-pommier, la douce-ente; pour Soquence, l'amelot, le damion, la quenouillette, le tard-fleury, l'ente-au-gros, l'ordre-de-vay, l'acoup-venant, & la rouſſette-fournier.

A Montreuil, près Saint-Lo, on eſtimait, le ſouci, l'avoine, le rouget, l'oger, la couſinette, le béquet; le s. gilles, le jean-almy, la pomme-cire, & le turbet ou turba-caput; à Culli, la pomme-dame,

---

(a) C'eſt avec cette ſorte de pommes qu'était fait le cidre de Morſalines que François I avait trouvé ſi bon.

(b) Selon Ch. Etienne, le cidre de cette pomme ſe gardait peu; mais il était agréable par ſon odeur de cloux de gérofle.

V 3

le mennetot, le coqueret, & le feuillu; à Donnai, la riviere, ou douxvéret; à Préaux, le troquet, ou préaux; à Coulonces, l'ofanne, la cappe, la maffue, le guibou, la varaville, le barbériot, le faux, le doux-martin, & la pomme-de-gai.

Enfin, il y en avait d'autres efpèces encore, que des particuliers avaient tirées récemment de Bifcaie. Telle était la-greffe-de-monfieur, que poffédait un fieur de Leftre près Valogne; & la barbarie, qu'un fieur de la Haule avait plantée chez lui près le Bourg-l'abbé au Côtentin.

Quelque nombreufe que foit cette lifte de Paumier, elle ne comprend pourtant pas encore tous les noms. Au moins Charles Etienne nomme-t-il trois fortes de cidres, dont Paumier ne fait pas mention : le fandouille, ainfi appellé du village où il fe faifait; le rougelet, que l'œil & le palais, dit-il, prenaient pour du vin, mais qui portait à la tête; enfin le rangelet, dont l'efpèce était très-rare, parce que l'arbre rapportait peu.

Poiré. L'ufage du poiré eft auffi ancien que celui du cidre; en effet, les deux liqueurs ont enfemble tant d'affinité, que, le même jour où un homme imagina de placer fous un preffoir les pommes de fon verger, il dut effayer d'y mettre auffi fes poires. Cette derniere boiffon néanmoins n'obtint pas la même confidération que l'autre. On a vu plus haut que le cidre fe fervait à la table de nos Rois; & je lis, au contraire, dans Fortunat, que la pieufe Radegonde buvait, pour fe mortifier, de l'eau &

du poiré. Puisque la liqueur dont il s'agit était, pour la sainte Reine, une austérité, on n'en faisait donc alors aucun cas. Il est vrai que c'est une des boissons dont Charlemagne, comme je l'ai déjà remarqué, veut que ses Maisons de campagne soient fournies : mais le Prince ordonne qu'on y fasse *toutes les boissons d'usage*; &, pour la suite nombreuse d'Officiers qui l'accompagnaient, il en fallait de toutes les sortes.

Au rapport de Charles Etienne, les trois meilleures espèces de poiré étaient celles qui se faisaient avec la poire-de-cire, avec le robert, le carisi; & qui, du nom de ces fruits, se nommaient cérelle, carisi, & robert. Mais le premier n'était point de garde; le second portait à la tête; le troisième, quoiqu'il eût le même défaut, était recherché pour sa force, sa limpidité, & son goût de muscat.

Selon Liébaut, pour faire de bon poiré, il fallait ne se servir que de poires à chair ferme, telles que les musquettes, le robert, le fin-or, la bergamotte, & le tachou-écuyer. Les poires tendres & délicates, comme renout, rosette, hativeau, mollart, verdelet, beurré, conillart, angoisse, certeau, roseau, jacques-du-four, notre-dame, bon-chrétien, à-deux-têtes, bois-jérôme, & la poire-de-dieu, s'employaient aussi en poiré; mais celui-ci ne se gardait pas.

Champier nous apprend que, de son tems, l'Angleterre tirait de Normandie beaucoup de cidre & de poiré pour sa boisson.

Dans les années où le vin manquait, & où l'on

était réduit à boire du cidre & du poiré, il y avait des personnes qui mêlaient avec ces deux dernieres liqueurs une décoction de prunelles bouillies, ou de mûres. Cette teinture, dit de Serres, donnait à la liqueur une couleur de vin, capable de tromper l'œil, & une saveur agréable qui favorisait l'illusion.

Depuis qu'on s'est apperçu dans la Capitale que les Cabaretiers se servaient du poiré pour frélater leurs vins, l'entrée de cette boisson y est défendue.

<small>Prunellé, ou Dépense.</small> Une Ordonnance de Charles VI (ann. 1407) parle d'un breuvage, nommé *prunellé*, qui se vendait dans les marchés comme le vin & le cidre. Celui-ci tirait son nom des prunelles avec lesquelles il était fait. On jettait dans un tonneau, défoncé & rempli d'eau, une certaine quantité de prunelles tout-entières. Deux ou trois mois après, on retirait l'eau, & l'on y ajoutait quelques aromates. Cette boisson s'appellait aussi *dépense*.

Outre la *dépense* de prunelles, il y en avait une autre, faite de la même manière avec des pommes entières, & qui était sur-tout d'usage à Paris, où les habitans n'ayant point de pressoir pour faire du cidre, préféraient d'employer leurs fruits à une boisson qu'ils pouvaient composer eux-mêmes. Le *Journal de Paris*, sous Charles VI & Charles VII, décrivant une disette qu'éprouva la Capitale en 1420, dit que *ceulx qui en yver avoient fait leurs buvaiges, comme dépence de pommes ou de prunelles*, jetterent, au printems, ces fruits dans la rue, *pour que les porcs de S. Antoine les mangeassent* (a); mais que les pauvres les disputaient aux cochons, & les dévoraient avec avidité; trop heureux encore de trouver un aliment.

TROISIEME SECTION.

Du Vin.

C'est une chose assez remarquable que quand, chez les différentes nations Européannes, on veut remonter à l'origine des arts qui concernent les alimens & les boissons, il faille citer sans cesse les obligations qu'elles ont en ce genre aux nations étrangeres. L'Europe qui a reçu de l'Asie la plupart de ses grains, de ses fruits, & de ses légumes, lui est encore redevable de la vigne. C'est d'Orient que cet arbuste précieux fut transplanté dans la Grece, & que de la Grece il passa en Italie. Quant aux Gaulois, il est constant que, six siècles avant J. C., ils connaissaient l'usage du vin; puisque quand les Phocéens vinrent fonder Marseille, Petta, fille d'un Roi du pays, présenta, dit Athénée, à Euxene leur chef (b), une coupe *remplie de vin & d'eau*. Mais ce vin était-il une production indigène, ou une liqueur étrangere? En un mot, qui apporta

Plantation des vignes dans les Gaules.

(a) On a lu précédemment que les Religieux de S. Antoine avaient le droit de laisser vaguer leurs cochons dans les rues.
(b) Selon Justin, ce chef se nommait Protis; & la Princesse, Giptis.

la vigne dans les Gaules ? Quand commença-t-on à l'y cultiver ? Il est difficile de donner sur ces questions une réponse satisfaisante.

Ce n'est pas au reste que nous ne trouvions abondamment chez les Anciens de quoi y répondre ; mais les témoignages de ceux-ci sont, comme j'ai eu déja occasion de le remarquer plusieurs fois dans des occasions pareilles, si opposées & si contradictoires qu'ils multiplient les difficultés, au lieu de les résoudre.

Ouvrez Justin & Strabon : vous y verrez que ce sont les Phocéens qui les premiers apporterent la vigne dans les Gaules, & les premiers qui apprirent aux Gaulois l'art de la tailler & de la cultiver. Consultez Pline : il vous dira au contraire que le premier qui fit connaître le vin aux Gaulois fut un Helvétien, nommé Elicon, lequel, après avoir gagné à Rome quelque argent, voulant retourner dans sa patrie, emporta avec lui du vin & quelques fruits secs qu'à son passage par la Gaule il vendit aux habitans, les exhortant à la conquête de l'heureuse contrée qui produisait une si douce liqueur. Voulez-vous en croire Plutarque & Tite-Live ? Ce n'est point à un Helvétien, mais à un Toscan qu'est due l'expédition des Gaulois. Cet homme, disent les deux Auteurs, animé contre sa patrie par des motifs de vengeance particuliere, veut la perdre. Dans ce dessein, il passe chez les Gaulois avec le meilleur vin d'Italie, le fait boire à leurs chefs : & telle fut, ajoute l'historien, la premiere cause de cette fermentation fameuse, qui armant trois cens mille hommes, les conduisit au-delà des Alpes, & occasionna le sac de Rome.

D'un côté, nous lisons dans Cicéron qu'un des commerces les plus avantageux de la Gaule était celui qu'elle faisait de ses vins avec l'Italie. Columelle compte de même ces vins au nombre de ceux que la mauvaise culture ultramontaine avait rendus nécessaires pour la provision des Romains. *Nobis e transmarinis Provinciis advehitur frumentum, ne fame laboremus; & vindemias condimus ex insulis Cycladibus, ac regionibus Beticis Gallicisque.* D'un autre côté, Diodore de Sicile nous assure au contraire que c'était les vins d'Italie que l'on consommait dans la Gaule; & que les marchands ultramontains qui les y portaient, gagnaient même à ce commerce des sommes immenses. Veut-on un témoignage différent encore? On le trouvera dans Possidonius, Auteur contemporain de Diodore & de Cicéron, Auteur qui avait voyagé chez les Gaulois, & qui, à ce titre, est cité par Athénée. Selon celui-ci, il n'y avait que les plus riches de la Nation qui bussent du vin; & ce vin, ils le tiraient d'Italie, *ou du territoire de Marseille.*

Cette expression, *du territoire de Marseille*, ferait croire qu'il n'y avait alors dans la Gaule que ce seul canton qui eût des vignes. Cependant, consultons Strabon, Auteur encore du même siècle; il nous apprendra qu'au tems dont il s'agit, non-seulement Marseille, mais une grande partie de la Gaule, recueillait du vin. A la vérité, il avoue qu'au nord des Cévennes le raisin mûrissait difficilement.

Mais, puisqu'en deçà de ces montagnes on connaissait le raisin, on y cultivait donc des vignes. Varron, le plus savant des Romains, César, le conquérant des Gaulois, rendent, sur l'étendue de cette culture, le même témoignage que Strabon.

Qu'un Auteur ancien soit en contradiction avec un autre, lorsqu'il entreprendra de nous peindre les mœurs de nos Ancêtres; je n'en suis point surpris. Les Gaules avaient pour habitans plusieurs peuples qui différaient entr'eux par le langage, les loix, l'habillement. Les usages d'un canton n'étaient pas ceux d'une autre; & il a pu arriver qu'un Ecrivain étranger, trompé lui-même, nous ait donné les mœurs d'une peuplade particuliere pour les mœurs générales de la Nation. Mais comment ces Ecrivains ont-ils donc pu se tromper, ou se contredire les uns les autres, lorsqu'il s'est agi de savoir si un pays, occupé depuis tant d'années par les armées romaines, avait des vignes ou n'en avait pas.

Peut-être cependant, avec quelques interprétations faciles, pourrait-on entreprendre de concilier entr'elles toutes les autorités opposées qu'on vient de lire.

Si Petta offrit du vin aux Phocéens qui vinrent aborder & s'établir sur la côte des Etats du Roi son pere, ce vin sans doute était tiré d'Italie. J'en crois Justin & Strabon, lorsqu'ils me disent que ce sont ces étrangers qui les premiers planterent la vigne dans les Gaules, & que c'est d'eux que les Gaulois Liguriens apprirent l'art de la cultiver. Certainement des Grecs, accoutumés au vin dans leur

de la vie privée des Français. 333

première patrie, dûrent chercher à se procurer encore cette boisson dans le climat nouveau qu'ils avaient adopté; sur-tout lorsque ce climat s'y trouvait favorable.

Pendant plusieurs siècles, & jusqu'aux premieres conquêtes des Romains, il n'y aura eu que les Marseillais, & les Colonies qu'ils fonderent sur leur côte, qui se seront livrés à cette culture. Leur politique en aura fait un secret, pour éprouver dans leurs profits moins de concurrens; comme le Sénat de Marseille défendit le vin aux femmes de la république, pour maintenir les mœurs parmi elles. La rareté de ces vins les aura rendus chers. Ceux d'Italie ne l'étaient pas moins, à raison des frais de transport; & ainsi s'expliquera le passage de Possidonius; « il n'y a, parmi les Gaulois, que » les gens riches qui boivent du vin; & ces vins, » ils les tirent d'Italie, ou du canton de Marseille ».

J'avoue que, d'après ces données, il est difficile d'expliquer comment un Helvétien ou un Toscan ont pu, en apportant du vin dans la Gaule, armer contre l'Italie trois cens mille combattans. Si nos côtes méridionales cultivaient des vignes, les habitans de l'intérieur des Gaules devaient connaître le vin; & après tout, s'ils voulaient se transplanter dans un pays de vignobles, il leur était bien plus facile de conquérir les vignobles de la côte Ligurienne que ceux d'Italie. Quand même Plutarque & Tite-Live s'accorderaient avec Pline, autant qu'ils en différent, sur les circonstances qui précéderent cette expédition, le motif que tous trois prétendent en être la cause n'est pas vraisemblable.

Ce qu'un étranger pouvait apporter de vin avec lui n'était certainement pas assez considérable pour émouvoir la Gaule entiere. Précédemment à Brennus, Sigovese avait conduit une armée à la conquête de la Bohême; Bellovese, avec une autre, était allé s'établir en Italie; &, pour lever ces troupes, il n'avait pas été nécessaire de les ennivrer. L'amour de la gloire & l'enthousiasme avaient suffi seuls auprès d'une Nation inquiete, ardente, impétueuse, & avide d'exploits : &, quand elle se livra par la suite à des expéditions semblables, ce motif eut toujours sur elle un égal succès. Toutes ces hordes de Barbares qui, pendant tant de siècles, accoururent du nord inonder l'Italie, l'Espagne, & la France, y venaient-elles pour boire du vin?

Lorsque les Romains eurent soumis à leurs armes cette partie de la Gaule, qu'ils nommerent *Province*, & qui aujourd'hui forme le Dauphiné, la Provence, & une partie du Languedoc, leurs armées & leurs colonies y favoriserent, y étendirent probablement les plantations de vignes. De proche en proche, elles se propagerent; & c'est ainsi qu'au tems de César, plusieurs cantons, situés au nord des Cévennes, avaient déja des vignobles, comme le témoignent Strabon, Varron, & César même. Il paraît encore, par ce dernier, que la culture dont nous parlons était devenue chez les Gaulois une chose d'engouement; puisqu'il remarque comme un fait singulier, que les Nerviens, peuples de la Belgique, l'avaient exclue de leur territoire, regardant le vin comme un breuvage également contraire à la santé, au courage, & à la vertu.

Dans le nombre des vignobles gaulois, il y en eut qui aquirent, à juste titre, une certaine réputation. Rome apprit à les connaître, & les rechercha : car c'est un travers commun à tous les peuples, d'estimer davantage ce qui vient d'un climat étranger, que ce qui croît chez eux. Ainsi, tandis que les Gaulois tiraient à grands frais leurs vins d'Italie, les Romains achetaient fort cher les vins des Gaulois. Pline en fait l'observation ; & ce double fait nous prouve que Diodore & Cicéron ont également raison tous deux, lorsqu'ils avancent, l'un que dans la Gaule on consommait les vins d'Italie, l'autre que la Gaule faisait avec l'Italie un commerce très-avantageux des siens.

Telles sont les explications conciliatoires par lesquelles on peut, je crois, accorder ensemble les Ecrivains de l'Antiquité qui nous ont transmis quelques détails sur les vignobles de nos Pères. Ce qu'on va lire d'eux sur la même matière, n'offrira pas au moins de contradictions.

Parmi les excellentes espèces de raisins qui étaient propres à la Gaule, Columelle compte celui du pays des Bituriges. Comme ce nom de Bituriges était commun aux peuples du Berry & à ceux du Bordelais, on ne peut deviner à laquelle des deux Provinces appartient l'éloge de l'Auteur latin. Cependant il est probable qu'il s'agit de la dernière ; car Ausone, qui vivait au quatrième siècle de l'ère chrétienne, vante beaucoup les vins de Bordeaux.

Especes de raisins Gaulois les plus estimées des Romains.

Au reste, quoique Columelle ne place qu'au second rang le raisin dont il s'agit, il en fait l'éloge; & remarque qu'on en recherchait le sep en Italie, parce qu'il était robuste, & qu'il multipliait beaucoup.

Pline parle d'une autre espèce, qui croissait au territoire d'*Alba Helviorum* (a), dont la fleuraison ne durait qu'un jour, & qui avait par conséquent la qualité, si précieuse, d'être moins sujette que les autres à ce que les vignerons nomment *coulure*.

« Le territoire de Vienne, dit le même Auteur, a une sorte de vigne qui, depuis peu, a été portée dans celui d'Albi, dans l'Auvergne, & le pays des Séquanois (la Franche-Comté). Celle-ci était inconnue du tems de Virgile. Elle donne un vin qui a un goût de poix, & dont on fait le plus grand cas ».

Le vin *picatum*, c'est ainsi que les Romains nommaient ce dernier, est souvent cité dans les Auteurs latins. Plutarque & Martial en font l'éloge. Chorier (*Histoire du Dauphiné*, ann. 1661) prétend qu'il subsiste encore dans le même canton de la Province; & que c'est celui qu'on nomme vin de violette. Cependant, si celui-ci a reçu son nom de la violette dont il a l'odeur, comme l'autre avait pris le sien de la poix dont il avait le goût, l'on avouera que deux liqueurs qui se ressemblent si peu, ne doivent pas être les mêmes.

(a) On croit que c'est aujourd'hui Alps, auprès de Viviers.

En supposant que ce sont les Phocéens qui ont enseigné aux Gaulois l'art de cultiver la vigne, ainsi que l'avancent Justin & Strabon, les Gaulois n'ont dû avoir, dans l'origine, d'autres procédés pour cet art que ceux des Grecs. Néanmoins, lorsque Pline fait le dénombrement des différentes méthodes usitées de son tems pour palisser la vigne, il compte celle des Gaulois qui faisaient passer leurs seps d'un arbre sur un autre. Celle-ci, d'après le rapport de l'Auteur, paraît avoir été particulière à nos Ancêtres. Depuis, elle est devenue la méthode des pays chauds, parce que le raisin y a besoin d'ombrage contre un soleil trop brûlant. Chez nous, où le climat n'a pas une chaleur assez adurante pour exiger un pareil abri, c'est, de l'aveu des Physiciens éclairés, la plus défectueuse de toutes; & cependant c'est celle qui subsiste toujours en Provence, en Languedoc, en Béarn, & dans la partie orientale du Dauphiné.

Manière dont les Gaulois palissaient leurs vignes.

Les Gaulois qui, comme je l'ai dit ailleurs, avaient imaginé de fumer leurs terres avec de la marne, imaginèrent aussi de fumer leurs vignes avec de la cendre. Cet usage, au rapport de Pline, était celui de la Gaule narbonnaise. On y poudrait même de cendres les raisins, lorsqu'ils commençaient à mûrir; « & l'on ne peut nier, ajoute l'Auteur, que la poussière, dans cette contrée, ne contribue plus à leur » maturité que le soleil même ».

Et les fumaient.

Plusieurs de nos Provinces, l'Auvergne, le Dauphiné, le Languedoc, la Provence, &c, avaient alors des vins qui ont mérité d'être cités par le Naturaliste latin. Il en est même quelques-uns, dans

Vins Gaulois, & leurs qualités.

ce nombre, sur la qualité desquels il nous a laissé certains détails.

« Marseille, dit-il, donne un vin gras & épais, qui a deux sortes de goût, mais qui sert à mêler avec d'autres vins (a).

» Celui de Béfiers n'a de réputation que dans la Gaule.

Drogues étrangeres que les Gaulois mêlaient dans leurs vins.

» Il est difficile de prononcer sur le mérite de ceux de la Province narbonnaise; parce que les habitans, pour en changer le goût & la couleur, les frelatent, les fument, y mêlent des herbes, des choses nuisibles, & jusqu'à de l'aloës ».

Toutes maladroites qu'étaient ces falsifications, les peuples qui les employaient ne les avaient pas inventées. Pline lui-même nous apprend qu'elles étaient communes chez les Grecs & chez les Latins qui, selon les différentes qualités de leurs vins, y jettaient de la poix, du plâtre, des cendres, de l'eau de mer, & beaucoup d'autres ingrédiens semblables. En Italie, on avait même réduit en art tout ce tripotage; c'est ce qu'on appellait *conditura vinorum*.

La Province narbonnaise, au reste, n'était pas le seul canton de la Gaule où il fût en usage. D'autres s'étaient fait aussi en ce genre une méthode, qu'ils gardaient précieusement comme un secret. Les Allobroges, par exemple, (peuples du Dau-

---

(a) Athénée dit que, malgré ces défauts, le vin de Marseille était bon, & qu'il avait sur-tout la qualité de mûrir les autres, quand il était mêlé avec eux.

phiné), avaient une poix particuliere qu'ils mêlaient dans leurs vins. Columelle nous l'apprend; & sa remarque donne même ici lieu à une reflexion. J'ai parlé ci-dessus du *picatum*, ce vin du territoire de Vienne, recherché par les Romains, & qui, selon Pline, avait un goût de poix naturel. Cette saveur, au lieu d'être naturelle, comme le pretend l'Auteur, n'était-elle pas étrangere au contraire ? Ne venait-elle pas vraisemblablement du genre de poix qu'on y mêlait, & dont on avait le secret dans la Province ? En un mot, Pline ne se serait-il pas trompé; &, sur ce point, Columelle n'aurait-il pas été par hasard mieux instruit que lui ?

Si l'on ajoute foi à Dioscoride, l'infusion de poix était une chose nécessaire pour les vins gaulois : autrement, dit-il, ils eussent aigri; le climat n'étant point assez chaud pour mûrir la grappe.

La raison qu'allegue ici Dioscoride prouve, ou que le climat de la Gaule était alors réellement un peu plus froid qu'il l'est maintenant, ou que l'art de faire du vin y était encore dans l'enfance. Nous en faisons d'excellens aujourd'hui dans des Provinces plus septentrionales que le Dauphiné; & l'on en recueille même de très-bons au nord de la France, sur les bords de la Moselle & du Rhin.

Ce n'est pas néanmoins qu'il n'y ait des moyens innocens, qu'on pourrait, dans certains cantons, ou dans certaines années froides, employer sans risque pour donner au vin une qualité qui lui manquerait. Depuis long-tems, les Champenois sont dans l'usage de souffrer leurs tonneaux avant de les emplir. M. l'Abbé Rozier (*Mémoire sur la meilleure manière de faire les vins de Provence*) propose, lorsque le vin est austere ou acide, de délayer du miel dans le moût, avant qu'il fermente. M. de Préfontaine, (*Maison rustique de Cayenne*, ann. 1763); parlant des raisins que produit cette île, dit que si l'on voulait en faire du vin, on pourrait corriger sa verdeur naturelle en y ajoutant un peu de sucre. Enfin M. Macquer, dans une Séance publique de l'Académie des Sciences, ann. 1779, a lu un Mémoire où il conseille, comme M. Préfontaine, de mêler au moût quelque substance saccarine, quand la saison n'aura pas été assez chaude pour donner au raisin la maturité qu'il doit avoir; & lui-même rapporte différentes expériences qu'il a faites à ce sujet.

Les deux Auteurs qui proposent cette méthode, ignoraient que, depuis long-tems, elle était pratiquée en secret dans un canton du Bordelais, traversé par la Dordogne, & dont les villes principales sont Bergerac & S^{te}.-Foi. Au commencement de ce siècle-ci, les vins de ce canton, aquirent tout-à-coup une telle renommée, qu'en peu d'années il y eut des propriétaires qui en augmenterent le prix du quadruple.

Les propriétaires voisins leur soupçonnerent un secret particulier. Ils les épierent pendant quelque tems, & découvrirent enfin que, la nuit, il leur arrivait de grosses tonnes de sucre. Cette découverte n'apprenait rien encore. Mais un tonnellier qui savait le secret, ayant été chassé d'une maison où il

de la vie privée des Français.

était employé, le révéla pour s'en venger. Néanmoins il n'y eut que cinq ou six familles qui profiterent de sa trahison; & celles-ci eurent grand soin d'en garder le fruit pour elles. Les choses resterent ainsi pendant une trentaine d'années. Ceux qui n'étaient pas instruits, & qui seulement savaient en gros qu'on se servait de sucre, l'employaient chacun à leur maniere. Enfin, à propos du Mémoire de M. Macquer, un de M. de Vaucocour a publié une lettre dans laquelle il apprend quels sont les procédés véritables; procédés qui consistent à réduire le sucre en syrop, à l'aromatiser avec des fleurs de pêcher, ou autre substance semblable, &c.

Les Marseillais jadis avaient une autre méthode; c'était de fumer leurs vins, de les épaissir, de les cuire à la fumée pour leur donner l'apparence & le goût de vins vieux. *Vins de Marseille fumés.*

> *Improba Massiliæ quidquid fumaria cogunt,*
> *Accipit ætatem quisquis ab igne cadus.*
> Martial. L. X.
> *Vel cocta fumis musta Massilianis*
> Id. L. III.
> *Fumea Massiliæ ponere vina potes.*
> Id. L. XIII.

On a vu ci-dessus Pline, quand il a parlé des vins de Marseille, leur reprocher d'être gras & épais. Il est étonnant que le Naturaliste n'ait rien dit sur l'abus dont Martial fait mention. Voilà encore une de ces choses difficiles à concilier dans des Auteurs contemporains. Martial ayant survêcu à Pline, l'usage où étaient les Marseillais de fumer leurs vins serait-il postérieur au Naturaliste? Ou plutôt ne se pourrait-il pas que la même coutume étant commune à toute l'Italie, celui-ci l'ait regardée comme un procédé ordinaire qui ne méritait pas d'être remarqué.

Les Romains en effet étaient aussi dans l'usage de fumer quelques-uns de leurs vins. On en voit la preuve dans Horace,

Amphoræ fumum bibere institutæ.

Dans Tibulle,
Nunc mihi fumosos veteris proferte falernos Consulis. . . . .

& dans plusieurs Auteurs qu'il me serait aisé de citer ici. Au reste, comme les Marseillais n'avaient probablement d'autre méthode que celle des Latins, je crois que quelques détails sur cette derniere pourront faire plaisir à la plupart de mes Lecteurs.

Procédés des Anciens pour fumer leurs vins.

Quand le vin nouveau avait subi dans la cuve la fermentation qui constitue sa nature, les Romains le mettaient en tonneaux. Alors ils y jettaient de la poix, des cendres, en un mot, quelques-unes de ces substances étrangeres dont il a été parlé ci-dessus, & qu'ils croyaient propres à achever sa dépuration, ou à lui donner une qualité nouvelle. Après un, deux, ou trois ans, selon la nature du vin, ils le transvasaient dans des vaisseaux de terre, qu'ils bouchaient bien exactement, & qu'ils portaient ensuite au plus haut étage de la maison. Là, était une chambre particuliere, exposée au midi, & nommée *fumarium*, parce qu'elle était destinée à *fumer* le vin. Par des tuyaux pratiqués au plancher, elle recevait la fumée d'un feu qu'on allumait dans une piece inférieure; à moins que, pour éviter la dépense, on n'employât à cet effet, selon le conseil de Columelle, le fourneau qui servait à échauffer les bains. Cette fumée qui n'avait, pour sortir, qu'un certain nombre de petits trous percés dans le mur, y séjournait quelque tems, cuisait le vin, lui donnait la consistance de miel, au point que quand par la suite on voulait le boire, il fallait le délayer avec de l'eau chaude (a). Mais aussi, après cette opération, l'on pouvait le garder près de deux siècles.

L'épithete d'*improba* que Martial donne aux *fumarium* des Marseillais, ferait croire que les habitans de cette contrée ignoraient l'art de les construire, ou celui de les échauffer.

Au reste, depuis qu'on fouille les ruines de Pompeïa & d'Herculanum, on y a trouvé, entre autres raretés, un des vases qui servaient à l'opération dont nous parlons, & dans lequel le vin était entièrement desséché. Chez nous, M. l'Abbé Rozier a trouvé de même, au territoire de Vienne,

---

(a) Cette méthode s'était conservé en Alsace. (Baccius *de naturali vinorum historiâ* an .1597) parlant des vins de cette Province, dit qu'on les gardait exposés à la fumée dans des endroits chauds, où ils devenaient si épais, en vieillissant, qu'ils n'étaient plus potables, à moins d'être battus avec des verges, ou délayés dans de l'eau chaude : *super fumo diu & in æstuariis retenta, eam acquirunt vetustate crassitiem ut potari per se non possint, nisi diu agitata imnissis scopis aut virgis dissolvantur, vel eliquata, per aquam calidam fiant potui idonea ; quo usu legimus crassa fuisse antiquis vina, quæ similiter per aquam calidam essent dissolvenda.*

dans une vigne qu'occupait autrefois un palais de Pompée, une urne pareille. Le rob du vin y était cristallisé. Ces faits ne me paraissent point invraisemblables. Moi-même j'ai eu du vin cuit de Champagne, que j'avais gardé trois ans, ou plutôt que j'avais oublié pendant trois ans dans une armoire contre une cheminée. Lorsque je voulus le goûter, il était devenu violet, liquoreux au point d'être insupportable à boire, & si épais qu'il avait peine à couler.

Vignes arrachées dans la Gaule par ordre de Domitien.

Quels que fussent les procédés qu'employait la Gaule pour la confection de ses vins, plusieurs de ses vignobles avaient, comme on l'a vu, aquis de la réputation; & ils étaient devenus pour elle une source de richesse. Cette source malheureusement fut bientôt fermée par les tyrans auxquels elle était soumise. L'année de J. C. 92, ayant été presque universellement contraire aux grains & favorable à la vigne, il s'ensuivit une sorte de disette générale. Domitien, alors Empereur, imagina que la disette venait de ce que les vignobles étaient trop multipliés, & les terres à blé trop rares. Fondé sur ce faux principe, il publia un Edit par lequel il ordonna que dans la plupart des Provinces de l'Empire la moitié des vignes serait arrachée, & que, dans d'autres, elles seraient détruites entièrement. La Gaule fut de ce dernier nombre. L'ordre y fut exécuté avec rigueur; & les habitans, réduits à la bierre, à l'hydromel, à toutes ces tristes infusions dont avaient usé leurs peres avant de connaître le vin, se virent, sans oser murmurer, dépouillés par

de la vie privée des Français. 345

l'imbécille & féroce despote, d'une de leurs propriétés les plus précieuses.

Son inique Arrêt subsista près de deux siècles. Enfin l'an 282, Probus l'anéantit. Après avoir rendu par ses victoires la paix à l'Empire, le sage & vaillant Empereur, disent Aurélius-Victor, Eutrope, Vopiscus, & Eusebe, rendit encore aux Provinces la liberté de replanter des vignes. Les Gaulois s'y livrerent avec empressement. Les Légions Romaines qui se trouvaient répandues dans la Gaule furent même employées à ces plantations : car telle était la sage politique de Rome, lorsque ses Soldats n'étaient point en guerre, de les occuper aux travaux publics & utiles. En endurcissant ainsi ses troupes à la fatigue par un exercice continuel, elle se conciliait encore l'amour des peuples au bonheur desquels elle les faisait contribuer.

Replantées par la permission de Probus.

Bientôt la plupart des côteaux de la Gaule furent couverts de vignes; & ces vignes ne se terminerent plus, comme sous les deux premiers Césars, au nord des Cévennes. Presque toutes nos Provinces eurent les leurs; soit qu'alors elles entendissent mieux cette sorte de culture; soit que, par le desséchement des eaux croupissantes & par le défrichement des forêts, le climat fût devenu plus chaud. On vit des vignobles jusques dans le territoire des Parisiens; & j'ai déja dit que l'Empereur Julien, qui eut occasion de connaître les vins de ce canton, vante leur qualité.

Quand la vigne fut introduite chez nous pour la première fois par les Phocéens, nos Peres sans doute adopterent & suivirent, pour sa culture, tous les procédés grecs. Mais à la seconde époque, comme ce fut un présent des Romains, il est probable qu'ils adopterent les méthodes de ceux-ci, leurs instrumens, leurs pressoirs, leurs loix pour la vendange, &c.

Les vins de la Narbonnaise devinrent alors célèbres. Leur renommée fut telle que, sous l'Empire d'Honorius, ils occasionnerent une irruption des Gots d'Espagne. Quoique Ataulfe, Roi de cette nation, pût compter dans ses Etats d'excellens vignobles, il voulut néanmoins se rendre maître d'une contrée florissante qui en possédait de si fameux. Il y entra au tems des vendanges, eut d'abord quelques succès, prit Narbonne ; mais enfin il fut repoussé, & obligé honteusement de retourner chez lui boire les vins de ses sujets.

Ceux des Barbares du Nord, Francs, Visigots, Bourguignons, & autres, qui, plus heureux que lui, s'établirent par leurs armes dans la Gaule, n'apprirent à connaître qu'avec transport, sans doute, la boisson nouvelle qu'elle leur offrit. Des gosiers accoutumés à la bierre & à l'hydromel devaient, plus que d'autres encore, la trouver délicieuse. Aussi ces peuples s'occupèrent-ils de réglemens favorables aux propriétaires vignerons. Dans la Loi Salique, dans celle des Visigots, il y a des amendes décernées contre ceux qui arracheront un sep, ou qui voleront du raisin. La protection que le Gouvernement accordait à la propriété dont il s'agit, la fit regarder comme une chose sacrée. Chilpéric ayant

de la vie privée des Français. 347

taxé, par toute l'étendue de son Royaume, chaque possesseur de vignes à lui fournir annuellement une amphore de vin pour sa table, il y eut, dit Aimoin, une révolte en Limousin; & l'Officier, chargé de percevoir ce tribut odieux, fut même massacré.

Nos Rois eurent des vignobles dans leurs domaines. Chacun de leurs Palais avait ses vignes, avec un pressoir & tous les instrumens nécessaires pour la vendange. Les Capitulaires de Charlemagne en offrent la preuve. On y voit le Monarque entrer, sur cette espèce d'administration, dans les plus grands détails avec ses Economes. Quand, après la mort de Louis-le-Débonnaire, les trois fils de ce Prince, mettant bas les armes, furent convenus enfin du partage de ses Etats, Charles-le-Chauve eut la France occidentale; Lothaire, la France orientale & l'Italie; & Louis, ce qui était situé en Germanie, au-delà du Rhin. Mais, comme celui-ci, dans son lot, n'avait point de vignobles, la Chronique de Saxe & celle du Moine Sigebert remarquent qu'on joignit à son partage *quelques villes ou villages en deçà du Fleuve, lesquels produisaient du vin.*

Vignobles possédés par nos Rois.

L'enclos du Louvre lui-même renferma des vignes, comme les autres Palais de nos Rois. C'est une observation que j'ai déja eu lieu de faire ci-dessus, à l'article des jardins. J'ai même ajouté que ces vignes étaient assez abondantes, puisqu'en 1160, Louis-le-Jeune put assigner annuellement, sur leur produit, six muids de vin au Curé de S. Nicolas.

Parmi les Fabliaux du XIIIe siècle que j'ai publiés, il en est un, intitulé *la bataille des vins*, dans lequel l'Auteur suppose que le Roi Philippe (Auguste) fait venir à sa table tous les vins connus, tant nationaux qu'étrangers, pour examiner quels sont ceux qui sont dignes d'y être admis. Le Monarque, dans ce Conte, est représenté comme un ami du bon vin, & sur-tout comme un gourmet en ce genre. L'inclination que lui attribue le Fabliau pourrait bien n'être pas tout-à-fait une fiction. Au moins résulte-t-il d'un compte de ses revenus pour l'année 1200, rapporté par Brussel, qu'en fait de vins Philippe aimait la variété, & voulait avoir de quoi choisir : car il possédait des vignes à Bourges, à Soissons, à Compiegne, à Lân, à Beauvais, Auxerre, Corbeil, Bétisi, Orléans, Moret, Poissi, Gien, Anet, Chalevane (a), Verberies, Fontainebleau, Ruxecourt, Milli, Bois-commun (dans le Gâtinais), Samoi (dans l'Orléanais), & Auvers (près d'Etampes). Outre cela, le même compte fait mention de vins achetés à Choisy, à Montargis, à S. Césaire, & à Meulan.

Commerce des vins de France avec l'étranger.

Au reste, que Philippe-Auguste ait aimé à voir ses caves & sa table garnies avec abondance & diversité, peu nous importe. De pareilles anecdotes peuvent plaire à certains Lecteurs ; mais, pour le grand nombre d'entre eux, elles sont faiblement intéressantes. Ce qui l'est beaucoup plus, c'est de

---

(a) En 1202, le seul transport des vins de Chalevane, coûta 100 s.

savoir que nos vins étaient dès-lors une des branches de commerce les plus avantageuses qu'eût la France. Guillaume Breton, dans son poëme latin sur le même Philippe, compte ceux de Gascogne & de la Rochelle au nombre des denrées que la Flandres achetait chez nous. Dans le Fabliau cité ci-dessus, les mêmes vins de la Rochelle, (& sous ce nom il faut entendre ceux d'Aunis & de Saintonge), se vantent d'abreuver les Royaumes du Nord, & d'en rapporter des sommes considérables. Il en est de même des vins d'Auxois, c'est-à-dire, des vins de Bourgogne sans doute : ils s'attribuent la gloire de désaltérer les Allemands.

Quant à ceux de Guyenne, outre le débouché que leur offrait la Flandres, comme le dit Guillaume Breton, ils en trouvaient un autre, bien plus considérable encore, dans l'Angleterre. La même politique qui aujourd'hui fait fermer les ports de ce Royaume à nos vins français, les faisait ouvrir alors aux vins d'une Province qui était soumise à la domination anglaise. Mathieu Paris, sous l'année 1251, parlant des dispositions de mécontentement & d'aigreur où était la Gascogne contre le Roi Henri III, dit que les esprits y étaient tellement envenimés qu'elle se fût soustraite à son obéissance, si elle n'eût eu besoin de l'Angleterre pour le débit de ses vins.

Des vins de Guyenne avec l'Angleterre.

Un fait rapporté par Froissart nous donnera une idée de ce qu'était cette exportation. En 1372, dit cet Historien, on vit arriver d'Angleterre à Bordeaux, *toutes d'une flotte bien deux cens voiles &*

nefs de marchands qui allaient aux vins (a).

Ainsi, tandis que la Guyenne, par son industrie, s'appropriait une partie des richesses de l'Angleterre, celle-ci, spéculatrice plus habile, voulait au moins voiturer elle-même les vins qu'elle consommait. Déja donc elle avait imaginé, déja elle mettait en pratique ce système d'habileté profonde, par lequel elle a depuis rendu sa marine si formidable, de n'employer, autant qu'elle le pourrait, que ses seuls vaisseaux pour importer chez elle, pour exporter au dehors toutes les marchandises qui formaient son commerce.

D'après cette politique, on devait s'attendre que, dès le jour où la Guyenne cesserait d'être Province anglaise, les Monarques Bretons fermeraient leurs ports à ses vins. Néanmoins, soit que l'habitude en eût fait un besoin pour les habitans de ce Royaume, soit que le commerce leur fournît des échanges capables de rétablir la balance, le contraire arriva. De Thou racontant les projets que formait l'Espagne sur le Conquet, port de Bretagne dont elle s'était emparée pendant les troubles de la Ligue, dit que ce port étant *l'abord de tous les vaisseaux*

(a) Champier qui écrivait un siècle & demi environ après Froissart, remarque que, de son tems, l'Angleterre ne consommait presque d'autres vins & d'autres grains que ceux de France; & que quand ce commerce était interrompu par la guerre, elle éprouvait une sorte de famine. De sorte, dit-il, *que la France peut se vanter d'avoir entre ses mains la disette ou l'abondance de ce Royaume.*

anglais, hollandais, danois, & autres qui venaient de la mer Baltique pour charger des vins de Bordeaux & du sel de Brouage, & tous y relâchant à cause de sa situation avantageuse, elle se flattait de pouvoir y établir une douane qui lui rapporterait des sommes immenses.

Au dernier siècle, les choses changerent pour la Guyenne. L'Intendant de cette Province, dans le Mémoire qu'il dressa en 1699, par ordre du Roi, pour l'instruction du Duc de Bourgogne, décrivant le commerce de sa Généralité, dit : *les Anglois viennent peu à Bordeaux ; on y voit quelques Ecossois ; le fort du commerce s'y fait avec la Hollande.*

Quoique nos autres Provinces n'eussent pas, pour leurs vins, des débouchés aussi avantageux que la Guyenne, la vigne néanmoins y fut cultivée avec un égal succès. On le voit par le Fabliau, déja cité, où les vignobles *français* disputent la préférence à ces vignobles étrangers. L'industrie nationale avait seule opéré ces prodiges. Jamais le Gouvernement ne fit rien pour la récompenser, ou pour la favoriser ; &, quand il s'en occupa, ce fut pour lui nuire. En 1566, le Royaume ayant éprouvé une disette, parce que la récolte avait été mauvaise, Charles IX, abusé comme l'avait été précédemment Domitien, en attribua de même la cause à la trop grande abondance de vignes ; &, comme Domitien, il les proscrivit. Une Ordonnance, publiée par lui, régla que dans chaque canton elles ne pourraient occuper que le tiers du terrein ; & il voulut

Vignes arrachées une seconde fois en France.

que les deux autres tiers fuſſent convertis en terres labourables, ou en prés.

C'eſt une remarque digne d'attention, & dont les buveurs ſur-tout doivent triompher, que les deux Princes qui proſcrivirent les vignes en France, aient été, l'un, l'auteur de la S. Barthélemi; l'autre, un des plus abominables tyrans qui aient affligé le monde.

Réglemens pour empêcher la trop grande multiplication des vignes.

Tous deux néanmoins crurent bien faire; car quel eſt le Souverain ſenſé qui, de gaieté de cœur, ſe fît un plaiſir de ruiner ſes ſujets. Au reſte, ſoit que l'Edit de Charles fût difficile à exécuter, ſoit que les guerres civiles qui déſolaient la France en aient empêché l'exécution, il cauſa moins de mal qu'on n'aurait cru. Henri III, en 1577, modifia l'Ordonnance du Roi ſon frere, en recommandant à tous les Officiers chargés du Gouvernement des Provinces, *d'avoir attention qu'en leurs territoires les labours ne fuſſent délaiſſés pour faire plants exceſſifs de vignes.*

Puiſque, ſelon l'expreſſion du Monarque, les plants de vignes ſe multipliaient *exceſſivement*, cette ſorte de bien, vers laquelle ſe tournaient un grand nombre de ſpéculateurs, formait donc un excellent revenu : mais, d'un autre côté, ſi c'était un bon revenu, les vignobles n'étaient donc pas exceſſifs, quoiqu'en diſe l'Ordonnance : &, après tout, jamais ils ne peuvent l'être. Les frayeurs du Gouvernement à ce ſujet ſont toujours peu fondées. Dès qu'une vigne ceſſera de rapporter à ſon propriétaire, dès qu'elle ne le dédommagera plus des frais qu'elle lui

de la vie privée des Français. 353

lui coûte, ne vous occupez pas d'ordonner qu'il la détruise ; bientôt lui-même l'arrachera sans attendre vos ordres.

Plus sage fut l'Edit publié sous le dernier Règne. Plusieurs Intendans de Provinces ayant représenté que la trop grande abondance de vignes dans le Royaume occupoit une grande partie des terres propres à porter des grains ou à former des pâturages ; qu'elle causoit la chéreté des bois, par rapport à ceux qui sont annuellement nécessaires pour cette espece de fruits ; enfin qu'elle multiplioit tellement la quantité des vins que la valeur & la réputation en étoient détruites en beaucoup d'endroits ; le Roi, en 1731, défendit de faire à l'avenir aucune nouvelle plantation de vignes, & régla que celles qu'on auroit cessé de cultiver pendant deux ans ne pourraient plus l'être davantage par la suite.

Avant que les Rois de la troisieme Race eussent aquis assez d'autorité pour faire observer de pareils réglemens par toute l'étendue de leur Royaume, il y eut des abus particuliers qui, d'une autre maniere, dûrent nuire au commerce dont il s'agit. Il devait arriver souvent, & sur-tout dans les villes, que des propriétaires de vignobles ne pouvant se défaire avantageusement de leurs vins, préférassent de le débiter chez eux en détail. Alors ils suspendaient au seuil de leur porte, pour notifier leur dessein, un balai, une couronne de lierre, ou quelque chose de semblable. Ceux qui vouloient acheter apportaient un pot ; & de-là vint l'expression *vendre à pot*, par

Vente du vin à pot.

laquelle on désigna cette sorte de commerce.

Il y en avait qui faisaient annoncer leur vin dans la ville par le Crieur public. Albéric de Trois-Fontaines, sous l'année 1235, parle d'une femme de Cambrai, renommée pour sa dévotion & pour sa charité, qui, un jour que le Crieur annonçait ainsi *du bon vin, du très-bon vin, de l'excellent vin*, lui donna de l'argent pour crier, *Dieu est clément, Dieu est miséricordieux, Dieu est bon, très-bon*; & le suivit, en disant *c'est la vérité*. Elle fut accusée d'hérésie, & brûlée avec vingt autres hérétiques.

Quelquefois les Aubergistes, & même les particuliers, plaçaient à leur porte un homme, pour annoncer leur vin aux passans, & pour les inviter à entrer. On en voit la preuve dans les Fabliaux.

D'autres, au lieu de *vendre à pot*, établissaient auprès de chez eux une taverne; ils y donnaient à boire, & consommaient ainsi leurs vins. Cette méthode était particulièrement celle des Monasteres. Les plus Grands-Seigneurs eux-mêmes l'adoptaient souvent; & comme, d'après les mœurs du temps, personne n'en rougissait, ils l'employaient sans scrupule & sans honte.

Droit de banvin. Le droit de vendre à pot étant, ainsi que celui de tenir taverne, un des plus lucratifs, sur-tout lorsqu'on le possédait exclusivement, ce fut un de ceux dont les Seigneurs devinrent le plus jaloux. Ils s'en emparerent en une infinité d'endroits. Cependant les Vassaux ne furent pas totalement dépouillés du leur. Mais le Seigneur commençait par publier son ban; c'est-à-dire, qu'il faisait annoncer sa vente par un Crieur public; ensuite il la tenait ouverte exclusivement, & seul, pendant quelque tems; & ce n'était qu'après ce tems écoulé que les autres pouvaient ouvrir la leur. Encore fallait-il son aveu. Tel est le droit qu'on appella *droit de ban-vin*.

Robert I, Duc de Bourgogne, en avait accordé un semblable au Monastere de S. Bénigne de Dijon en 1054. Le Duc déclare expressément par son diplôme, qu'il permet aux Religieux de debiter, dans la *taverne du cloître*, le vin qu'ils auront recueilli. Soit que lui-même veuille *vendre* le sien, soit qu'il ne le veuille pas, leur vente n'en aura pas moins lieu; & ils ne seront pas tenus de l'interrompre, quand même dans cette circonstance il publierait son ban.

Nos Rois ont usé quelquefois, pour les vins qu'ils recueillaient dans l'enclos de leurs domaines situés à Paris, du droit dont nous parlons. Pendant ce tems, toutes les tavernes de la ville étaient fermées; & les Crieurs publics étaient obligés d'aller, chaque jour, soir & matin, par les rues crier le vin du Roi. Une Ordonnance de S. Louis, ann. 1268, les y assujétit. *Se li Roys met vin à taverne, tuit li autre Tavernier cessent; & li Crieurs tuit ensemble doivent crier le vin le Roy, au matin & au soir, par les carrefours de Paris.*

Il y eut des villes qui usurperent le droit de ban-vin; mais ce fut pour en accorder la jouissance également à chacun des Bourgeois qui habitaient leur enceinte. Paris fut de ce nombre; & ceux de ses habitans qui ont des vignes peuvent toujours le vendre à pot. Ce privilege s'y exerçait encore sans honte, il y a un siècle. Dancourt, dans sa comédie de la *maison de campagne*, ann. 1688, fait dire à un homme de robbe ; *ne vaut-il pas autant vendre mon vin à la campagne, que de le faire vendre à pot dans Paris, comme la plupart de mes confreres.*

Le droit de Banvin subsiste toujours. C'est même là un de ces abus que, dans certains momens de détresse, les besoins de l'Etat ont malheureusement forcé le Gouvernement de tolérer. Il a été confirmé en 1702, par un Edit de Louis XIV, pour tous les lieux où les droits d'Aides ne sont point d'usage ; & il fut même permis de l'aquérir.

Voituriers. Un autre abus, plus grand encore, s'introduisit sur le transport des vins. Les Bateliers & Charretiers qui exerçaient cette profession, se permettaient, pendant leur route, de boire celui qu'ils conduisaient. Ils remplissaient ensuite les tonneaux avec de l'eau ou du sable ; & ce désordre était si général que, loin de s'en cacher, ils en étaient venus au point de le regarder presque comme un droit. Enfin il se trouva un Sr d'Arqueville, auquel on avait rendu du vin ainsi altéré, qui prit de l'humeur ; il intenta procès aux Voituriers qui l'avaient amené, & les traduisit au Parlement. Le tribunal les condamna, comme voleurs, à payer des dommages & intérêts, à faire amende honorable, & à être fustigés. Il prononça même que dorénavant ceux qui se rendraient coupables du même délit, seraient pendus. Cet Arrêt fameux, rendu le 10 Février

1550, fit beaucoup de bruit dans le tems : mais il n'arrêta point le mal. La même friponnerie, qu'il punit si exemplairement, reprit bientôt son cours; & elle n'est que trop souvent usitée encore parmi les mêmes sortes de gens. Ceux qui les emploient n'ont jusqu'à présent trouvé d'autre moyen, pour l'empêcher, que de leur abandonner, selon que la route est longue, une ou deux pieces de vin destinées uniquement à leur usage.

La profession de marchands de vins est une des plus anciennes qui subsiste dans la Capitale. Boileve leur donna des Statuts en 1264; mais ils ne furent érigés en corps de Communauté, que trois cens vingt-cinq ans après; & alors on les divisa en quatre classes, Hôteliers, Cabaretiers, Taverniers, & Marchands de vin-à-pot. *Marchands de vin en détail.*

Les Hôteliers, ainsi nommés parce qu'ils tenaient hôtellerie, recevaient chez eux les voyageurs, logeaient chevaux & voitures. C'est ce qu'aujourd'hui nous appellons Aubergistes. *Hôteliers.*

Les Marchands de vin-à-pot étaient ceux qui vendaient du vin en détail, sans cependant tenir taverne. On ne pouvait boire chez eux celui qu'on y achetait; il fallait l'emporter. A la grille extérieure de leur boutique était pratiquée une ouverture, par laquelle l'acheteur passait son pot, & par laquelle on le lui repassait lorsqu'il était plein. C'est ce que l'Ordonnance de 1705 appelle vendre *à huis coupé & pot renversé.* Quoique cet usage ne subsiste plus, il y a pourtant encore à Paris, chez plusieurs marchands de vin en détail, de ces grilles ouvertes. *Marchands de vin-à-pot.*

J'ai déjà dit ci-dessus que les Bourgeois de cette ville avaient droit de vendre leur vin à pot.

Cabaretiers & Taverniers.

Les Cabaretiers donnaient à boire chez eux; mais ils donnaient à boire *avec nappe & assiette*; c'est-à-dire, qu'on pouvait en même tems y manger : & c'est en quoi ceux-ci différaient des Taverniers, qui vendaient du vin, il est vrai, mais qui ne pouvaient fournir pain ni bonne-chere. *Et seront réputés Cabaretiers*, dit la déclaration du Roi, ann. 1680, *tous ceux qui auront chez eux montres, étalages de viandes, & Cuisiniers*.

Cependant, en cette même année 1680, les Taverniers obtinrent un adoucissement. On leur permit de servir aux gens qui buvaient dans leur taverne, des viandes cuites; pourvu toutefois que ces viandes fussent fournies par le Rôtisseur, ou par le Chaircuitier. Tout ce qui était ragoût leur fut interdit; & ils ne pouvaient même avoir chez eux un Cuisinier. Du reste, une Ordonnance de Louis XIV, publiée six ans auparavant, les avait obligés d'avoir à leur porte un bouchon & une enseigne; & leur avait défendu, ainsi qu'aux Cabaretiers, de fournir du vin en bouteilles. Les uns & les autres ne pouvaient vendre que dans des pots & des pintes étalonnées.

Crieurs de vin.

Paris eut, en différens tems, différens Officiers établis pour le commerce du vin; Courtiers; Jurés-Vendeurs; Contrôleurs; Jaugeurs; Déchargeurs, & Rouleurs; enfin Crieurs publics.

La fonction de ces derniers était de faire, par criées à l'enchere, la vente de cette denrée, lorsqu'elle arrivait sur les ports, ou dans les marchés de la Ville. Mais il s'était établi pour eux un usage bien plaisant. Quand quelqu'un de la Communauté mourait, les autres venaient tous assister à son convoi, en robbe de confrairie. Le corps était porté au lieu de la sépulture par quatre d'entr'eux. Deux autres suivaient; chargés, le premier d'un *beau hanap*, (vase à boire), le second d'un pot plein de vin. Le reste de la troupe marchait devant, ayant en main des sonnettes, qu'ils faisaient sonner tout le long de la route. Quand on était arrivé à un carrefour, le convoi s'arrêtait. Alors on posait le corps sur des tréteaux. Le Crieur qui portait le hanap, le faisait emplir par celui qui portait le vin. Chacun des quatre porteurs bûvait un coup. On en offrait autant à quiconque, passant ou spectateur, voulait l'accepter; après quoi l'honorable compagnie continuait sa route.

Cette bisarre cérémonie fut confirmée en 1415 par une Ordonnance de Charles VI. Elle avait lieu également pour la femme d'un Crieur, ainsi que pour un Crieur lui-même (a).

―――――――――――――――

(a) La même année, le Roi ajouta aux fonctions de ces Officiers, celle d'annoncer les morts, d'annoncer les jours de confrairie, les enfans & les animaux perdus, enfin, les légumes & productions de la terre qui étaient à vendre, excepté le bois & le foin. Eux seuls eurent aussi, par la même Ordonnance, le privilége de fournir robbes, manteaux, & chaperons pour les obsèques & funérailles. Ce fut alors qu'on les qualifia *Jurés-Crieurs de corps & de vin*. Leurs emplois furent depuis érigés en Offices Royaux, par des Lettres-Patentes du mois de Septembre 1741.

Ce serait ici le lieu de donner l'histoire de tous ces divers procédés qu'en différens tems les Français ont employés pour faire le vin ; mais l'entreprise, quand j'ai voulu l'exécuter, ne m'ayant offert qu'une immensité de détails ennuyeux, qui fussent devenus un traité de vendange sans aucun intérêt, j'y ai renoncé. J'en extrairai seulement quelques articles.

Tems où l'on a commencé à faire du vin blanc avec du raisin noir.

Tout le monde sait qu'aujourd'hui le vin blanc se fait non-seulement avec du raisin blanc ; mais encore qu'en plusieurs cantons on y employe du raisin noir. En effet, ce n'est pas dans le jus du grain, c'est dans la pellicule qui l'enveloppe, que réside la partie colorante de la liqueur. Avant de porter le raisin au pressoir, laissez-le fermenter quelque tems dans une cuve ; cette fécule se détachera par la fermentation, & se mêlant à la liqueur, elle la teindra : mais pressez-le dès qu'il est séparé du sep, son jus alors conservera sa transparence naturelle, parce qu'il n'a point été altéré ; ou au moins il ne sera coloré que très-faiblement.

Cette découverte ne remonte qu'au XIIe siècle ; & elle paraît appartenir aux Poitevins. Au moins est-il certain qu'alors elle était inconnue dans l'Isle-de-France, & qu'on la pratiquait en Poitou. La preuve s'en trouve dans une lettre d'un Religieux du Monastere de S. Denis, nommé Guillaume, lequel nous a laissé une vie de Suger, son confrere & son contemporain. Envoyé dans un autre couvent du même nom, situé en Poitou près Châtelleraut, Guillaume écrit à ses amis pour leur donner de ses nouvelles. Il fait l'éloge du nouveau pays qu'il habite, en vante la fertilité, les fruits, & les vins sur-tout qu'il compare au falerne. Là il dit avoir vu, non sans surprise, faire du vin blanc avec du raisin noir. Mais, ce qui en même tems nous surprendra beaucoup aujourd'hui, c'est qu'il ajoute avoir vu aussi du raisin blanc donner du vin rouge. *Híc, mirum in modum, ex albis botryonibus vinum vidi rubeum; & ex nigris, e converso, híc conficitur album.*

Précédemment au moine Guillaume, on connaissait le secret des rapés, qui consiste à éclaircir un vin trouble en le jettant sur des copeaux. Il en est mention dans la vie de la vénérable Ide de Louvain, mere du fameux Godefroi de Bouillon, morte en 1113.

Rapés.

Du tems de Liébaut, on employait les copeaux en Champagne, & sur-tout à Troies, pour éclaircir le moût lorsqu'on le mettait en futailles. Ce procédé avait, dit-il, l'avantage de clarifier le vin en vingt-quatre heures, & d'empêcher qu'il ne bouille.

Outre le rapé de copeaux, on en faisait un autre avec des raisins, pour raccommoder des vins gâtés, ou pour donner de la force à des vins faibles. Par une charte de Henri, Duc de Brabant, donnée en 1229 à la Commune de Bruxelles, il est défendu de vendre celui-ci dans les tavernes.

C'est par un procédé pareil que Liébaut enseigne à faire ce qu'il appelle du *vinet*. " Dans un ton-
» neau défoncé, on met, dit-il, des raisins, du genre
» de ceux dont la peau est dure ; tels que le mélier,
» ou le pinot. On radoube la futaille ; on y verse ;

» par la bonde quatre setiers de bon vin vieux;
» puis on acheve de la remplir avec de l'eau chaude.
» Il ne s'agit plus après cela, toutes les fois qu'on
» tire au tonneau, que de le tenir toujours plein
» en y versant de l'eau nouvelle; mais alors l'eau
» doit être froide. Quand la liqueur commencera
» à devenir trop faible, le remplissage se fera avec
» du vin, au lieu d'eau.

Buvande ou Dépense. Au tems des vendanges, lorsque le raisin avait subi sa derniere presse, on jettait de l'eau sur le marc; & on en tirait ainsi une sorte de piquette pour les domestiques. Cette boisson, est presque aussi ancienne que le vin. Elle se nommait *buvande*, en latin *bibenda*. Dans une Ordonnance de Charles VI, année 1307, on l'appelle *dépense*: Elle se vendait dans les marchés publics. Au reste, il ne faut pas confondre cette dépense avec une autre, du même nom, dont j'ai parlé ci-dessus à l'article du cidre.

Tonneaux. Originairement les Romains & les Grecs n'eurent, pour conserver & transporter leurs vins, que des vases de terre ou des outres. Mais les uns fragiles, les autres sujets à se découdre ou à moisir, offraient bien des inconvéniens. On ne put gueres véritablement recueillir une vendange un peu considérable, on ne put gueres l'envoyer au loin sans risque, que quand on eut des tonneaux.

Les Latins conviennent que cette ingénieuse invention est due à ceux des Gaulois qui allerent s'établir le long du Pô; mais nous ignorons si les Gaulois la connaissaient déja quand ils quitterent leur patrie, ou s'ils ne l'imaginerent qu'après leur transplantation au-delà des Alpes. Dans ce dernier cas, nous l'aurions probablement reçue des Romains, comme eux-mêmes l'avaient reçue précédemment de nos compatriotes. Cependant, malgré sa supériorité incontestable sur les outres, elle ne put prévaloir, ni empêcher ces outres d'être toujours usités. Ils l'étaient sans doute beaucoup, puisque Charlemagne, dans un de ses Capitulaires, défend à ses Economes de s'en servir. Il veut qu'ils employent de bons barrils (*bonos barridos*,) cerclés en fer.

En Italie, où l'on aimait que le vin sentît le goudron, où l'on avait même soin de lui donner ce goût étranger, ainsi que je l'ai remarqué ci-dessus, on enduisait de poix l'intérieur du tonneau. Ce mastic solide avait d'ailleurs un autre avantage ; il obstruait les pores du bois, & par conséquent arrêtait ainsi l'évaporation des parties les plus subtiles de la liqueur : évaporation à laquelle nous autres nous n'avons trouvé le moyen de remédier qu'en remplissant de tems en tems le vaisseau.

Usage de poisser intérieurement les tonneaux.

Il ne faut nullement douter que les Gaulois, qui poissaient leurs vins pour les vendre à l'Italie ; que les Allobroges sur-tout qui, comme je l'ai dit, avaient pour cette opération le secret d'une poix particuliere, ne goudronnassent aussi leurs tonneaux à la maniere du Latium. Plusieurs Etymologistes prétendent même que le mot poinçon, adopté dans la suite par plusieurs de nos Provinces, pour exprimer une sorte de tonneau qui leur est propre, dérive du *vas piceum* des latins, dont il est une abbréviation. Mais ce n'est-là qu'une conjecture; & nous avons des preuves formelles. Telles sont deux chartes de Charles-le-Chauve, en faveur des Monasteres de S. Denis & de S. Germain-des-Prés. Par la premiere (ann. 862,) l'Empereur accorde annuellement à l'Abbaye dix livres d'argent, *pour l'achat de la poix néceſſaire aux tonneaux* ; par la seconde, il donne de même à l'autre Couvent vingt livres de favon & de poix, *ad vasa vinaria componenda.*

Ce favon qu'on voit ici accordé avec la poix, suppose qu'il y avait des personnes qui ne se contentaient pas de poix seulement pour enduire leurs futailles; mais qu'elles composaient un mastic particulier, en y mêlant du savon, & probablement même quelque autre substance, comme les Romains.

Sans doute on aura renoncé à tous ces enduits, quand on cessa d'aimer dans le vin le goût de poix. Peut-être néanmoins serait-il à souhaiter qu'on eût trouvé & conservé quelque mastic qui, sans communiquer à la liqueur aucune saveur étrangere, empêchât cependant assez son évaporation, pour que l'on pût, sans perte, lui laisser aquérir dans le tonneau cette perfection & cette maturité que le tems seul peut lui donner, & qu'elle ne peut plus recevoir dès qu'elle est en bouteilles.

Foudres & citernes en maçonnerie pour le vin.

C'est en 1398 qu'on a donné des Statuts aux Tonneliers, & qu'on les a réunis en corps.

Quand Strabon veut peindre la fertilité de cette

contrée du Latium que maintenant nous appellons Lombardie, & donner une idée de l'abondance de ses vignobles, il dit que les tonneaux de vendange y sont *plus grands que des maisons*. Probablement les Gaulois établis dans ce canton, ou leurs descendans, voyant que les tonneaux ordinaires ne pouvaient suffire à leurs récoltes, ou qu'ils devenaient trop embarrassans par leur nombre, auront imaginé, pour garder leurs vins, ces tonnes énormes dont parle le Géographe. Elles sont encore aujourd'hui d'usage en Allemagne, ainsi que dans plusieurs autres pays de l'Europe; & l'ont été chez nos Peres. Mais la plupart des Français, au lieu de ces vaisseaux en bois peu solides, préférerent de construire en briques, en bletton, ou en pierres de taille, de vraies citernes, bien autrement durables. De Serres assure même que, de son tems (an. 1600), beaucoup de personnes faisaient encore ainsi leurs cuves. A la vérité, dit-il, le vin était plus de tems à y fermenter que dans les cuves en bois; mais, outre qu'on les nettoyait plus aisément & qu'elles ne contractaient jamais de mauvais goût, elles avaient encore, sur ces dernières, l'avantage de durer bien plus long-tems, & de n'exiger presque aucun entretien.

Les foudres & les citernes pouvaient servir au propriétaire à garder son vin. Quand il voulait le vendre & l'envoyer au dehors, il avait alors les tonneaux ordinaires. Cependant les outres, malgré tous leurs inconvéniens, furent long-tems employés à cet usage. On a vu, ci-dessus, Charlemagne les

Outres.

défendre dans les celliers de ses Palais. Pierre de Blois, déclamant au XIIe siècle contre le luxe des Chevaliers, nous représente ces Militaires conduisant, dans les armées, des chevaux chargés d'outres de vin & de tous les ustensiles qui annoncent la gourmandise & l'ivrognerie. *Non ferro, sed vino ; non lanceis, sed caseis ; non ensibus, sed utribus ; non hastis, sed verubus onerantur.* Au repas que Philippe-de-Valois donna aux Rois d'Ecosse, de Majorque, de Bohême, & de Navarre, il n'y avait, sur *le dressouer royal*, (dit le *songe du vieux Pélérin*), *autre vaisselle d'or ne d'argent, fors que tant seulement un oultre de cuir, ouquel oultre estoit le vin du Roy & des Princes & Roys qui seoyent à table.*

Bouteilles. Pour entendre ce que c'était que cet outre placé sur un buffet, il faut savoir qu'au tems de Philippe on ne connaissait point ces vases de verre que nous nommons bouteilles (*a*), & qu'on ne les connut même que bien des années après. A la vérité, D. Carpentier, dans son supplément du Glossaire de du Cange, au mot *Cowele*, rapporte un passage écrit en l'année 1387, qui semble annoncer quelque chose de semblable usité en France au XIVe siècle : *Le dit Jaquet print un coutouffle de*

___

(*a*) Il paraît cependant qu'ils étaient en usage chez les Anciens. Pétrone au moins parle de vases pareils pour la table, qu'il nous représente fort grands & bouchés avec du plâtre. *Adlatæ sunt amphoræ vitreæ, diligenter gypsatæ* ; & ailleurs, *amphoras copiosas, gypsatas ne effluat vinum.*

voirre (de verre) *où il avait du vin.... & de fait en but.* Mais il ne s'agit là, selon moi, que d'une coupe ou d'un gobelet ordinaire, puisque Jaquet s'en servit pour boire. Or l'on verra ailleurs, quand je traiterai des ustensiles de table, qu'au siècle dont nous parlons on faisait, pour les repas, beaucoup de vases en verre. En un mot, quelques recherches que j'aie faites sur l'époque où les bouteilles eurent lieu en France, je n'ai pu découvrir un seul passage qui m'ait prouvé décisivement & sans replique qu'elles existaient, ou au moins qu'elles étaient employées il y a quatre siècles.

Le vin, chez le Roi, comme chez les particuliers, se tirait à la pièce. Si, à sa table, on buvait plusieurs sortes de vins différens, comme il arrivait dans les jours de grande cérémonie, alors on entamait plusieurs futailles; & tous ces tonneaux entamés appartenaient ensuite au Grand-Bouteiller. C'était un des privileges de sa charge. Dès l'année 1258, Jean d'Acre, Grand-Bouteiller de S. Louis, en jouissait en cette qualité.

Vaisseaux en cuir.

Les gens qui voyageaient à cheval, & qui craignaient de ne pas trouver de vin sur leur route, en portaient avec eux dans une sorte de vaisseau, ou de bouteille en cuir, qu'ils attachaient à la selle. Nous lisons dans la vie de S. Maur, qu'étant allé visiter une des fermes de son Monastère, tout-à-coup il vit arriver Ansgaire, Archidiacre de l'église d'Angers. Le S. Abbé voulut le faire rafraîchir. Malheureusement il ne se trouva, chez le fermier, d'autre vin que le peu qui en restait dans le vaisseau attaché à la selle du cheval de Maur, *in uno parvissimo vasculo quod ad sellam pendere consuevit*. Mais l'homme de Dieu y suppléa par un miracle, dit l'Historien : car il multiplia tellement ce reste de liqueur, qu'elle suffit pour désaltérer soixante & dix-huit personnes qui se trouvaient là.

Ces vaisseaux de voyage n'auraient-ils pas donné lieu aux gourdes que portent, pour un pareil usage, nos soldats & nos piétons ?

Les personnes opulentes & les Grands-Seigneurs qui voyageaient suivis d'un domestique, faisaient porter le vaisseau par son cheval. C'est ce que témoigne la vie de S. Eloi, & celle de S. Herbland.

Au XIIIe siècle, les vases dont il est question se nommaient *bouchaus, boutiaux, bouties*, ou *boutilles*. Lorsqu'on avait à faire un voyage un peu long, ou qu'on était obligé d'aller à la guerre, on leur donnait une certaine capacité. Je trouve dans une charte de ce tems que, quand l'Evêque d'Amiens marchait ainsi pour l'arriere-ban, les Tanneurs de la ville étaient tenus de lui fournir *deux paires de bouchaus de cuir, bons & souffisans ; l'un tenant un muy, & l'autre vingt-quatre setiers* (a). Les Bouchers, de leur côté, devaient fournir la graisse *pour couvrir lesdits bouchaus*. Si, dans cette phrase, *couvrir*

(a) J'ai rapporté ci-dessus une évaluation de D. Mabillon, qui prétend que le setier contenait six verres, & le modius seize setiers.

signifie

signifie *boucher*, comme le sens l'indique; assurément c'était une chose bien étrange que ces bouchons de graisse pour une cantine destinée à renfermer du vin.

Au reste, ces expressions *boutiaux*, *bouchaus*, *bouteilles*, étaient un terme générique qui s'appliquait également à tout vase, ou à toute mesure quelleconque. Les Pêcheurs, & autres gens de rivière, nomment encore aujourd'hui *bottes* ou *boutiques*, les grands & les petits coffres, percés de trous, qui leur servent à garder dans l'eau le poisson qu'ils ont pris. Dans le Beaujolais, & dans quelques autres cantons de la France, on nomme de même *botte* une pièce de vin, contenant, comme la *queue* de Bourgogne, ou comme la *pipe* d'Anjou & de Poitou, deux muids, mesure de Paris.

Au XVe siècle, ces *boutiaux* ou *boutilles* prirent le nom de bouteilles; & ce nom, on le conserva par la suite aux flaccons de verre dont nous nous servons aujourd'hui, lorsque ceux-ci devinrent d'usage. Aux premiers signes de démence que donna Charles VI, sur la route de Bretagne, les Officiers qui, dans le repas précédent, lui avaient servi à boire ayant été soupçonnés de l'avoir empoisonné, le Duc de Bourgogne, qui l'accompagnait, leur fit subir un interrogatoire; mais ils protesterent de leur innocence, dit Froissart; &, ils offrirent au reste de la prouver, puisqu'il restait encore du vin *ès bouteilles*, dont avait bu le Roi.

Comme il s'agit ici de vin porté en route sur des fourgons, il ne faut pas douter que les bouteilles dont fait mention l'historien ne fussent les anciennes bouteilles de cuir. La *Chronique scandaleuse de Louis XI* ne laisse, sur cette interprétation, aucun doute. Après avoir parlé du voyage que fit en France le Comte de Warvick, qui avait placé sur le trône d'Angleterre Edouard IV; après avoir décrit la maniere dont le reçut le Roi Louis, les présens, *belles pieces d'or, coupe d'or, vaisselle, pierreries, & autres belles besongnes* dont on le combla; elle ajoute qu'au retour de Warvick en Angleterre, Edouard, instruit de tout ceci, envoya, *à l'encontre, au Roi, des trompes de chasse & des bouteilles de cuyr.*

Nos marchands papetiers ont maintenant encore des bouteilles semblables, lesquelles servent pour garder l'encre. Elles se bouchent avec un morceau de bois, tourné en vis; & probablement celles qui servaient autrefois pour le vin se fermaient de même. Mais quand on employa des bouteilles en verre, alors il fallut, pour bouchon, une matiere élastique & flexible qui, sans offenser la rigidité du verre, arrêtât pourtant l'évaporation de la liqueur. C'est ce qu'offrit le liége; & c'est sous ce point de vue que Beaujeu fait l'éloge de cette substance. Il paraît que les Romains l'employaient au même usage. *Corticem, astrictum pice dimovebit amphoræ*, dit Horace.

Fin du second Volume.

ERRATA du second Volume.

PAGE 53, ligne 21, les mettaient ; lisez : le mettoient.
155 ... 20, les uns les trempaient ; lisez : les uns la trempaient.
156 ... 29, au pays de vignoble ; lisez : aux pays de vignobles.
158 ... 17, autant que je puis ; lisez : autant que je pris.
175 ... 16, Franche-Comtée ; lisez : Franche-Comté.
189 ... 7, puisque tous deux ; lisez : puisque toutes deux.
197 ... 24, *prononçant que de tout tems* ; lisez : *prononçant que de tous tems*.
205 ... 1, se soumet ; lisez : se soumit.
309 ... 20, on dmette ; lisez : on admette.
310 ... 6, oullir ; lisez : bouillir.
332 ... 12, ceux d'une autre ; lisez : ceux d'un autre.

TABLE DES MATIERES

Contenues dans le second Volume.

A

Aigles, employés pour la chasse du vol, p. 5
Aignerville, ses cidres, 325
Aigret, 146
Aigrette, se mangeait à table, 15
Ail, 160
Aillée, 161, 227
Aix, renommée pour son huile d'olives, 194
Alain, 177
Albert-le-Grand, son livre sur la Fauconnerie, 4
Albigeois, son saffran, 191
Alète, quand cet oiseau fut employé pour le vol, 8
Alexandrie, son commerce de sucre, 183
Alfanet, 8
Alixone, 300
Allouettes, 21
Aloses, 130, 131
Alps, son vin sous les Romains, 336
Anchois, 125, 179
Andeli, ses truites, 58
Andri, 111
Anet, son vin, 348
Angelots, 45, 47, 48
Angleterre, tirait de Normandie beaucoup de cidre & de poiré, 327. Des vins, 350
Angoumois, son saffran, 191-192

Anguilles, 55, 57. Anguilles salées, 63
Anjou, ses fromages, 48
Aramon, son huile, 194
Arles, son étang au sel, 172
Arménie, renommée pour ses faucons, 5
Armoiries [origine des], 281. Armoiries en sucre & en pâte, 281
Artois, ses gâteaux, 258
Asperges, mangées en salade, 237
Auge [pays d'], usait du cidre au XIIIe siecle, 317. Qualité de son cidre, 322, 325
Aunai, ses fromages, 48
Aussois, ses vins, 349
Auvergne, ses perdrix, 23. Ses fromages, 46, 48, 50. Ses pâtes, 288
Auvers, son vin, 348
Auxerre, son vin, 348

B

Baleine, on en mangeait à table, 68, 72. Pêche de la baleine, 69-76. Huile de baleine, 76
Banvin [droit de], 354-356
Bar, ses écrevisses, 137
Barbeaux, 57, 59, 133
Bar-sur-Seine, ses loches, 57
Basques, leur pêche de la baleine, 73-77

DES MATIERES.

Baux, ses fromages, 47
Beauvais, son vin, 348
Becfigue, 23
Bégnets, 259
Berci, son sucre, 188
Berres, 177
Berry, ses fromages, 47. 48
Bessin, ses cidres, 325
Béthune, ses fromages, 45
Bétis, son vin, 348
Beurre, tems où on ne l'employait point en carême, 33. Tems où il a été permis, 34. Puis défendu, *ibid*. Puis permis, 35-36. Beurres les plus renommés, 51. Beurre fondu, 54. Beurre salé, 53
Beuzeville, son cidre, 322
Bierre, 300-315. Bierres usitées chez les Gaulois, 301. Usitée à la table des Rois, 304. Coutume d'en boire avec du vin, 305. Défendue dans les tems de disette, 308. Grains qu'on y employait, 308. Procédés pour la faire, 309. Art de la conserver, 311. Sortes de bierres connues au XIIIe siecle, 312. Bierres les plus renommées, 314
Bièvre, 134-136
Biscayens, s'ils ont introduit le cidre en France, 316
Biscuits, 258
Bisque, 212
Bituriges, leurs raisins, 335
Blanc-manger, 227
Blaye, ses esturgeons, 130
Bléreau, sa chair recherchée en Provence, 26
Bleu [poisson au], 233
Blois, son beurre, 51

Bochet, 299
Boiscommun, son safran, 192. Son vin, 348
Boisgenci, ses fromages, 48
Bordeaux, ses aloses, 130. Ses huîtres, 137. Son huile, 194. Son vin, 335. 351
Borgérase, 299
Borrugat, 129
Botargue, 180
Bouche d'ange, 291
Boucheri, 188
Boudin de veau marin, 127
Bourbon [île], ses canelliers, 167
Bourdigues, 120
Bourges, son vin, 348
Bouteilles, 365
Brai, ses fromages, 48
Brasseries chez les Moines, 306
Bréhémont, ses fromages, 45, 46, 47
Bresse, ses fromages, 46. 51
Bretagne, 47. Son beurre salé, 53. 54. Sa morue, 108. Ses sardines, 126. Ses marais salans, 178
Breuil, son cidre, 325
Bridaveau, 263
Brie, ses fromages, 45, 47, 48
Brienne, ses fromages, 46
Brochet, 56. 57
Brouage, son sel, 177. 351
Brousse, 51
Buckelz, 102
Buffetiers, 217
Butor, se mangeait à table, 15
Buvande, 352

C.

Cabaretiers, 357. 358
Cabillau, 118

Cailles, 22
Calais, sa pêche du hareng, 97
Cambrai, sa bierre, 314
Cân, ses poulardes, 123
Canards sauvages [chasse des] dans le Ponthieu, 18
Canaries, leur sucre, 186
Canelliers de l'île Bourbon, 167
Candie, son sucre, 184. Ses faucons, 5
Cantal, ses fromages, 48
Câpres, 153-154
Cardonville, ses cidres, 324
Carême [diversité d'usage sur les alimens de], 27. Rigueur avec laquelle on l'observoit, 103-112. 133
Carpes, 59. 60
Cartier, 117
Cartoufle, 145
Casse confite, 290
Casse-museau, 261
Castor, 134
Cavial, 180
Caux [pays de], son cidre, 322
Cendres gravelées, 149
Cerf, 26
Chaillot, ses fromages, 44
Chalevane, son vin, 348
Châlons, ses brochets, 57
Champagne mousseux, 319
Champignons, 141-143
Chapeliers, 224
Chardonnette, 47
Charente, ses cignes, 17
Chartres, ses flans, 251
Chartreuse [grande], ses fromages, 45
Chassemarées, 139
Chasteté, représentée dans les hommes par le verd, dans les filles par le blanc, 223

Chauni, ses fromages, 43
Chevrette, 137
Chevreuil, 25
Chine [poissons de la], 60
Choisi, son vin, 348
Chypre, son sucre, 184
Cidre, 315. Bu à la table de nos Rois, 317. Procédés pour le faire, 320. Cidres normands, 320-326. Leur couleur, 323. Cidres aigres, 324
Cigognes, se servaient dans les repas, 15
Cigne, sa chair fort estimée, 15-18. Chasse de cet oiseau, 17
Citernes pour le vin, 364
Clamart, ses fromages, 46
Clermont, ses pâtes de fruits, 288
Cœurs, 48
Colomban [St.], 317
Compiegne, son vin, 348
Compôtes, 285
Comte [le], ses vinaigres, 150. Ses moutardes, 160
Confire les fruits [art de], 277
Confitures seches, 279. 289. Confitures au moût, au vin cuit, 291
Congres, 130
Conserves, 299
Coquillages, 136
Corbeil, son vin, 348
Cormoran, employé pour la pêche du poisson, 9. Se mangeait dans les repas, 15
Corneilles, se servaient sur table, 15. 21
Cornuaux, 264
Cotentin, est le premier canton de Normandie où l'on

DES MATIERES. 375

ait fait du cidre, 316. Qua-
lité de son cidre, 322, 323,
324
Cotignac, 288. De Mâcon,
289. D'Orléans, ibid.
Couches pour morilles, 140.
Pour champignons, 141
Coucou, sa chair fort estimée,
20
Coulonces, son cidre, 326
Coutances, ses seches, 130
Couzieres, ses fromages, 45
Craponne, ses fromages, 45,
47, 51
Craquelains, 264
Crau [la], ses puits salés, 175
Crêpes, 264
Crieurs de vin, 358
Croquets, 259
Cuisiniers, leur établissement,
218
Culli, son cidre, 326

D

Daine, 129
Darioles, 261
Dépence, 328, 362
Desserts, 276
Dieppe, puissance qu'a eue
autrefois cette ville, 80
Dijon, sa moutarde, 157
Dimanche, usage de faire
gras ce jour-là en carême,
30
Dîme, établie volontairement
par la dévotion, 99. Dîme
du poisson, ibid.
Distillateurs, quand établis,
217
D'O, luxe de sa table, 249
Donnai, son cidre, 326
Dorade, 131, 133
Dordogne, ses truites, 58

Dourlens, ses tartes, 251
Dragées pour la chasse, 14
Drageoir, 272. cérémonial à
ce sujet, 273. Drageoir de
poche, ibid.

E

Eau rose, usage qu'on en
faisait, 221
Echaudés, 262
Ecrevisses, 137
Ecu [soupes à l'] d'argent,
222
Eglise, certains Seigneurs
pouvaient y entrer avec leur
faucon sur le poing, 3
Enfant-Jésus (beurre de l'), 51
Entremets au XVIe siecle, 295
Epervier, estimé pour le vol,
8
Epices, 162. Arbres à épices
transportés des Moluques
dans nos Colonies, 164-
168
Epices de dessert, 270-277.
Leur usage très-répandu,
27. N'étaient point censées
rompre le jeûne, 274. Don-
nées en présent, ibid. Epi-
ces des juges, 275-277
Epicier du Roi, 277
Escargots, 134, 136
Espagne, son commerce d'An-
chois, 125, 179. Son sucre,
184. Son huile, 194
Estérets, 226
Esturgeon, 127, 128, 130,
133. Ses œufs employés
pour le cavial, 180
Etampes, son poisson, 57
Ecourneaux, 21
Etriers, 263
Etuves pour l'office, 279

Z 4

Eure, renommée pour ses pimpernaux, 58
Eutigni, ses fromages, 47

F

Faisan, en honneur dans les festins, 19
Farces pour le rôti, 234. Farces au fromage, 264
Fauconnerie, époque de son invention, 1. Connue des Gaulois, 2. Des Francs, *ib*. En vogue chez les Rois & la Noblesse, *ibid*. Moins estimée que la Vénerie, 3. Ce qu'elle était au XIIIe siecle, 4. Goût des femmes pour la Fauconnerie, 11
Faucons, employés pour la chasse du vol, 7
Fécamp, ses harengs, 130
Fénestra, 284
Fernel, 321. 322
Feuillages, 264
Feuillantines, 264
Fidiaux, 260
Flageols, 262
Flamands, leur goût pour le beurre, 51
Flamiches, 259
Flandres, son beurre salé, 54
Flans, 250
Fleurs, ses fromages, 48
Fontainebleau, son vin, 348
Forains, 65
Fouasse, 258
Foudres pour le vin, 364
Fourmigni, ses cidres, 325
Fournitures de salades, 238
Fours pour la pâtisserie, 250. 251
Franche-Comté, ses salines, 175
Francolin, 10
Frédéric, son traité sur la Fauconnerie, 4
Friture, 232. Sauces pour la friture, 226
Fromages, procédés pour le faire, 41. Pour le persiller, 42. Fromages gaulois, 44. Fromages français les plus estimés, *ibid*. Fromages étrangers, 49. Ragoûts au fromage, 50
Fruits confits au vinaigre, 153. Confits au sucre, 277. A l'eau de vie, 285

G

Gabelle, 173
Gace de la Vigne, son poëme sur la Fauconnerie, 4
Galettes, 259
Galimafrée, 231
Gardons, 60
Gascogne, ses anchois, 126. Ses vins, 349
Gâteaux, 252. Gâteau des Rois, 252-257. Gâteaux à feve servis dans certains repas gais, 256. Gâteau de relevaille, 257. Redevances payées en gâteaux, *ib*. Sortes différentes de gâteaux, 258. 296. Gâteaux razis, 258
Gâtinais, son saffran, 191. 192
Gauffres, 262
Gelées de fruits, 286
Gelinotte, 20
Génestine, 227
Genève, ses truites, 59
Génois, nous ont enseigné les pâtes de fruits, 287

DES MATIERES.

Gerfauts, 5. 7
Gérofliers de l'île de Bourbon, 167
Gibier, on ne le mangeait pas lorsqu'il était trop jeune, 16
Gien, son vin, 348
Gingembrat, 287
Gobets, 262
Godale, 312
Gohieres, 251
Goujons, 60
Gournai, ses fromages, 48. Son beurre, 53
Graisse animale employée en maigre, 109-203. Employée en assaisonnement, 201
Grenouilles, 133. 134
Grillades, 235
Grives, 21
Grosbois, ses fromages, 46
Grue, se servait sur table, 15
Gruyeres [fromages de], 48
Gryeres, son fromage, 50
Guadeloupe, son sucre, 186-187

H

Hachis de viande réputés maigres, 205
Hareng [pêche du], 79-101. Salaison du hareng, 101, Commerce du hareng salé, 64. Hareng de Fécamp, 130
Harengers, 65
Harengeres, 64
Havre, (le) 118
Hecquet, 111
Henri III, 273
Henri IV, 138. 225
Héron, se mangeait dans les repas, 15. 16. Vol de cet oiseau fort estimé, 10
Héronniere, 16
Hollande [fromages de], 49
Honfleur, 118
Hôpital (chancelier de l'), 126. 246
Hosties pour la Messe, 266
Hôteliers, 357
Hôtel-Dieu, on y faisait observer le carême aux malades, 104
Houblon pour la bierre, 310
Hué (poisson), 124
Huile de graines, 195. D'olives, 192-195. Huile de lard permise en maigre, 33. 34
Huîtres, 137-139. Parcs pour les huîtres, 138
Hydromel, 297

I

Isle de France, son beurre salé, 53
Italie, ragoûts que les Français en rapportent, 230

J

Jonchées, 47

L

Lait, successivement permis & prohibé en carême, 37
Lamproies, 57, 58, 133
Lân, son vin, 348
Languedoc, ses anchois, 125. Ses tortues, 134. Ses olives, 155. Son miel, 190. Son saffran, 191
Laniers, quand employés pour la chasse du vol, 5

Lanterne des Pâtissiers, 243
Lapins, 24
Lard, employé en maigre, 203-204
Larmes pour la chasse, 14
Lépine, ses fromages, 45
Levure pour le pain, 312
Lièvre, 25
Limaçons, 136
Limousin, ses fromages, 48
Livarot, ses fromages, 48
Loches, 57
Loire, ses saumons, 58. 139. Ses barbeaux, 59. Ses carpes, 60. Ses vandoises, goujons & gardons, 60
Longues, son cidre, 325
Lons-le-Saunier, ses salines, 175
Longueil, 191
Lorraine, sa méthode pour fondre le beurre, 54. Ses biévres, 134. Ses puits salés, 176
Louis (St.), 224
Louis XIII, sa passion & ses talens pour la vénerie, 10
Louis XIV, ses plaisirs de table, le jour des Rois, 254
Loutre, 136
Luxe de table, 227-231
Lyon, son beurre, 151

M

Macarons, 283
Mâcon, son cotignac, 289
Madère, ses cannes à sucre, 183
Madrague, 120
Maigres, 60. Maigres de mer, 129
Maille, ses vinaigres, 151. Ses moutardes, 160
Mainfroi, retouche l'ouvrage de l'Empereur Frédéric, son pere sur la Fauconnerie, 6
Maître-d'hôtel (maquereau à la), 231
Maîtres-Queux, 218
Malthe, son sucre, 184. 185
Maquereau, 103
Marais salans, 172, 177, 178
Marée (commerce de), 63, 132
Marets, 145
Marmelades, 285
Marolles, ses fromages, 43
Marsal, ses puits salés, 175
Marseille, son huile, 194. Ses rougets, 128. Ses thons, 122. Son vin sous les Romains, 331, 338, 341
Marsolin, 49
Marsouin, 67. 68
Martinique, son sucre, 186
Massepain de Toulouse, 284
Massepains, 260-283
Médoc, ses huîtres, 137
Menudez, 260
Merlan, 132
Merles, 22
Merlus, 133
Merveilles, 264
Métier, 263
Metz, ses confitures, 251
Meulan, son vin, 348
Miel, 189. Régal chez les Moines, ibid. Usité dans les ragoûts, ibid. Plus estimé que le sucre, 190
Milli, son vin, 348
Montargis, son vin, 348
Mont-losere, ses fromages, 44
Montmaraut, ses fromages, 48
Montreuil, ses fromages, 46
Montreuil, son cidre, 315
Moret, son vin, 348

Morilles, 144
Morsalines, son cidre, 323
Morue [pêche de la], 117
Moules, 136
Mousserons : 140
Mousseuses [boissons], 318
Moutarde, 156-160. Moutarde de Dijon, 157
Moyenvic, ses puits salés, 175
Muids, évaluation de cette mesure, 202
Mulets (pêche des), 77. Leurs œufs employés pour la botargue, 180
Muscadiers de l'île Bourbon, 167

N

Nantes, ses brochets, 57
Narbonne, son miel, 190. Son commerce de morilles, 144
Nasse, 56
Nerviens, 334
Nieules, 266. Jettées dans l'église au peuple, 267-268
Nîmes, ses fromages, 44
Normandie, son beurre salé, 53. Son sérat, 51. Sa pêche de morue, 118. Ses cidres, 320-326
Normands, si ce sont eux qui ont introduit en France l'usage du cidre, 316
Norvege, ses gerfaux, 5
Nouguat, 284

O

Œufs, permis en carême, 32. Puis défendus, 38. Œufs de Pâques, ibid. Œufs durs employés en mer, 40. Moyen de conserver les œufs frais, 41. Maniere dont on accommodait les œufs, 233
Œillet (huile d'), 196. Arrêts & réglemens à ce sujet, 196-199
Oiseaux de vol, 5. Se mangeaient à table, 16
Oléron, 80. Son sel, 178
Olives, 155. Maniere de les préparer, 155. 156
Olivier, quand apporté en France, 192. Estime qu'on faisait de cet arbre, 193
Orchies, ses truites, 59
Orléans, son cotignac, 289. Son vin, 348
Ortie, mangée en salade, 238
Oublies, 264
Oublieux, 264-265
Outres, 195. 365
Oye, sorte de poisson, 68

P

Pains d'épices, 259
Pains-oublies, 266
Panade, 212
Paner, maniere dont on panait le rôti, 235
Parcs pour le poisson, 117. Réglemens à ce sujet, 119
Paris, ses pâtés, 251. Ses pains d'épices, 259
Parmesan [fromage], 49
Pastillaria, 246
Pastilles, 291
Pâte de fruits, 286. 287. Pate de Roi, 287. Pate Royale, 264
Pâtés, 265-270. Pâtés de chair, 240. Sortes différentes de pâtés, 244. Pâtés payés en redevance, 241.

Petits pâtés, 246
Patisseries, 240. Patisseries en usage dans les Veillées, 242. Noms obscènes donnés à certaines pâtisseries, 268
Patissiers, 243. Lanterne qui leur était particuliere, *ibid.*
Paulmier, 320. 321
Pêcheries, 119
Perche, 56. 60
Perdrix, 22
Perse, ses faucons, 5
Petits-choux, 261
Peyrez, ses fromages, 48
Philippe-Auguste, 348
Phocéens, introduisent l'olivier dans la Gaule, 192. Introduisent la vigne, 330
Picardie, ses pâtisseries, 250
Picatum (vin), 336. 339
Picholins, 156
Pignolat, 287
Pignons, 287
Piment, 170
Pimpernaux, 58
Plaisir-des-dames, 266
Planchette (la), Louis XIII en fait un rendez-vous de chasse, 11
Plomb (usage du menu) pour la chasse, 141
Pluvier, 21
Poiré, 326
Poissi, son vin, 348
Poissonniers, 65
Poissons apprivoisés, 61. Castration des poissons, 62. Poisson salé, 63. Poissons usités pour la table, 66. Maniere de les apprêter, 232. Poissons royaux, 127
Poitou, ses fromages 48
Poivre, 168. 169. Sa culture introduite en Provence, 169. Poivre de Guinée, 176
Poivre (M.) procure à nos Colonies les arbres à épices, 164
Poix pour le vin, 339
Ponteau-de-mer, son cidre, 325
Pont-Lévêque, ses fromages, 48
Popelins, 251
Porte-chapes, 218
Port-Louis, ses sardines, 126
Potages, 209-215
Pot-pourri, 231
Poudres sur les potages, 251. Sur le rôti, 235. Poudre du Duc, 203
Poulardes, 23
Poussepied, 135
Poutargue, 180
Poutartes, 264
Prévalaye (la), son beurre, 51
Princes du sang, priviléges dont ils jouissaient pour présenter des roses, 224
Provence, ses anchois, 125. Sa botargue, 180. Son cavial, 181. Son huile, 194. Ses olives, 155. Son saffran, 191. Ses sardines, 125. Ses tortues, 134. Sa pêche du thon, 120. Elle cultive le poivre, 169. Et les cannes à sucre, 184. 185
Provot [M.], 165
Prunellé, 328
Puits salés, 175

R

Ragouts du XVIe siecle, 292
Raisins gaulois, 330

Raisinée, 291
Ramage de Gênes, 278
Rapés de vin, 361
Ratons, 261
Raye, 131. 133
Redevance de gâteaux, 257.
 De roses, 225
Repas [menu pour un], 292
Restaurans, 213
Restaurateurs, 213
Rhé [île de], son sel, 177
Rheims, ses croquets & ses pairs-d'épices, 259
Rhodes, son sucre, 184
Rhône, ses barbeaux. 59. Ses carpes, 60. Ses saumons, 130. 131
Riom, ses pâtés de fruits, 288
Rissoles, 246
Riz, 211
Roche, ses fromages, 48
Rochelle [la], ses congres, 130. Son sel, 178. Ses vins, 349
Rois, fête des Rois, 252. A la Cour, 253
Roquefort, ses fromages, 48
Rosannais, ses fromages, 45
Rose, usage fréquent de cette fleur, 222. Chapeau de rose, ibid. Présentation de roses au Parlement, 224. Voyez Eau rose.
Rosier de la Cour, 225
Rôti au XVIᵉ siecle, 294. Sauces pour le rôti, 226
Rougerets, 46
Rougets, 128
Roulées, 40
Rozier [l'abbé], son travail sur les huiles, 198
Rurecourt, son vin, 348
Russie, ses gerfaux, 5

S

Sacres, employés pour le vol, 7
Saffran, 190-192
St. Césaire, son vin, 348
St. Christophe, son sucre, 186. 187
St. Eure, ses fromages, 48
St. Florentin, ses barbeaux, 57
St. Laurent-des-eaux, ses fromages, 48
St. Maximin, son saffran, 191
St. Valeri, pêche particuliere à ce canton, 124
Saintonge, ses marais salans, 177. 178. Sa percepierre, 239
Saintongeois, pêche inventée par eux, 123
Salades, 236-239, 292
Salicoques, 137
Salins, ses puits salés, 175. 176
Salines, 175
Salses, ses puits salés, 175
Samedi [abstinence du], 112-116
Samoi, son vin, 348
Sanglier, 26
Santé, 137
Sardines [pêche des], 126
Savalette, son vinaigre, 150. Sa moutarde, 160
Sauces, 216. Sauces anciennes, 219-226
Sauciers, 216
Saumons, 58, 130, 131
Seiches, 130
Seine, ses carpes & ses perches, 60

Sel, 171-178. S'il était connu des Gaulois, 172. Commerce & exportation du sel, 177. Employé pour le batême, 178. Plantes confites au sel, 179
Séné, 321
Sept-en-gueule, 289
Sérat, 51
Sicile, ses cannes à sucre, 183
Sieuve, son ouvrage sur les huiles, 109
Soissons, son vin, 348
Soles, 132
Somme, ses barbeaux, 59
Sône, ses carpes, 60
Soquence, son cidre, 326
Soupe, 207-216. Usage d'en servir plusieurs, 214
Soupite, 76
Strasbourg, ses saumons, 131
Sucre, 181-189. 221. Art de le raffiner, 182.187. Façon de le travailler chez les confiseurs, 277. Figures en pâte de sucre, 280-281. Cannes à sucre plantées en Europe, 183. Plantées en Provence, 184. Dans nos Colonies, 186. Sucres étrangers, 184-186
Suisse, ses fromages, 49
Suisses, excellaient pour la pêche à la ligne, 125
Sulli, 118
Supplications, 266

T

TAGAROT, 8
Taillevant, son livre sur la cuisine, 209
Talemouses, 261
Tanche, 56. 133

Tardif, son livre sur la Fauconnerie, 4
Tartare [pigeons à la], 236
Tartarins, 250
Tarte. Voyez Tourte.
Taverniers, 357.358
Têtes de morts, } 247
Têtes de moines, }
Thon [pêche du], 120-123
Thonine, 123
Tonneaux, 362. Usage de les poisser intérieurement, 363
Tonure, ses truites, 59
Tortues, 134
Toulouse, ses fromages, 44. Son massepain, son fénestra, 284
Tourte, sorte de pain, 247
Tourtes de pâtisserie, 247. Espèces différentes de tourtes, 248.296. Usage de les glacer, 249
Tourteaux, 261
Tourterelles, 123
Tourville, son cidre, 325
Tramail, 56
Traversai, ses fromages, 48
Trianon, son beurre, 51
Trippe [œufs à la], 234
Troncs pour le beurre, 36
Truites, 58. Truites salées, 63
Truffes, 144
Turbot, 132
Turgeville, son cidre, 325
Turquie [fromages de], 49

V

VAL-D'AURE, ses truites, 59
Valenciennes, ses cignes, 17
Vandoises, 58. 60
Vanvres, ses fromages, 46

DES MATIERES.

Son beurre, 51
Vateville, son cidre, 325
Vauduloir, ses fromages, 48
Veau-marin, 127
Veillées, 242
Vérasani, 117
Verberies, son vin, 348
Verdun, ses confitures, son anis, 291
Vienne, son vin, 336. 339
Verjus, 146-148
Vigne, qui l'apporta dans les Gaules, 330-333. Comment les Gaulois les palissaient, 337. Comment ils les fumaient, 337. Sont arrachées par ordre de Domitien, 344. Replantées sous Probus, 345. Arrachées sous Charles IX, 351. Réglemens sur cet objet, 352

Vinaigre, 148-152. Vinaigre de cidre, 324
Vinaigriers, 149. 171. Leur établissement, 217. 218
Vincennes, ses fromages, 46
Vins gaulois, 331. 337. 338. 346. Comment on les fumait, 342. Commerce des vins de France, 348. Vente à pot, 353. 356. Marchands de vin, 357. Vin blanc fait avec du raisin noir, 360
Vive, 132
Viviers, 61
Voituriers pour le vin, 356

Z

*Z*ELANDE [fromages de], 49

Fin de la Table des Matieres du second Volume.

www.ingramcontent.com/pod-product-compliance
Lightning Source LLC
Chambersburg PA
CBHW050257170426
43202CB00011B/1722